职业教育汽车类专业一体化系列教材

汽车发动机电控系统检修

主　编　刁秀明　刘海涛　张立新
副主编　李有克　彭本忠　蒙富华
参　编　李培军　李　敏　孙永江　李盛福
　　　　覃有实　叶　龙　张忠其　黄文剑
　　　　甘礼宜　梁桦强　吴玉梅　苏耀旭
　　　　谢坚强　黄光强　孙立军
主　审　张志强

机械工业出版社

本书采用项目教学的模式，对发动机电控系统的结构及检修方法进行了详细讲解，并按知识体系将每个项目分解成几个学习任务，内容由浅入深，理论与实践结合紧密，易于读者系统掌握。

本书内容主要包括认识发动机电控系统、发动机进气控制系统检修、发动机电控燃油喷射系统检修、发动机电控点火系统检修、发动机辅助控制系统检修、发动机电控系统常见故障诊断 6 个教学项目，14 个实训操作任务。每个教学项目中的学习任务按照"学习目标"→"典型工作任务"→"知识准备"→"任务实施"→"巩固与提高"的思路进行编写，实践操作环节按维修车间的实际维修流程编写。

本书可作为职业院校汽车类相关专业的教材，也可作为成人教育、汽车行业培训等相关课程的参考教材。

图书在版编目（CIP）数据

汽车发动机电控系统检修/刁秀明，刘海涛，张立新主编 . —北京：机械工业出版社，2020. 2（2024.9 重印）
职业教育汽车类专业一体化系列教材
ISBN 978-7-111-64541-2

Ⅰ.①汽… Ⅱ.①刁…②刘…③张… Ⅲ.①汽车-发动机-电子系统-控制系统-检修-职业教育-教材 Ⅳ.①U472.43

中国版本图书馆 CIP 数据核字（2020）第 011108 号

机械工业出版社（北京市百万庄大街 22 号　邮政编码 100037）
策划编辑：于志伟　责任编辑：于志伟
责任校对：张　征　封面设计：鞠　杨
责任印制：邸　敏
中煤（北京）印务有限公司印刷
2024 年 9 月第 1 版第 5 次印刷
184mm×260mm · 11 印张 · 301 千字
标准书号：ISBN 978-7-111-64541-2
定价：45.00 元

电话服务　　　　　　　　　　网络服务
客服电话：010-88361066　　　机 工 官 网：www.cmpbook.com
　　　　　010-88379833　　　机 工 官 博：weibo.com/cmp1952
　　　　　010-68326294　　　金 书 网：www.golden-book.com
封底无防伪标均为盗版　　　机工教育服务网：www.cmpedu.com

前　言

随着发动机电控系统的不断发展和更新，从事汽车技术服务的相关人员急需了解目前应用在汽车上的发动机电控系统的技术知识，为了让广大从事汽车技术服务行业的技术人员以及从事汽车相关专业的教学人员和广大汽车爱好者能够系统地掌握汽车发动机电控系统知识，特编写本书。

本书是以"以行业需求为导向、以能力为本位"的职业教育理念为指导，本着理论够用并体现当前发动机电控系统的特点，按照职业教育的特点，通过对汽车维修行业的深入调查与了解，联合汽车维修行业的一线技术人员共同编写而成的。通过6个教学项目，将当今应用在汽车发动机上各电控系统的结构、原理、检测和故障诊断等紧密结合起来，介绍给读者。本书内容新颖丰富，条理清晰，易于理解和掌握。

本书是由从事多年教学工作的一线骨干教师和学科带头人通过企业调研，对发动机电控系统技术岗位所需的职业能力进行分析，并在企业行业专家的参与指导下组织编写的。

本书采用理实一体化的编写模式，教师可以根据实际情况设置故障，也可以根据实际教学情况对实训任务单进行调整，形式灵活。实训任务由学生独立完成，把实际操作的信息填写到相应的任务单上即可。通过这种形式，学生可快速掌握发动机电控系统方面的诊断与维修技能，并且可以通过实训任务单分析学生的掌握情况。

本书由刁秀明、刘海涛、张立新担任主编，李有克、彭本忠、蒙富华担任副主编，参加编写工作的还有李培军、李敏、孙永江、李盛福、覃有实、叶龙、张忠其、黄文剑、甘礼宜、梁桦强、吴玉梅、苏耀旭、谢坚强、黄光强、孙立军，重庆市九龙坡职业教育中心张志强担任本书的主审。在编写过程中参考了大量国内外相关著作和文献资料，在此一并向有关作者表示真诚的感谢。

由于编者水平有限及编写时间仓促，书中难免存在不妥和错漏之处，恳请广大读者和专家批评指正。

编　者
2019 年 6 月

目　录

项目一　认识发动机电控系统

学习目标

1. 熟悉发动机电控系统对发动机性能的影响。
2. 掌握发动机电控系统的组成。
3. 掌握发动机电控系统常用检测设备的使用方法。

典型工作任务

1. 车上认识发动机电控系统元件及使用万用表。
2. 使用示波器及解码器。

知识准备

第一课　发动机电控系统的组成

一、发动机电控系统对发动机性能的影响

随着汽车技术和电子技术的发展，汽车电子技术也得到了迅速发展。现代汽车发动机电子控制系统（简称为发动机电控系统）不论在动力性、经济性方面，还是在舒适、环保等方面，都起着很重要的作用，主要表现在以下几点：

1. 提高了发动机的动力性

电控燃油喷射系统的应用使进气阻力减小；进气控制系统的应用，提高了充气效率，并且使进入气缸的空气得到了充分利用，从而提高了发动机的动力性。

2. 提高了发动机的燃油经济性

在各种运行工况和运行环境下，发动机电控系统均能精确控制发动机工作所需的混合气浓度，使燃烧更完全、燃油利用更充分，从而提高了发动机的燃油经济性。

3. 降低了发动机的排放污染

发动机电控系统对发动机在各种运行工况和运行环境下进行优化控制，提高了燃烧质量，同时各种排放控制系统在汽车上的应用，都使发动机的排放污染大大降低。

4. 改善了发动机的起动性能

在发动机起动和暖机过程中，发动机电控系统能根据发动机温度的变化对进气量和供油量进行精确控制，从而保证发动机顺利起动和平稳经过暖机过程，可明显改善发动机的低温起动性能和热机运转性能。

5. 改善了发动机的加速和减速性能

在加速或减速运行的过渡工况下，电子控制单元（Electronic Control Unit，ECU）的高速处理功能使发动机电控系统能够迅速响应，使汽车加速或减速反应更为灵敏。

6. 降低了发动机的故障发生率

发动机电控系统对发动机各种运行工况的优化控制及其自身的不断完善，使发动机的故障发生率大大降低。自诊断与报警系统的应用，提高了故障诊断的速度和准确性，缩短了汽车因发动机故障而停驶的时间。

二、发动机电控系统的组成

发动机电控系统主要由信号输入装置（传感器及开关）、电子控制单元（ECU）和执行元件三部分组成，如图1-1所示。不同型号的发动机，发动机电控系统包括的部件略有不同。

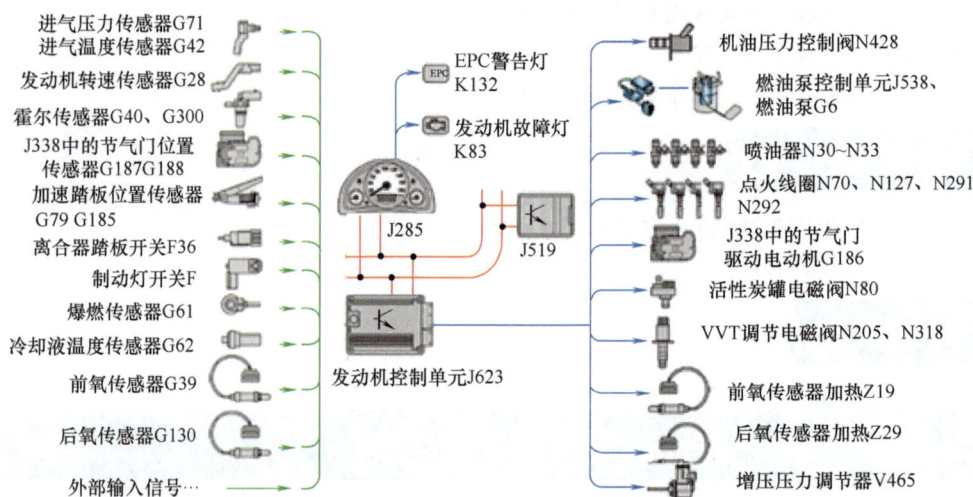

进气压力传感器G71
进气温度传感器G42
发动机转速传感器G28
霍尔传感器G40、G300
J338中的节气门位置传感器G187G188
加速踏板位置传感器G79 G185
离合器踏板开关F36
制动灯开关F
爆燃传感器G61
冷却液温度传感器G62
前氧传感器G39
后氧传感器G130
外部输入信号…

EPC警告灯K132
发动机故障灯K83
J285
J519
发动机控制单元J623

机油压力控制阀N428
燃油泵控制单元J538、燃油泵G6
喷油器N30~N33
点火线圈N70、N127、N291N292
J338中的节气门驱动电动机G186
活性炭罐电磁阀N80
VVT调节电磁阀N205、N318
前氧传感器加热Z19
后氧传感器加热Z29
增压压力调节器V465

图1-1　发动机电控系统的组成

1. 信号输入装置

信号输入装置主要指各种传感器及开关，其作用是采集发动机电控系统所需的信号，并转换成电信号通过电路输送给ECU。常见的传感器及开关见表1-1。

表1-1　常见的传感器及开关

名　称	缩写	主要功能
空气流量传感器	MAFS	用来测量发动机的进气量，并将信号输入ECU，作为燃油喷射和点火控制的主控制信号
进气歧管绝对压力传感器	MAPS	用来测量进气歧管内气体的绝对压力，并将该信号输入ECU，作为燃油喷射和点火控制的主控制信号
节气门位置传感器	TPS	用来检测节气门的开度及开度变化信号，并将此信号输入ECU，用于燃油喷射控制及其他辅助控制
凸轮轴位置传感器	CMPS	用来检测凸轮轴位置，给ECU提供曲轴转角基准位置信号（G信号），作为喷油正时控制和发动机点火正时控制的主控制信号

（续）

名　　称	缩写	主要功能
曲轴位置传感器	CKPS	用来检测曲轴转角位移，给 ECU 提供发动机转速信号和曲轴转角信号，作为喷油正时控制和发动机点火正时控制的主控制信号
进气温度传感器	IATS	用来检测进气温度，给 ECU 提供进气温度信号，作为燃油喷射控制和发动机点火控制的修正信号
冷却液温度传感器	ECTS	用来检测冷却液温度信号，给 ECU 提供发动机冷却液温度信号，作为燃油喷射控制和发动机点火控制的修正信号
氧传感器	O_2S	用来检测排气中的氧含量，向 ECU 输送空燃比的反馈信号，从而进行喷油量的闭环控制
爆燃传感器	KS	用来检测发动机是否爆燃及爆燃强度，并将此信号输入 ECU，作为点火正时控制的修正（反馈）信号
车速传感器	VSS	用来检测汽车的行驶速度，给 ECU 提供车速信号，用于巡航控制和限速断油控制，也是自动变速器的主控制信号
起动开关	STA	通过起动开关给 ECU 提供一个起动信号，作为燃油喷射控制和点火控制的修正信号，或作为柴油机起动预热装置的主控制信号
空调开关	AC	向 ECU 输入空调工作状态信号，作为燃油喷射控制和发动机点火控制的修正信号
空档起动开关	P/N	识别自动变速器的档位位置，向 ECU 输入信号，作为燃油喷射控制和发动机点火控制的修正信号。当挂入 P 位或 N 位时，空档起动开关提供 P/N 位信号，防止不在 P/N 位时发动机起动
制动灯开关	BLS	向 ECU 提供制动信号，作为燃油喷射控制和发动机点火控制的修正信号

2. ECU

ECU 是发动机电控系统的控制中枢。在发动机工作时，它不断接收各输入信号输入的信息，并进行运算、分析、比较，按内部存储的程序计算出最佳的控制参数，并向执行元件发出控制指令。同时，ECU 还具有自诊断功能，当各传感器的输入信号和执行元件的工作情况出现异常时，会记录相应的故障信息，以便于诊断时读取。

3. 执行元件

执行元件接收 ECU 控制指令，具体执行某项控制功能，主要指各种电机、电磁阀和加热元件，常见的执行元件见表 1-2。

表 1-2　常见的执行元件

名　　称	缩写	主要功能
喷油器	INJ	根据 ECU 的喷油脉冲信号，精确计量燃油喷射量
点火器	ICM	根据 ECU 脉冲信号，控制点火
急速控制阀	ISCV	控制发动机的急速转速
巡航控制电磁阀	CCSV	根据 ECU 控制巡航系统
进气控制阀	IACV	根据 ECU 控制进气系统的工作
废气再循环阀	EGRV	根据 ECU 控制废气再循环量

（续）

名　　称	缩写	主　要　功　能
节气门控制电动机	TC	根据 ECU 控制节气门的开度
二次空气喷射阀	SAIV	根据 ECU 脉冲信号控制二次空气喷射量
活性炭罐电磁阀	ACCV	根据 ECU 的控制指令信号，回收发动机内部的燃油蒸气，以便减少污染
电动燃油泵	FP	供给燃油喷射系统规定压力的燃油
真空电磁阀	VSV	根据 ECU 控制真空管路通断
氧传感器加热器	HO_2S	将氧传感器快速加热到工作温度

三、发动机电控系统的功用

发动机电控系统的主要功能是根据各种传感器的信号控制发动机的喷油和点火，同时还具有怠速控制、排放控制、进气增压控制、温度控制、能量控制、巡航控制、自诊断及应急控制等许多辅助控制功能。

1. 燃油喷射控制

燃油喷射控制是指发动机 ECU 根据进气量控制基本喷油量，然后根据其他传感器对喷油量进行修正，使发动机在各种工况下都能获得最佳浓度的混合气。此外，燃油喷射控制还包括喷油正时、减速断油及电动燃油泵控制功能。

2. 点火控制

点火控制是指发动机 ECU 根据发动机转速和位置信号控制基本点火提前角，然后根据其他传感器对点火提前角进行修正，使发动机在各种工况条件下都能获得最佳点火提前角，从而改善发动机的燃烧过程，以达到提高发动机动力性、经济性和降低排放污染的目的。此外，电控点火系统还具有通电时间控制和爆燃控制功能。

3. 怠速控制

怠速控制是指根据发动机怠速运转条件，根据发动机冷却液温度、空调压缩机是否工作、变速器是否挂入档位等，通过节气门或怠速控制阀对发动机的进气量进行控制，使发动机随时以最佳怠速转速运转。

4. 排放控制

排放控制包括曲轴箱强制通风控制、汽油蒸气排放（EVAP）控制、废气再循环控制（EGR）、三元催化转化器（TWC）与空燃比反馈控制、二次空气供给控制等。排放控制的目的是减少发动机排气对环境造成的污染。

5. 增压控制

增压控制系统的功能是对发动机进气增压装置的工作进行控制。在装有废气涡轮增压装置的汽车上，ECU 根据检测到的进气歧管压力对增加装置进行控制，从而控制增压装置对进气增压的强度，以达到控制进气压力、提高发动机动力性和经济性的目的。

6. 温度控制

具有温度特性曲线的发动机电控系统可以根据发动机对负荷的要求，控制发动机按不同的工作温度进行工作，该控制功能可通过控制特性曲线节温器及电子冷却液泵等电控元件实现发动机不同的冷却模式。

7. 能量控制

具有能量控制功能的发动机电控系统可以调节发电机的工作状况以及蓄电池的充电状态，来实现能量系统的平衡，当识别到整个系统能量严重不足时，甚至关闭一些较大功率的用电器，以保持整个系统能量状态，此功能可通过安装蓄电池传感器来监控车辆能量状况的变化。

8. 巡航控制

驾驶人设定巡航控制模式后，ECU 根据汽车运行工况和运行环境信息自动控制发动机工作，使汽车自动维持定车速行驶。

9. 自诊断控制

对车辆进行维修时，维修人员可通过特定的操作程序（有些需借助专用设备）调取故障码。自诊断控制是指电控系统具有自我诊断能力，可对电控系统工作情况进行监控，当识别到系统有故障时，仪表板上的故障指示灯会发出警报，以提示驾驶人发动机有故障，并将故障码存储。在维修时，通过一定操作程序可将故障码调出，进行有针对性的检查。

10. 失效保护控制

在电控系统中，当自诊断系统判定某传感器或其电路出现故障（即失效）时，失效保护控制便进入工作状态，给 ECU 提供设定的目标信号来代替故障信号，以保持控制系统继续工作，确保发动机仍能继续运转。

11. 应急控制

当发动机 ECU 或少数重要的传感器出现故障、车辆无法行驶时，应急控制功能可以让 ECU 把燃油喷射和点火控制在设定的水平上，作为一种备用功能使汽车能维持基本行驶，以便把汽车开到最近的维修站或适宜的地方。

四、发动机电控系统的控制方式

发动机电控系统按控制方式的不同，可分为开环控制和闭环控制两种。

1. 开环控制

发动机电控系统的开环控制是指 ECU 只根据各传感器信号对执行元件进行控制，而控制的结果是否达到预期目标，ECU 没有监控，在发动机电控系统的输出端与输入端之间不存在反馈回路，如图 1-2 所示。开环控制方式比较简单，但系统出现扰动时，控制精度会降低。

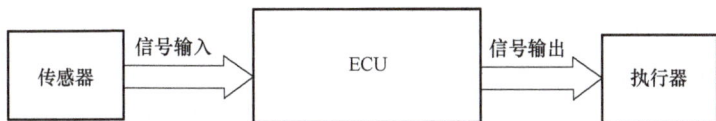

传感器　→信号输入→　ECU　→信号输出→　执行器

图 1-2　开环控制方式

2. 闭环控制

在发动机电控系统的输出端与输入端之间存在反馈回路，ECU 对输出量的结果是否达到预期进行监控，称为闭环控制方式，如图 1-3 所示。发动机电控系统的闭环控制方式能根据反馈信号对其控制误差进行修正，所以闭环控制方式的控制精度比开环控制方式高。在发动机电控系统中，空燃比反馈控制、爆燃控制、增压压力控制及点火提前角反馈控制等都采用了闭环控制方式。

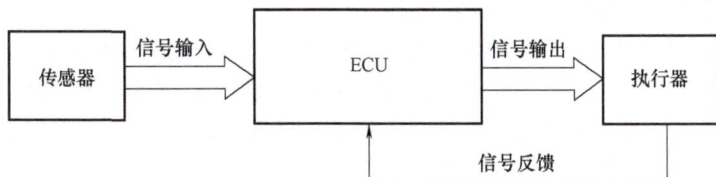

传感器　→信号输入→　ECU　→信号输出→　执行器

信号反馈

图 1-3　闭环控制方式

第二课　发动机电控系统常用检测设备的使用

一、数字万用表

数字万用表是目前常用的一种数字化仪表，它具有以下特点：数字显示，读取直观、准确，避免指针式万用表的读数误差；分辨率高；测量速度快；输入阻抗和集成度高；测试功能、保护电路齐全；功率损耗小；抗干扰能力强。下面以图1-4所示的 KRYSTAL 型汽车数字万用表为例进行介绍。

1. 数字万用表的使用方法

操作时，首先将 ON/OFF 开关置于 ON 位置。检查9V电池，如果电压不足，需更换电池。

（1）直流电压（DCV）测量　将量程转换开关置于 DCV 范围，并选择量程。测量时，将黑表笔插入 COM 插孔，红表笔插入 V/Ω/f 插孔，测量时若显示器上显示"1"，表示过量程，应重新选择量程。

（2）交流电压（ACV）测量　将量程转换开关置于 ACV 范围，并选择量程。测量时，将黑表笔插入 COM 插孔，红表笔插入 V/Ω/f 插孔。测量时不允许超过额定值，以免损坏内部电路。显示值为交流电压的有效值。

（3）直流电流（DCA）测量　将量程转换开关转到 DCA 位置，并选择量程。测量时，将黑表笔插入 COM 插孔，当测量最大值为 200mA 时，红表笔插入 mA 插孔；当测量最大值为 10A 时，红表笔插入 A 插孔。

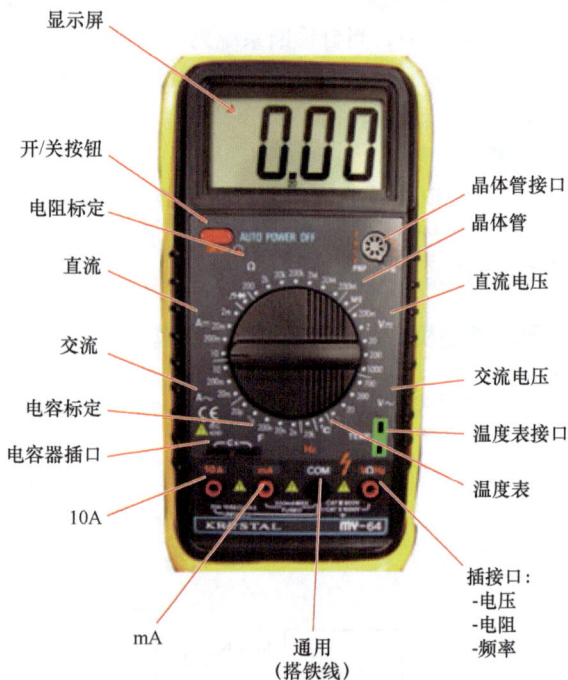

图1-4　数字万用表及其测量插孔标记

注意：测量电流时，应将万用表串入被测电路。

（4）交流电流（ACA）测量　将量程转换开关转到 ACA 位置，选择量程。测量时，将测试表笔串入被测电路，黑表笔插入 COM 插孔，当测量最大值为 200mA 时，红表笔插入 mA 插孔；当测量最大值为 10A 时，红表笔插入 A 插孔，显示值为交流电压的有效值。

（5）电阻测量　测量时，将量程转换开关置于欧姆量程，将黑表笔插入 COM 插孔，红表笔插入 V/Ω/f 插孔。

注意：在电路中测量电阻时，应切断电源。

（6）电容测量　测量时，将量程转换开关置于 CAP 处，将被测电容插入电容插座中。

注意：不能利用表笔测量。测量容量较大的电容时，稳定读数需要一定的时间。

（7）二极管测试及带蜂鸣器的连续性测试　测试二极管时，只需将量程转换开关转换到二极管的测试端，显示器显示二极管的正向压降近似值。

（8）晶体管放大倍数 h_{FE} 的测试　将量程转换开关置于 h_{FE} 量程，确定是 NPN 型还是 PNP 型，将 E、B、C 分别插入相应插孔。

（9）音频频率测量　测量时，将量程转换开关置于 kHz 量程，黑表笔插入 COM 插孔，红表笔插入 V/Ω/f 插孔，将测试笔连接到频率源上，直接在显示器上读取频率值。

（10）温度测试　测试时，将热电偶传感器的冷端插入温度测试座中，热电偶传感器的工作端置于待测物上面或内部，可直接从显示器上读取温度值。

2. 数字万用表使用注意事项

1）测量电流时应将表笔串联在被测电路中，测量电压时应将表笔并联在被测电路中。

2）不能测量高于 1000V 的直流电压和高于 700V 的交流电压。

3）测量高电压时要注意避免触电。

4）测量电流时，若显示器显示"1"，表示过量程，量程转换开关应及时置于更高量程。

5）当更换电池或熔丝管时，应检查确认测试表笔已从电路中断开，以避免电击。

3. 用数字万用表测量二极管和晶体管

（1）用数字万用表测量二极管　选用万用表的二极管档，将红表笔接二极管一极，黑表笔接另一极，万用表有一定数值显示，则二极管处于正偏。此时，红表笔（表内电池的正极）所接的是正极，黑表笔所接的是负极；颠倒两表笔，二极管处于反偏，万用表高位显示为"1"或很大的数值，此时说明二极管是好的。若测量时两次的数值均很小，则二极管内部短路；若两次测得的数值均很大或高位为"1"，则二极管内部断路。

（2）用数字万用表测量晶体管　选用数字万用表的晶体管档，用红表笔接晶体管的某一管脚（假设作为基极），用黑表笔分别接另外两个管脚，如果表的液晶屏上两次都显示有零点几伏的电压（锗管为 0.3V 左右，硅管为 0.7V 左右），那么此管应为 NPN 型管且红表笔所接的那一个管脚是基极。如果两次所显的为"OL"，那么红表笔所接的那一个管脚便是 PNP 型管的基极。

在判别出管子的型号和基极的基础上，可以再判别发射极和集电极。仍用晶体管档，对于 NPN 型管，令红表笔接其基极，黑表笔分别接另两个管脚，两次测得的极间电压中，电压微高的为发射极，电压低一些的为集电极；如果是 PNP 型管，令黑表笔接其基极，同样所得电压高的为发射极，电压低一些的为集电极。

判别晶体管的好坏，只要查一下晶体管各 PN 结是否损坏，通过万用表测量其发射极、集电极的正向电压和反向电压来判定。如果测得的正向电压与反向电压相似且几乎为零，说明晶体管已经短路；若正向电压为"OL"，说明晶体管已经断路。

二、示波器

示波器主要用来显示控制系统中输入、输出信号的电压波形，以供维修人员根据波形分析判断电控系统故障。示波器比一般电子设备的显示速度快，是唯一能显示瞬时波形的检测仪器，是电控系统故障诊断中的重要设备。

1. 示波器的结构及功能

不同品牌示波器的外形各不相同，但示波器的基本结构都相似，主要由主机、电源线及测试导线组成，如图 1-5 所示。示波器主要有如下功能：

1）测试各种传感器、执行元件、电路和点火系统等电压波形。

2）数字式示波器具有汽车万用表的功能，可测试电压、电阻和电流等。有的示波器内部还存有汽车数据库和标准波形，使判断故障更为方便。

3）数字式示波器可对测试内容进行记录、回放和存储。

4）具有专项辅助测量功能，如测量 USB 接口、WiFi 功能、蓝牙功能等。

5）能提供在线帮助，包括提供系统工作原理、测试连接方法、接线颜色等。

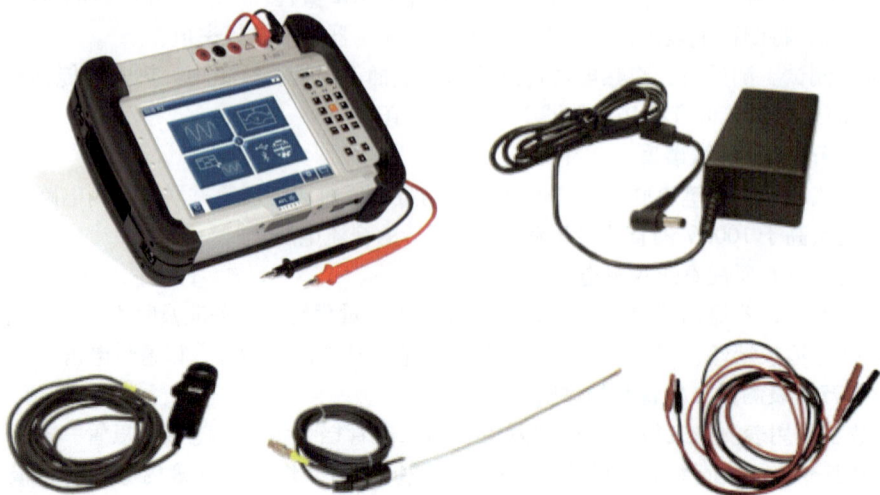

图 1-5　示波器的结构

2. 示波器的设置

用示波器测试一个未知的信号时，如何设置示波器是一件相当复杂的事，本部分说明用汽车示波器去捕捉波形时，设置示波器的基本方法，它可以帮助读者理解并掌握示波器设置的要领。

（1）设置项目　为了显示一个波形，必须对示波器做如下设定：

1）电压标尺。通过电压标尺改变波形在显示屏纵轴上的大小。

2）时间标尺。通过改变时间标尺可以改变波形在显示屏横轴上的疏密程度。

3）触发电平。触发电平可设置示波器显示时的起始电压值（也可以将触发模式置于"自动"档）。

4）耦合方式（直流、交流或搭铁）。

①直流（DC）耦合方式。

②交流（AC）耦合方式：此方式能滤掉信号中的直流成分，只显示交流分量，常用于两线磁电式传感器信号的波形观察，以及信号中的噪声和发电机发电电压（二极管）或其他较少的例子中的观察。

③搭铁（GND）方式：此方式用于判定搭铁位置或 0V 电压水平或显示示波器 0V 电压参考点。

（2）项目设置方法

1）当用自动设置功能（AUTORANGE）能够看清楚显示的波形时，可以用手动设置（MANUAL）来进一步微调。

2）如果显示屏上仍不能看清晰的波形，可以根据推断，假设电压比例和触发电平，暂且先不设定时基。

3）用数字万用表测量信号电压，并根据测出的电压来设置电压档比例。

4）将触发电平设定在信号电压的一半以上，在设定电压比例和触发电平后，唯一未设定的就是时基了。

5）这时手动设定时基，大多数信号应在 1ms ～ 1s 范围内，总线系统波形信号可选择 μs。

6）时基/频率表可以用来帮助选择时基，可以先用汽车示波器上的游动光标测量信号频率，然后确定所希望显示波形的循环次数（个数），再从表中找到信号频率与循环次数（个数）的交点，这就是要确定的时基数。相关提示：示波器使用的常用术语及含义见表 1-3。

表 1-3 示波器使用的常用术语及含义

术　语	含　义
触发电平	示波器显示时的起始电压值
触发源	示波器的触发通道（通道 Ch1、通道 Ch2 和外触发通道 EXT）
触发沿	示波器显示时的波形上升沿或下降沿
电压比例	每格垂直高度代表的电压值
时基	每格水平长度代表的时间值
直流耦合	测量交流和直流信号
交流耦合	只允许信号的交流成分通过，它滤掉了直流成分（电容用来过滤直流电压）
搭铁耦合	确认示波器显示的 0V 电压位置自动触发：如果没有手动设定，示波器就自动触发并显示信号波形

3. 示波器使用的注意事项

1）测试点火高压线时，必须使用专用的电容探头，不能将示波器探头直接接入点火次级电路。

2）使用汽车示波器时，注意远离热源，如排气管、三元催化转化器等，温度过高会损坏仪器。

3）汽车示波器在测试时要注意测试线尽量离开风扇叶片和传动带等转动部件。

4）路试中，不要将汽车示波器放在仪表台上方，最好是拿在手中测试。

5）当无法捕捉到波形时，进行如下检查：

① 确认触发模式是在"自动（AUTO）"模式下，如果在"自动"模式下汽车示波器有可能不触发。

② 确认汽车示波器的屏幕显示并未处在"冻结"状态，若屏幕已被冻结，就按一下解除键。

③ 确认信号是否真的存在，可以用万用表先检查电压，如果确认信号是存在的，用汽车示波器和万用表不能捕捉到，就检查测试线和接线柱的连接情况。

④ 确认耦合方式不在"搭铁"模式，若在"搭铁"模式，任何信号都无法进入。

⑤ 确认触发源是定义在所选择的通道上。

三、解码器

解码器不仅具有读码和清码功能，而且还具有解码功能，使用起来非常方便，是汽车电控系统检测中不可缺少的检测设备之一。

1. 解码器的功能

1）可以方便地直接读取故障码，而不必再通过发动机故障警告灯的闪烁读取。

2）可以方便地直接清除故障码，使发动机故障警告灯熄灭，而不必再用拆卸熔丝或蓄电池负极这种比较麻烦的方法来清除故障码。

3）能与电子控制单元（ECU）中的微机直接进行交流，显示数据流，即显示 ECU 的工作状况和多种数据输入、输出的瞬时值，使电控系统的工作状况一目了然，为诊断故障提供依据。特别是当不产生故障码而又怀疑车辆有故障时,可以通过观察数据流中的参数来判断回路中是否确实有故障。

4)能在静态或动态下,向发动机电控系统各执行元件发出检修作业需要的动作指令,以便检查执行元件的工作状况。

5)行车时或路试中能监测并记录数据流和故障码,以便回到汽车修理厂后能够调出,进行分析和判断。

6)有的还具有示波器功能、万用表功能和打印功能。

7)有的还能显示系统控制电路图和维修指导,以供诊断时参考。

8)可以和 PC 相连,进行资料的更新与升级。

9)功能强大的专用解码器,还能对车上 ECU 进行某些数据的重新输入和更改。

2. 解码器的类型

一般地讲,带有数据流功能的解码器可分为原厂专用型和通用型两大类型。原厂专用型解码器一般是汽车制造厂为检测诊断本厂生产的汽车而专门设计制造的解码器。世界上一些大的汽车制造商,如通用公司、福特公司、克莱斯勒公司、奔驰公司、宝马公司、奥迪公司和日产公司等,都有专用型解码器(表1-4),只适用于检测诊断本厂生产的汽车,一般配备在汽车特约维修站,以提供良好的售后服务。

表1-4　汽车生产厂家及专用解码器

汽车厂家	解码器名称	汽车厂家	解码器名称
宝马	ISID	大众	VAS6150
丰田	IT- ii	日产	CONSULT-3
通用	TEC- II	奥迪	VAS6150
奔驰	STAR2000	福特	IDS
中华	元征 X431	雪铁龙	PP-2000

通用型解码器一般是检测设备制造厂为适应检测诊断多车型而设计制造的。它往往存储有几十种甚至几百种不同厂牌、不同车型汽车电控系统的检测程序、标准数据和故障码等资料,并配备有各种车型的检测接头,可以检测诊断多种车型,因而适用综合性维修企业使用。目前,维修企业使用最多的通用型解码器有美国生产的 MT2500 红盒子解码器和 OTC4000 型等以及国产的431ME 电眼睛、仪表王、修车王、车博士等。

不管是专用型还是通用型解码器,大多都能对全车各部电控系统进行检测诊断和数据流分析。解码器与 ECU 相互交流信息的速度,取决于 ECU 中内置微机的性能,即取决于数据传输的波特率。波特率是每秒钟通过的数字式数据的字节或高、低电压信号的度量单位。波特率越高,则信息传输速度越快。它不仅表明了解码器与 ECU 相互交流信息的速度,还决定了解码器对 ECU 反应的快慢和显示屏数据读数变化的速率。

3. 解码器的基本结构

以国产 431ME 电眼睛为例介绍解码器的基本结构。431ME 电眼睛是汽车电控系统检测仪,不仅具有解码器功能,即具有读码、解码和清码功能,还具有读取在线数据流功能、传感器的模拟和测试功能、OBD－Ⅱ接口功能、中文显示功能、提示维修方法功能和打印功能等,能对亚洲、欧洲和美洲 2000 余种车型的电控系统(包括发动机系统、自动变速器系统、制动防抱死系统（ABS）、安全气囊系统和定速巡航系统）进行检测诊断，其功能已超出解码器功能。

　　431ME 电眼睛由主机、测试卡、测试主线、测试辅线和测试接头组成，并附带一个传感器模拟/测试仪。431ME 电眼睛解码器主机和各种车型插接器如图 1-6 所示。

a) 431ME电眼睛解码器主机 　　　　　　　b) 各种车型插接器

图 1-6　431ME 电眼睛解码器主机和各种车型插接器

4. 解码器的使用方法

以 431ME 电眼睛为例，介绍解码器的使用方法。

（1）使用解码器时的注意事项

1）测试前应正确选择测试接头。这是因为各车型的诊断插座提供电源的形式不一，有的可能要接外接电源，有的可能不接外接电源。因此，要避免因选择接头不当而烧坏仪器。

2）测试前应先将测试卡插入仪器主机的测试卡接口，然后再接通电源。

3）仪器的额定电压为 12V，汽车蓄电池电压应在 11～14V 范围内。

4）关闭汽车所有附属电气设备（如空调、前照灯和音响等）。

5）发动机节气门应处于关闭状态，即急速结合点闭合。

6）点火正时和急速应在规定范围，发动机冷却液温度和变速器油温应达到正常工作温度（冷却液温度为 90～110℃，变速器油温为 50～80℃）。

7）接通电源仪器屏幕闪烁后，若程序未运行或出现乱屏现象，可将仪器主机上的 9 针插头拔下再重插一次，即可继续操作。

8）测试接头和诊断插座应良好接触，以保证信号传输不会中断。

9）测试结束后，应先切断电源，再从主机上取出测试卡。

（2）使用步骤

1）选择合适的测试卡和合适的连接电缆插接器（专用解码器不需要此项）。

2）连接解码器。电源电缆连接到车内点烟器或蓄电池上，测试电缆与汽车的故障诊断插座相连。

3）开机后，选择测试地址和功能。选择测试地址是指选择想要测试的电控系统，如发动机电控系统、自动变速器控制系统、防抱死制动系统（ABS）、安全气囊系统等；功能选择是指根据测试目的选择具体的测试项目，如调取故障码、清除故障码、读取系统数据流、执行元件测试的项目。

任务实施

任务一　车上认识发动机电控系统元件及使用万用表

一、任务目的

1）能够在实训车上找到电控系统各部件在车上的安装位置。

2）能够规范使用万用表的常规测量功能测量车上的元件。

3）操作过程中各部件摆放应干净整齐，符合5S要求。

二、任务准备

1）准备万用表、组合工具等。

2）准备相关车辆及车辆维修手册。

3）拉紧驻车制动器操纵杆，并将变速杆置于空档或驻车档（P位）位置。

4）套上转向盘护套、变速杆手柄套和座位套，铺设脚垫。

5）在车内拉动发动机舱盖手柄，在车外打开并支撑发动机舱盖，粘贴翼子板和前脸磁力护裙。

三、任务步骤

1. 车上认识发动机电控系统元件

1）识别发动机ECU。

2）识别发动机舱内的传感器（空气流量传感器、进气歧管绝对压力传感器、增压压力传感器、节气门位置传感器、凸轮轴位置传感器、进气温度传感器、冷却液温度传感器、氧传感器、爆燃传感器）。

3）识别发动机舱内的执行元件（喷油器、点火器、节气门控制电动机、活性炭罐电磁阀、涡轮增压控制电磁阀、氧传感器加热器等）。

2. 使用万用表

用万用表的欧姆档测量冷却液温度传感器阻值、用万用表的电压档测量蓄电池电压的方法如下：

1）将万用表ON/OFF开关置于ON位置。

2）将万用表黑表笔插入COM插孔，红表笔插入V/Ω插孔。

3）将万用表量程转换开关置于欧姆档，选择"自动"量程，将黑表笔插入COM插孔，红表笔插入V/Ω插孔。

4）将万用表黑表笔和红表笔搭在一起，校对万用表。

5）关闭车辆点火开关。

6）断开冷却液温度传感器插头。

7）将万用表的红黑表笔分别与冷却液温度传感器的两个端子接触牢固，读取万用表上显示的电阻值。

8）将万用表量程转换开关置于直流电压（DCV）范围，并选择量程为20V。

9）将万用表的红表笔与蓄电池的正极端子、黑表笔与蓄电池负极端子接触牢固，读取万用表上显示的电压值。

10）将万用表ON/OFF开关置于OFF位置，关闭万用表。

四、任务评价

实训任务单 1- 5

实训任务：车上认识发动机电控系统元件及使用万用表		
姓名：	班级：	学号：
实训车型：	VIN：	

1. 电控元件识别

识别实训车型发动机舱内电控系统主要组成部件，描述其安装位置及作用。（50 分）

（1）发动机 ECU（10 分）

1)

2)

（2）传感器（20 分）

1)

2)

3)

4)

5)

（3）执行元件（20 分）

1)

2)

3)

4)

2. 使用万用表测量冷却液温度传感器电阻和蓄电池电压（50 分）

（1）测量冷却液温度传感器电阻（25 分）

1）万用表档位选择：

2）万用表量程选择：

3）冷却液温度传感器电阻值：

（2）测量蓄电池电压（25 分）

1）万用表档位选择：

2）万用表量程选择：

3）蓄电池电压值：

问题留言：

实训成绩：　　　　　　　　　　　　　　　　　　指导老师签名：

任务二　使用示波器及解码器

一、任务目的

1）能够熟练使用示波器。

2）能够熟练使用解码器。

3）操作过程中各部件摆放应干净整齐，符合5S要求。

二、任务准备

1）准备示波器、适配器、测量盒或接线盒、组合工具等，如图1-7所示。

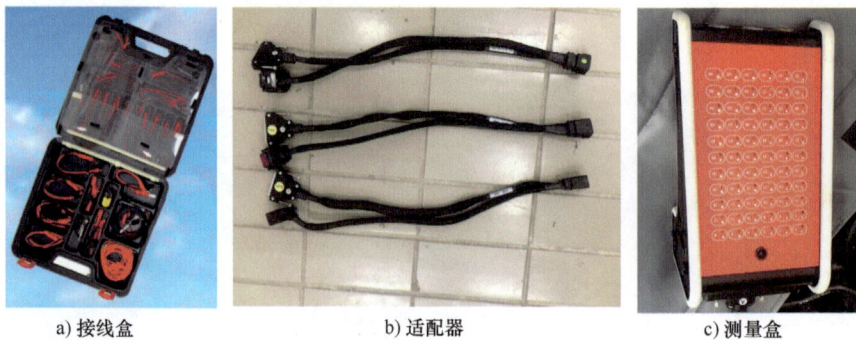

a) 接线盒　　　　　　　　b) 适配器　　　　　　　　c) 测量盒

图1-7　接线盒、适配器和测量盒

2）准备相关车辆及车辆维修手册。

3）拉紧驻车制动器操纵杆，并将变速杆置于空档或驻车档（P位）位置。

4）套上转向盘护套、变速杆手柄套和座位套，铺设脚垫。

5）在车内拉动发动机舱盖手柄，在车外打开并支撑发动机舱盖，粘贴翼子板和前脸磁力护裙。

三、任务步骤

1. 使用示波器

1）选择信号源，如图1-8所示。可通过不同的输入端口选择Ch1的信号源。

2）选择测量参数，如图1-9所示。对信号的测量项目进行选择，如信号的电压、电流或电阻等。

3）设置耦合方式。如图1-10所示，耦合方式指的是交流耦合、直流耦合或搭铁三种方式，一般选直流耦合。

4）设置电压标尺。如图1-11所示，通过该选项可以设定被测量信号的纵坐标参数，也就是刻度尺的选择。

5）设置过滤器。如图1-12所示，使用过滤选项可对特定频率的信号进行过滤，不需要时可关闭。

6）设置时间标尺。如图1-13所示，单击屏幕下方时间按钮可进入时间单位的设置选项，通过此选项可对波形显示的疏密程度进行设置。对于变化速率较快的信号建议将时间标尺设置得小一些，如PT-CAN总线信号的测量可将标尺设置在2～20μs范围内，K-CAN总线信号的测量可将标尺设置在10～50μs范围内，Lin总线信号测量时可将标尺设置在100～500μs范围内。

图1-8　选择信号源

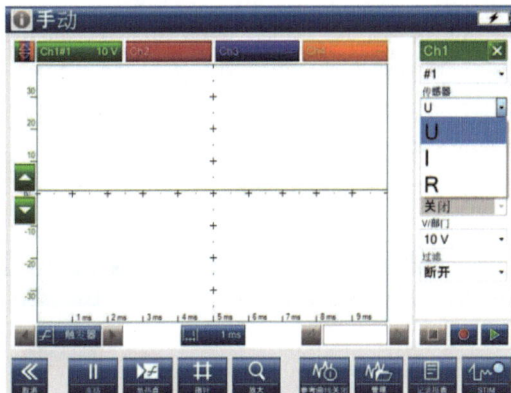

图1-9　选择测量参数

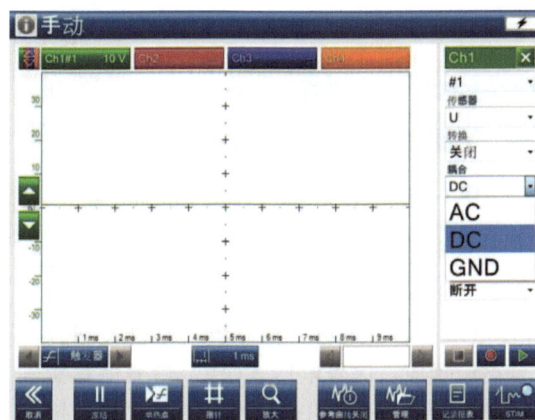

图1-10　设置耦合方式

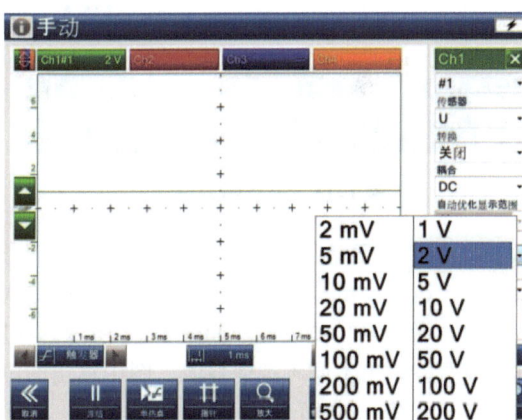

图1-11　设置电压标尺

图1-12　设置过滤器

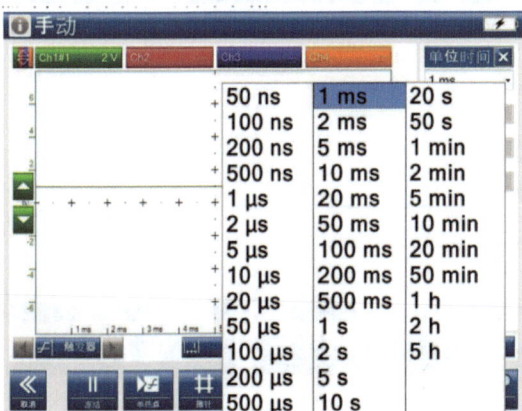

图1-13　设置时间标尺

　　7）触发器设置。如图1-14所示，在设置前首先选择"打开"触发器。如果选择"打开"了触发点的设置"线"选项，就会在屏幕上出现触发器在水平位置上的标线（红色虚线）。通过"级V"选项选择触发点的位置，通过"前置触发器"选项设置触发点在屏幕上左右位置，通过

"脉冲沿"选项改变触发沿的位置。

8）波形记录、存储、播放和冻结。如图1-15所示，在对信号进行测量时，可随时进行记录、存储、播放和冻结。单击记录按钮进行记录，单击停止按钮停止记录，同时会出现存储界面，使用键盘或系统内的软键盘在文件名处编辑自定义文件名称，单击"保存"按钮，即可对所记录的信号进行保存。在播放过程中单击"冻结"按钮可以查看记录过程中每一帧信号的情况，通过向前/向后按钮进行位置调整。

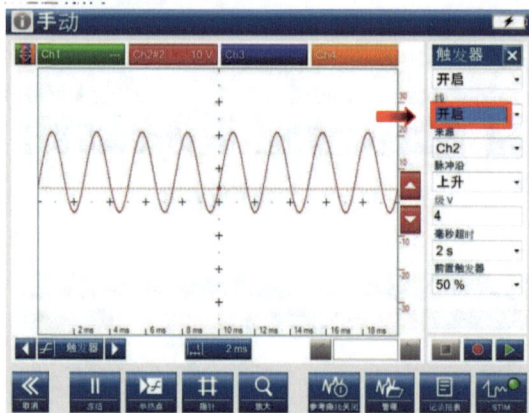

图1-14　设置触发器

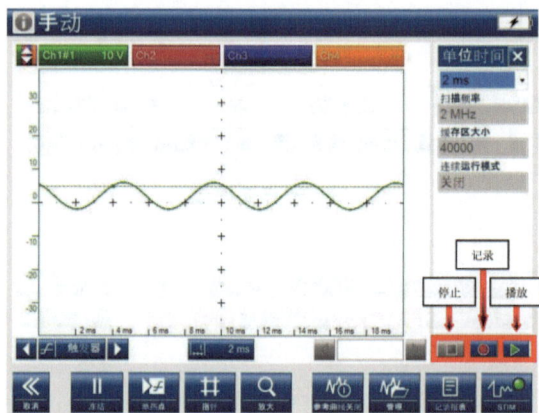

图1-15　波形记录、存储、播放和冻结

9）指针的调整。如图1-16所示，通过"指针"按钮对指针进行调整。第一次单击出现时间轴标尺，第二次单击出现信号幅值标尺，第三次单击则同时出现时间轴标尺及幅值标尺。

10）激励器功能设置。如图1-17所示，在屏幕显示区域的右下方有"激励器"功能按钮，可进行设置并输出不同种类信号源。图中输出的电压信号被设置成：信号电压=12V，信号偏移量=0V，信号频率=300Hz，信号占空比=10%。图中绿色按钮表示信号输出已被激活，"离开"按钮表示可在保持信号输出被激活的状态下离开设置界面，继续其他功能测试。

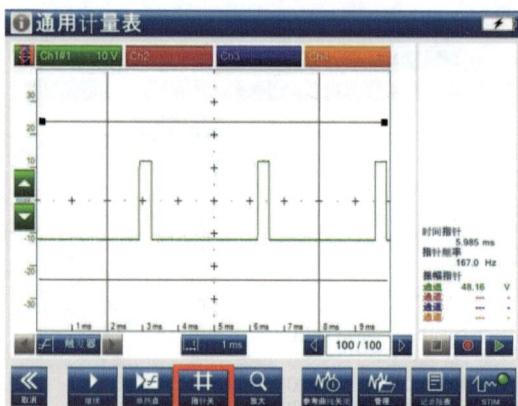

图1-16　指针的调整

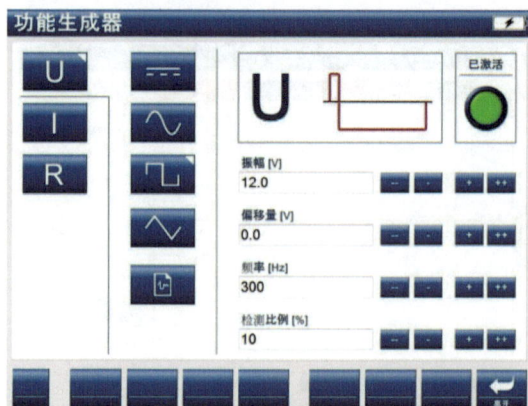

图1-17　激励器功能设置

2. 使用解码器

下面以大众专用的解码器VAS6150D为例进行操作练习：

1）将解码器诊断接头连接到车辆的OBD诊断接口，如图1-18所示。连接时注意诊断接头的连接方向，诊断接口两侧宽度不一样，要确保按正确方向连接。

2）打开 VAS6150D，将其与诊断接头通过蓝牙连接，根据提示输入车辆信息，并识别车辆，如图 1-19 所示。

图 1-18　连接诊断接头
　　　　　与车辆诊断接口

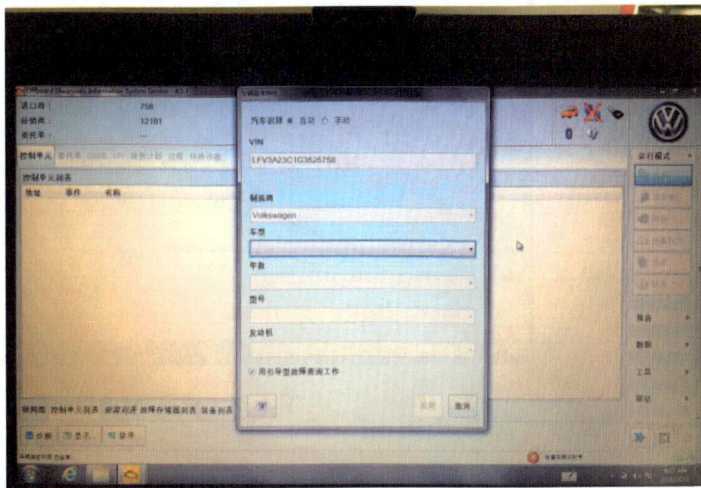

图 1-19　连接诊断接头与解码器

3）单击"诊断"对车辆进行快速检测。快测时会对全车 ECU 进行检测，会显示车辆的 ECU 树状图，如图 1-20 所示。快测结束后，会显示有故障的 ECU，红色的 ECU 表示有故障，黑色实线框的 ECU 表示无故障。

4）读取/清除故障码。单击"读取故障存储器"，可以选择所要读取/清除 ECU 的故障码，也可以读取/清除所有 ECU 的故障码，如图 1-21 所示。

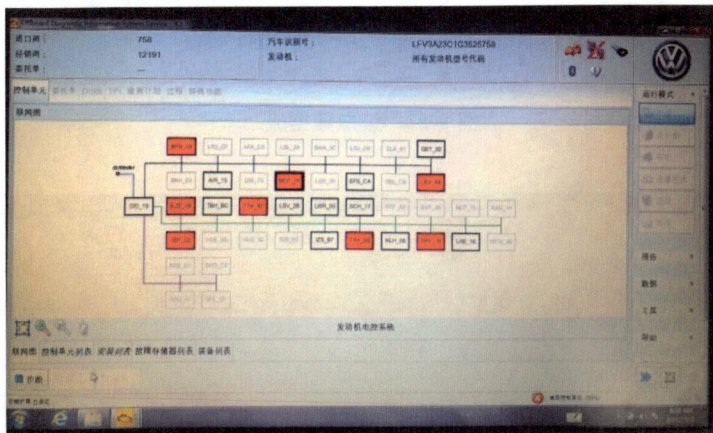

图 1-20　执行快速检测

5）读取数据流。根据数据流所在的 ECU 读取该 ECU 的数据流。单击"读取测量值"并选择所要读取的测量值，如图 1-22 所示。

6）执行元件测试。选择执行元件测试功能，可以快速确定被测元件及电路是否存在故障。单击"执行元件测试"并选择所要测试的元件，如图 1-23 所示，系统会自动驱动该元件工作，通过听元件工作的声音来判断元件是否正常工作。

图 1-21   读取/清除故障码

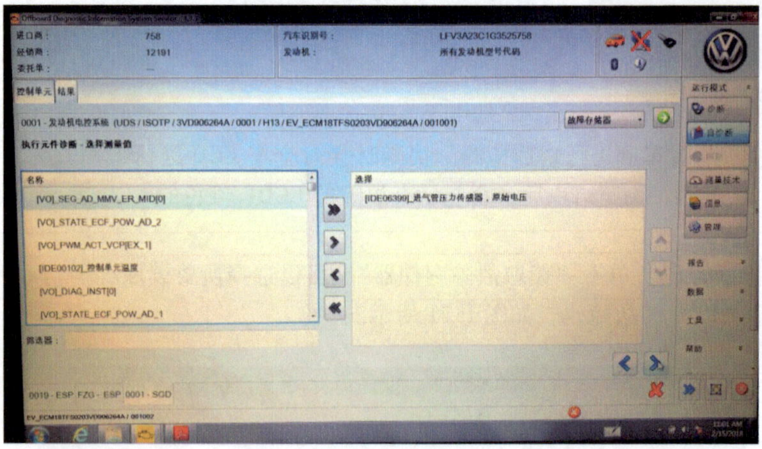

图 1-22   读取数据流

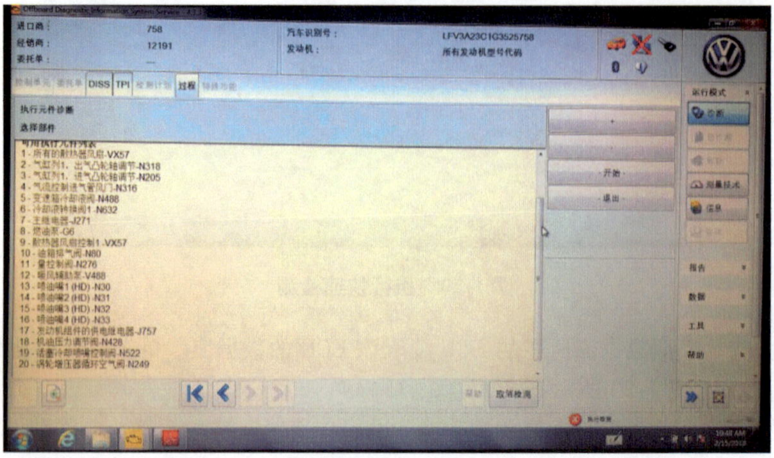

图 1-23   执行元件测试

四、任务评价

实训任务单 1- 6

实训任务：使用示波器及解码器		
姓名：	班级：	学号：
实训车型：		VIN：

1. 使用解码器

操作解码器，完成下列功能，记录完成要点及路径。（50 分）

1）解码器与车辆连接：

2）使用解码器读取故障码：

3）使用解码器清除故障码：

4）使用解码器读取发动机数据流：

5）使用解码器进行执行元件测试：

2. 使用示波器

使用示波器激励一个波形，并用示波器对其进行测量（如果示波器不具备此功能，可选车上的总线作为测量信号），记录操作要点。（50 分）

1）选择通道和测试项目：

2）设置纵向标尺：

3）设置时基：

4）改变纵向标尺和时基观察波形变化：

5）设置触发器观察波形变化：

6）记录、保存、播放和冻结波形：

问题留言：

实训成绩：　　　　　　　　　　　　　　　　　　　指导老师签名：

巩固与提高

一、填空题

1. 发动机电控系统的主要功能是根据各种传感器的信号控制发动机的喷油和点火，同时还具

有＿＿＿＿＿＿＿、＿＿＿＿＿＿＿、＿＿＿＿＿＿＿、＿＿＿＿＿＿＿、＿＿＿＿＿＿＿、＿＿＿＿＿＿＿、

自诊断及应急控制等许多辅助控制功能。

2. 发动机电控系统主要由＿＿＿＿＿＿（传感器及开关）、＿＿＿＿＿＿和＿＿＿＿＿＿三部分组成。

3. 发动机电控系统按控制方式的不同，可分为＿＿＿＿＿＿和＿＿＿＿＿＿两种。

4. 数字万用表主要的功能有＿＿＿＿＿＿、＿＿＿＿＿＿、＿＿＿＿＿＿、＿＿＿＿＿＿、＿＿＿＿＿＿、＿＿＿＿＿＿、二极管测试及带蜂鸣器的连续性测试、晶体管放大倍数 h_{FE} 的测试、音频频率测量和温度测试等。

5. 一般地讲，带有数据流功能的解码器可分为＿＿＿＿＿＿和＿＿＿＿＿＿两大类型。

6. 示波器主要用来显示控制系统中＿＿＿＿＿＿、＿＿＿＿＿＿信号的电压波形，以供维修人员根据波形分析判断电控系统故障。

二、选择题

1. 下列属于发动机电控系统功能的有（　　　）。

A. 燃油喷射控制　　　B. 车身高度控制　　　C. 排放控制　　　D. 自诊断控制

2. 下列属于发动机电控系统组成部分的有（　　　）。

A. 进气压力传感器　　B. 喷油器　　　C. 汽油表　　　D. 空气流量传感器

3. 常用解码器的功能包括（　　　）。

A. 删除故障码　　　B. 查询故障码　　　C. 读取数据流　　　D. 执行元件测试

4. 数字万用表有测量（　　　）等功能。

A. 直流电流　　　B. 二极管阻值　　　C. 直流电压　　　D. 温度

5. 发动机电控系统控制方式有（　　　）。

A. 信号输入控制　　B. 信号输出控制　　　C. 开环控制　　　D. 闭环控制

6. 发动机电控系统可使发动机的（　　　）得到提高。

A. 动力性　　　B. 经济性　　　C 故障发生率　　　D. 起动性能

三、简答题

1. 简述发动机电控系统对发动机性能的影响。

2. 简述发动机电控系统的功用。

3. 简述发动机电控系统的控制方式。

4. 发动机电控系统常见传感器及执行元件有哪些？各有何作用？

5. 简述发动机电控系统的组成。

6. 简述数字万用表使用的注意事项。

7. 简述解码器的功能。

8. 简述示波器使用的注意事项。

发动机进气控制系统检修

学习目标

1. 掌握可变配气正时控制系统的结构、控制原理及检修方法。
2. 掌握进气增压控制系统的结构、控制原理及检修方法。
3. 掌握进气计量系统的结构、控制原理及检修方法。

典型工作任务

1. 可变配气正时控制系统检修。
2. 废气涡轮增压控制系统检修。
3. 进气计量系统检修。

知识准备

发动机的充气效率是决定发动机动力性的主要因素之一，因此，发动机进气控制系统是发动机电控系统的重要控制内容。发动机进气控制系统要求能够根据发动机在不同工况的需要精确地控制配气正时和进气量，并且能够对进气量进行精确的计量。

第一课 可变配气正时控制系统

合理选择气门正时、保证最好的充气效率，是改变发动机性能极为重要的技术问题。理想的气门正时应当是根据发动机工作情况及时做出调整，应具有一定程度的灵活性。可变配气正时控制系统能够提高发动机功率及转矩，减少发动机排放量，降低发动机耗油量。不同车系采用的可变配气正时控制系统的结构不尽相同，下面介绍几种典型的结构。

一、丰田车系智能可变配气正时控制系统

丰田汽车公司智能可变配气正时（VVT-i）控制系统是一种控制进/排气凸轮轴气门正时的系统。该系统在进/排气凸轮轴与传动链之间装有油压离合装置，让进/排气凸轮轴与链轮之间转动的相位差可以改变，通过调整凸轮轴转角对气门正时进行优化，其结构如图2-1所示。

1. VVT-i控制器

VVT-i控制器固定在进/排气凸轮轴上，其结构如图2-2所示。在凸轮轴正时机油控制阀的控制下，可在进/排气凸轮轴上的气门正时提前和滞后液压油路中传递机油压力，使VVT-i控制器固定在进/排气凸轮轴上的叶片沿圆周方向旋转，连续改变进/排气门正时，以获得最佳的配气相位。

2. 凸轮轴正时机油控制阀

凸轮轴正时机油控制阀由滑阀、用来控制滑阀移动的线圈、柱塞及复位弹簧等组成，其结构如图2-3所示。

图 2-1　丰田车系 VVT-i 控制系统的组成

图 2-2　VVT-i 控制器

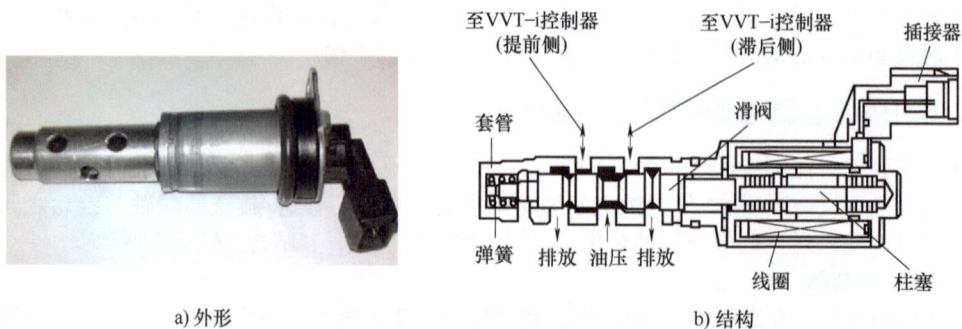

a) 外形　　　　　　　　　　　b) 结构

图 2-3　凸轮轴正时机油控制阀

工作时，发动机 ECU 接收各传感器传来的信号，经分析、计算后发出控制指令给凸轮轴正时机油控制，以此控制滑阀的位置来控制机油流向，从而控制 VVT-i 控制器顺时针或逆时针转动，进行配气正时调节。

3. 工作原理

凸轮轴正时机油控制阀根据发动机 ECU 的控制指令选择至 VVT-i 控制器的不同油路，使之处于提前、滞后或保持这三个不同的工作状态，控制油路如图 2-4 所示。此外，发动机 ECU 根据来自凸轮轴位置传感器和曲轴位置传感器的信号检测实际的气门正时，对配气控制系统进行反馈控制，以获得预定的配气正时。发动机起动时，进气凸轮轴处于"延迟"限位位置。排气凸轮轴在发动机起动时通过一个弹簧预先张紧并保持在"提前"位置处。电磁阀未通电时，凸轮轴就会在机油压力作用下固定在限位位置处。处于应急运行模式时，电磁阀不通电。进气凸轮轴处于"延迟"位置，排气凸轮轴处于"提前"位置。

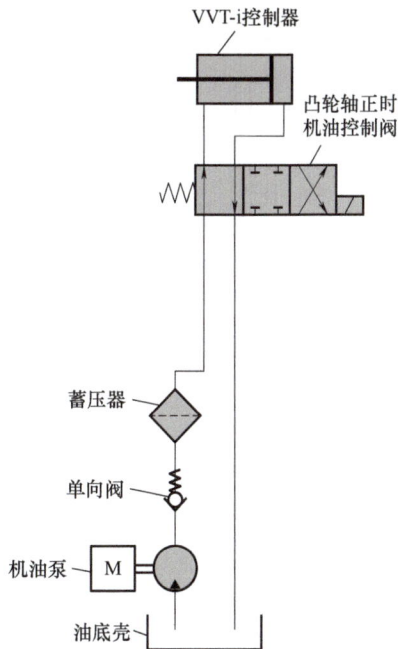

图 2-4　可变配气正时系统液压油路图

二、本田车系可变配气正时及气门升程电子控制系统

本田车系可变配气正时及气门升程电子控制系统（VTEC）的功用是使气门正时和气门升程根据发动机转速的变化做出相应的实时调整，使气缸的充气量同时能够满足发动机低转速和高转速下的不同需要，从而提高了发动机的动力性和经济性。

1. 结构

VTEC 能够实现发动机在不同的转速工况下由不同的凸轮控制，从而实现发动机在单气门与双气门之间进行切换，其结构如图 2-5 所示。

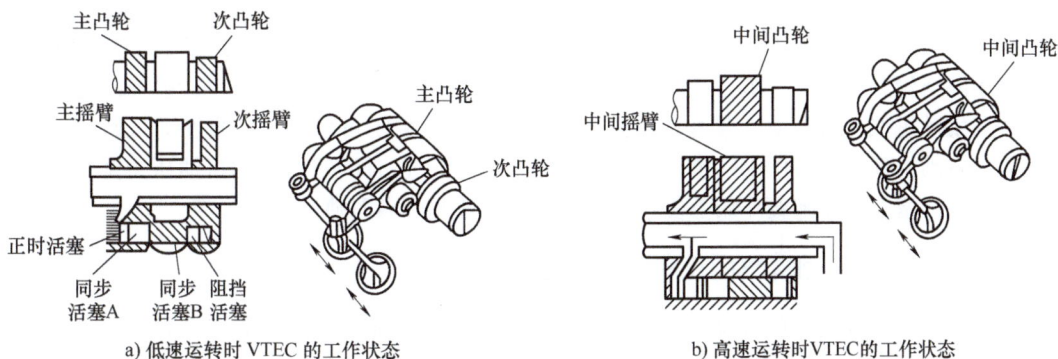

a) 低速运转时 VTEC 的工作状态　　　b) 高速运转时VTEC的工作状态

图 2-5　VTEC 的结构

发动机有中低速用和高速用两组不同的气门驱动凸轮，并且同一缸有主进气门和次进气门，主摇臂驱动主进气门，次摇臂驱动次进气门，中间摇臂在主摇臂与次摇臂之间，不与任何气门接触。主凸轮适应低速工况的需求，中间凸轮适应配气相位高速工况的需求，升程最大，次凸轮的升程很小，只能微微推开气门。

2. 工作原理

发动机 ECU 控制 VTEC 的工作，其控制原理如图 2-6 所示，发动机 ECU 接收传感器（包括转速传感器、进气压力传感器、车速传感器、冷却液温度传感器等）的信号并进行处理，输出相应的控制信号，通过电磁阀调节摇臂活塞液压系统，使发动机在不同的转速工况下由不同的凸轮控

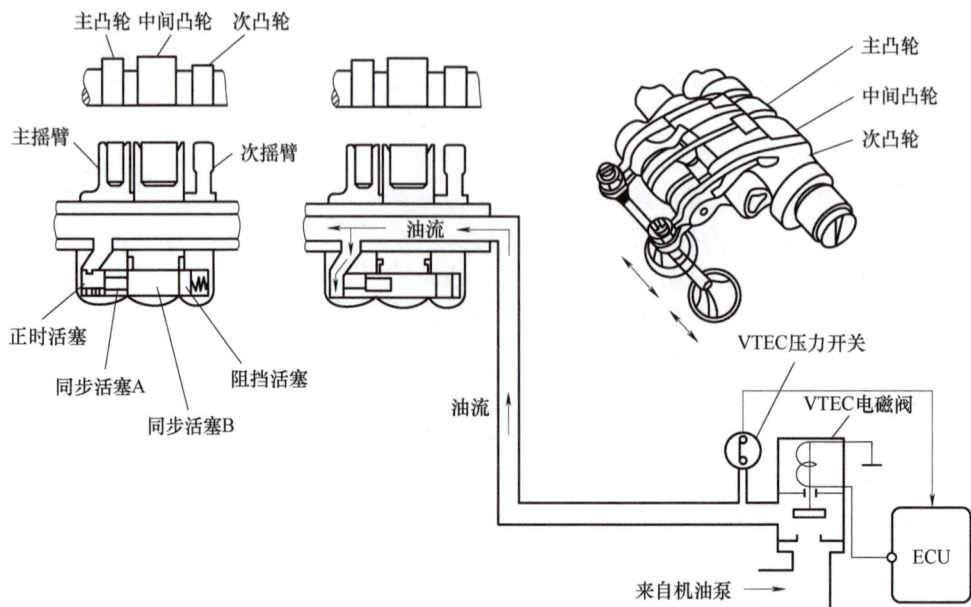

图 2-6　VTEC 的控制原理

制，从而控制进气门的升程和开启时间。

　　发动机低速运转时，VTEC 使三个摇臂彼此分离。此时，主凸轮通过主摇臂驱动主进气门，中间凸轮驱动中间摇臂空摆，次凸轮的升程非常小，通过次摇臂驱动次进气门微量开启，其目的是防止次进气门附近积聚燃油。配气机构处于单进气门、双排气门工作状态，单进气门由主凸轮驱动。

　　当发动机高速运转，且发动机转速、负荷、冷却液温度及车速达到设定值时，发动机 ECU 控制 VTEC 将主摇臂与中间摇臂、次摇臂与中间摇臂插接成一体，成为一个同步工作的组合摇臂。此时，由于中间凸轮升程最大，组合摇臂受中间凸轮驱动，两个进气门同步工作，进气门的配气相位和升程与发动机低速时相比，其升程、提前开启角和迟后关闭角均增大。当发动机转速下降到设定值时，发动机 ECU 控制电路切断 VTEC 电磁阀的电流，正时活塞一侧的机油压力降低，各摇臂油缸孔内的活塞在复位弹簧作用下复位，三个摇臂又彼此分离而独立工作。

三、大众车系电子可变气门正时及升程控制系统

　　大众车系电子可变气门正时及升程控制系统（AUS）通过排气凸轮轴上的电子气门升程切换以及进/排气凸轮轴上的可变气门正时，实现了对每个气缸气体交换的优化控制。此系统可使发动机获得更好的充气效率，提升发动机的响应性，在较低转速和较高增压压力下达到更高的转矩。

1. 结构

　　电子可变气门正时及升程控制系统的结构如图 2-7 所示，为了在排气凸轮轴上两个不同的气门升程之间相互切换，此凸轮轴有四个可移动的凸轮件（带有内花键）。每个凸轮件上都装有两对凸轮，其凸轮升程是不同的，通过执行元件对两种升程进行切换。执行元件接合每个凸轮件上的滑动槽，并移动凸轮轴上的凸轮件。每个凸轮件有两个执行元件用于在两种升程之间来回切换。

　　凸轮轴中的弹簧加载式球体将凸轮件锁定在其各自的端部位置。凸轮轴的滑动槽和轴向推力轴承会限制凸轮件的移动。在两个执行元件的辅助下，每个凸轮件在排气凸轮轴上在两个切换位置之间被来回推动。每个气缸的一个执行元件切换到更大的气门升程，另一个执行元件切换到更

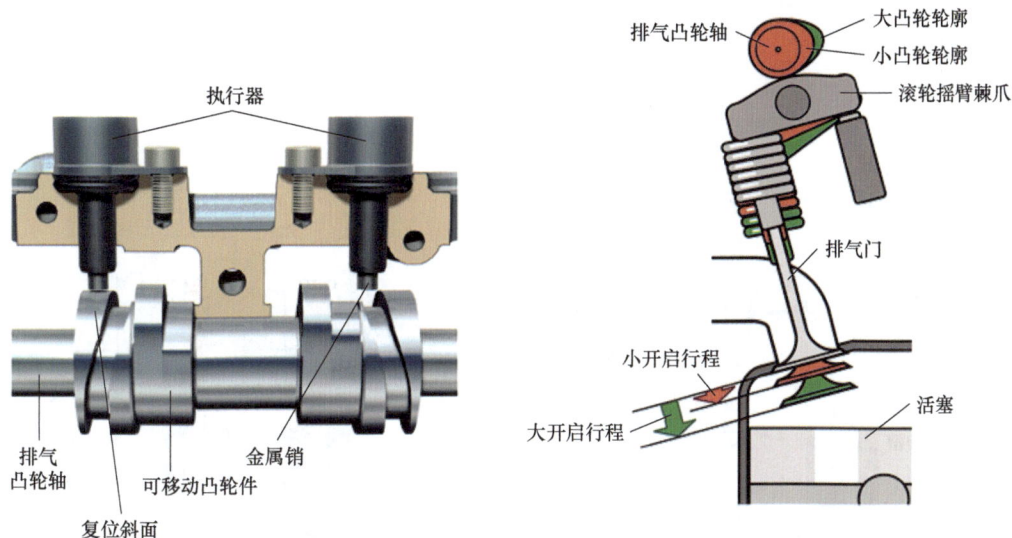

图 2-7　电子可变气门正时及升程控制系统的结构

小的气门升程。每个执行元件由发动机 ECU 控制工作。

2. 工作原理

（1）较小气门升程控制　在较低发动机转速范围使用较小的凸轮轮廓。何时使用凸轮轮廓以及使用哪个凸轮轮廓，均存储在图谱中。为了使这个负载范围内的气体交换性能更佳，发动机 ECU 通过凸轮轴调节器将进气凸轮轴提前、将排气凸轮轴延迟，并且右侧执行元件工作，移动金属销使它接合滑动槽，并将凸轮件移至小凸轮轮廓，如图 2-8 所示。

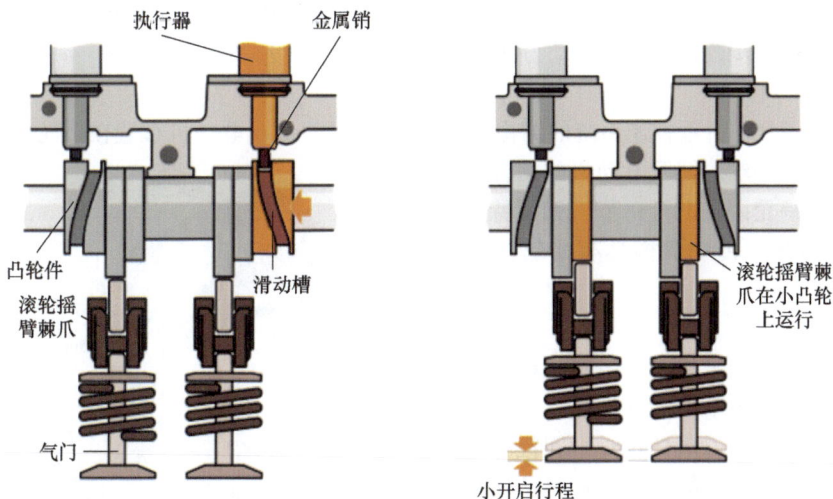

图 2-8　较小气门升程控制

气门现在沿着较小的气门轮廓上下移动。两个小凸轮的位置在某种程度上是交错的，确保气缸两个排气门的开启时间是错开的。这两项措施会导致在废气被从活塞中排到涡轮增压器中时，废气气流的脉动减小，从而可在低转速范围达到较高的增压压力。

（2）较大气门升程控制　当发动机从部分负载改变为全负载时，气缸内的气体交换必须适应更高的性能需求。发动机 ECU 通过凸轮轴调节器将进气凸轮轴提前，将排气凸轮轴延迟。为了达到最佳的气缸填充性能，排气门需要最大的气门升程。为了实现此目的，左执行元件被启动，由左执行元件移动其金属销。金属销通过滑动槽将凸轮件移向大凸轮，排气门现在以最大的升程打开和关闭，如图2-9所示。

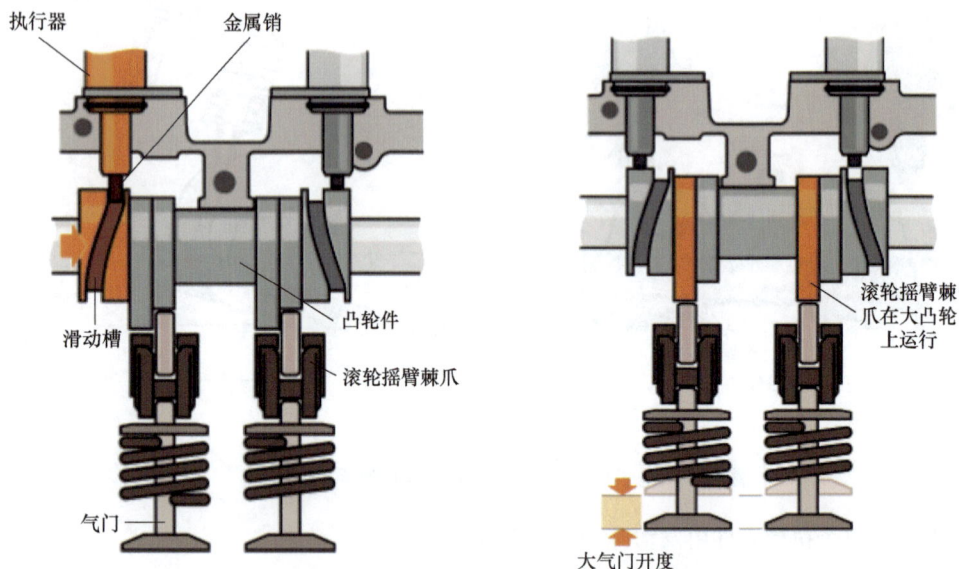

图2-9　较大气门升程控制

四、宝马车系电子气门升程控制系统

宝马车系电子气门升程控制系统（VALVETRONIC）是一种通过伺服电动机直接控制进气门的升程，从而调节进气量的一种进气控制系统，可使进气门升程在0.18～9.9mm范围内连续无级变化。此系统可以进一步改善发动机的动力性和经济性。

1. 结构

宝马车系电子气门升程控制系统的结构如图2-10所示。伺服电动机布置在凸轮轴上方，伺服电动机用于调节偏心轴。伺服电动机的蜗杆嵌入并在偏心轴上的蜗轮内。进行调节后无须特别锁止偏心轴，因为蜗杆传动机构具有足够的自锁能力。

2. 工作原理

偏心轴扭转可使固定架上的中间推杆朝进气凸轮轴方向移动。但由于中间推杆也靠在进气凸轮轴上，因此滚子式气门压杆相对中间推杆的位置会发生变化。中间推杆的斜台朝排气凸轮轴方向移动。凸轮轴旋转和凸轮向中间推杆移动使中间推杆上的斜台发挥作用。斜台推动滚子式气门压杆，从而使进气门继续向下移动，进气门因此继续开启。中间推杆改变凸轮轴与滚子式气门压杆之间的传动比。在满负荷位置时，气门升程和持续开启时间达到最大值，如图2-11a所示；在急速位置时，气门升程和持续开启时间达到最小

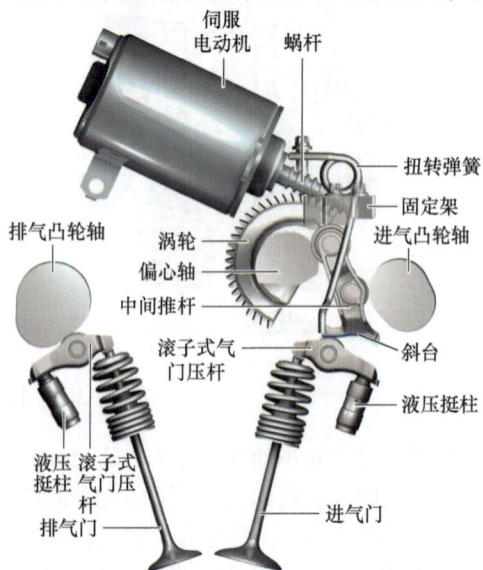

图2-10　宝马车系电子气门升程控制系统的结构

值，如图 2-11b 所示。

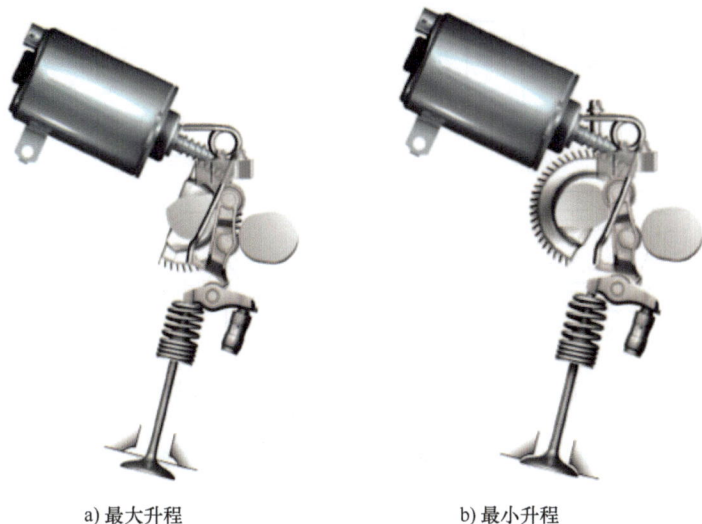

a) 最大升程　　　　　　　　　　　b) 最小升程

图 2-11　电子气门升程控制系统的工作原理

　　由于怠速时的最小气门升程非常小，因此必须确保气缸充气均匀分布。所有气门的开启程度必须相同。因此滚子式气门压杆和相关中间推杆分为不同等级。通过标记出的参数可区分不同等级的部件。

第二课　进气增压控制系统

　　发动机在不同的工况时所需要的进气量大小不同，当发动机转速低时，所需要的进气量少，高转速时，发动机需要输出较大的转矩，所以需要提高发动机的进气量以提高发动机输出功率。进气增压控制系统能够满足发动机在高速运转和低速运转时对进气量变化的要求，进气增压控制系统可分为可变进气增压控制系统和涡轮增压控制系统两种。

一、可变进气增压控制系统

　　可变进气增压控制系统是利用改变进气管的长度或者截面面积来改变高低速时发动机进气量的大小，可分为动力阀控制系统和谐波增压控制系统两种。

1. 动力阀控制系统

　　动力阀控制系统是通过改变进气管截面面积来改变发动机高速和低速时进气量的一种控制系统，可以适应发动机不同转速和负荷时对进气量的需求，从而改善发动机的动力性。动力阀控制系统的组成及工作原理图如图 2-12 所示。用来控制进气道空气流通截面大小的动力阀安装在进气管上，动力阀的开闭由膜片真空气室控制，ECU 根据各传感器信号通过真空电磁阀（VSV 阀）控制真空罐与膜片真空气室的真空通道。发动机小负荷运转时，进气量较少，ECU 断开真空电磁阀搭铁回路，真空罐中的真空度不能进入膜片真空气室，动力阀处于关闭位置，进气通道变小。当发动机大负荷运转时，进气量较多，ECU 接通真空电磁阀搭铁回路，真空罐中的真空度经真空电磁阀进入膜片真空气室，动力阀开启，进气通道变大。动力阀控制系统的主要控制信号有发动机转速、温度和空气流量等信号。

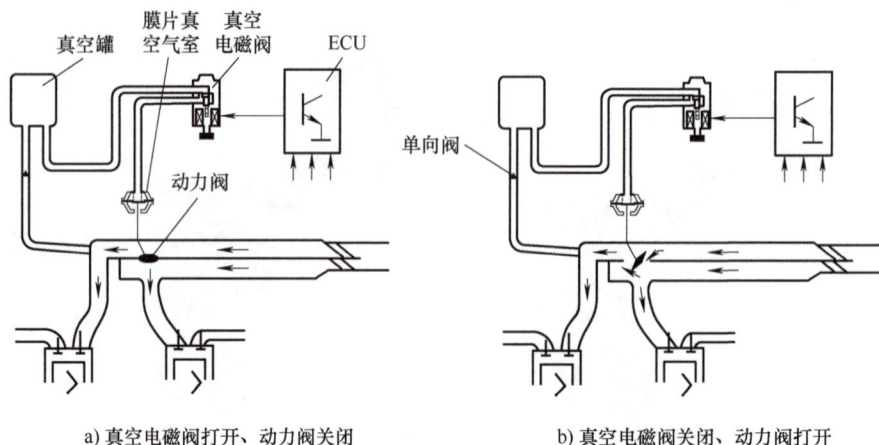

a) 真空电磁阀打开、动力阀关闭   b) 真空电磁阀关闭、动力阀打开

图 2-12 动力阀控制系统的组成及工作原理图

2. 谐波增压控制系统

谐波增压控制系统（ACIS）是通过改变进气管长度来改变发动机高速和低速时进气量的一种控制系统。

（1）压力波的产生及利用 在发动机工作中，进气管内的气体经进气门高速流入气缸，当进气门关闭时，由于气体流动惯性使进气门附近的气体受到压缩而压力增高；当气体惯性过后，进气门附近被压缩的气体膨胀而流向进气相反的方向，压力下降；膨胀的气体流到进气管口时又被反射回来，这样在进气管内即产生了压力波。在部分电控燃油喷射发动机上，即利用了进气管内的压力波与进气门的开启配合，当进气门开启时，使反射回来的压力波正好传到该气门附近，从而形成进气增压的效果，提高发动机的充气效率。

发动机工作时，从进气门关闭到下一次开启的间隔时间取决于发动机的转速，而进气管内的压力波反射回到进气门处所需的时间，取决于压力波传播路线的长度。进气管较长时，压力波传播距离长，发动机低速性能较好；进气管较短时，压力波传播距离短，发动机高速性能较好。如果进气管的长度可以改变，则可兼顾发动机低速和高速时的性能要求，但发动机进气管的长度一般是不能改变的，其长度一般都是按最大转矩对应的转速区域（低速区域）设计。

（2）谐波增压控制系统的组成及工作原理 谐波增压控制系统的功能就是根据发动机转速的变化，改变进气管内压力波的传播距离，以提高充气效率，改善发动机性能。谐波增压控制系统的组成及工作原理如图 2-13 所示，其主要由进气控制阀、真空驱动器、真空电磁阀、ECU 及传感器等组成。进气控制阀和大容量的进气室设置在进气管中，当发动机转速较低时，同一气缸的进气门关闭与开启间隔的时间较长，此时进气控制阀关闭，使进气管内压力波的传递距离为进气门到空气滤清器的距离，这一距离较长，压力波反射回到进气门附近所需时间也较长；当发动机处于高速区域运转时，此时进气控制阀开启，由于大容量进气室的影响，使进气管内压力波传递距离缩短为进气门到进气室之间的距离，与同一气缸的进气门关闭与开启间隔的时间较短相适应，从而使发动机在高速时得到较好的进气增压效果。

ECU 根据发动机转速信号控制真空电磁阀的开闭，高速时真空电磁阀开启，真空罐内的真空进入真空驱动器的膜片气室，真空驱动器驱动进气控制阀开启。反之，低速时真空电磁阀关闭，真空罐内的真空不能进入真空驱动器的膜片气室，进气控制阀处于关闭状态。

a) 真空电磁阀关闭、进气控制阀关闭　　　　　b) 真空电磁阀打开、进气控制阀打开

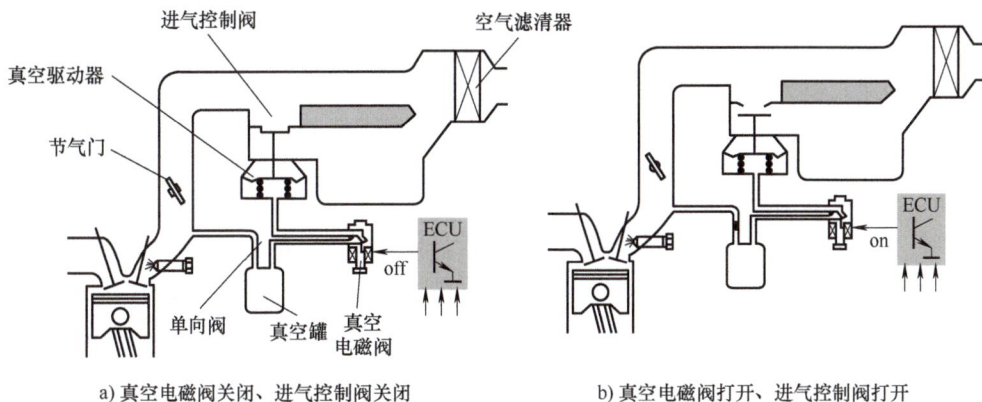

图 2-13　谐波增压控制系统的组成及工作原理

二、废气涡轮增压控制系统

涡轮增压控制系统是一种动力增压控制系统，按其动力源的不同，可分为机械增压、废气涡轮增压、复合增压和气波增压等形式。目前，应用较为广泛的是废气涡轮增压控制系统。

1. 组成

废气涡轮增压控制系统是利用发动机排出废气能量来驱动增压装置进行工作的，其系统组成如图 2-14 所示（图示为真空控制旁通阀式的废气涡轮增压控制系统），主要由涡轮增压器、冷却器和控制装置组成。当发动机工作时，发动机排出的废气冲击安装在排气管道中的动力涡轮，使动力涡轮转动。同时，动力涡轮带动与其同轴的安装在进气管道中的增压涡轮，使其一块转动。增压涡轮相当于一个空气压缩机，可将进气管道内的空气增压后送至气缸，以提高发动机的进气量，提高发动机的输出功率。另外，为了降低增压后空气的温度，在进气管道中通常安装有冷却器，以对增加后的空气进行冷却；为了实现对增压系统压力进行控制，还装有压力传感器、电磁阀及 ECU 等控制装置。

图 2-14　废气涡轮增压控制系统的组成

2. 控制过程

废气涡轮增压控制系统主要控制内容就是对增压压力进行控制。根据其控制方法的不同，可分为旁通气道控制式和涡轮转速控制式两种，目前在汽油发动机上主要采用旁通气道控制式废气涡轮增压控制系统。旁通气道控制式废气涡轮增压控制系统根据废气旁通阀控制方式的不同又可分为真空控制旁通阀式和电动控制旁通阀式两种。

（1）真空控制旁通阀式废气涡轮增压控制系统　真空控制旁通阀式废气涡轮增压控制系统如图 2-15 所示。控制废气流动路线的旁通阀受驱动气室的控制，在涡轮增压器出口与驱动气室之间的压力空气通道中装有受 ECU 控制的增压压力控制电磁阀，增压压力控制电磁阀控制进入驱动气室的气体压力。ECU 根据发动机运行工况，根据内部存储的特性曲线控制增压压力控制电磁阀。当需要涡轮增压器工作时，ECU 控制增压压力控制电磁阀关闭，此时由涡轮增压器出口引入的压力空气，经增压压力控制电磁阀进入驱动气室，克服气室弹簧的压力推动旁通阀关闭排气旁通口，此时废气流经涡轮室使增压器工作。当增压压力高于设定压力时，ECU 控制增压压力控制电磁阀打开，通往驱动气室的压力空气被切断，在气室弹簧力的作用下，打开排气旁通口，废气不经涡轮室直接排出，增压器停止工作，进气压力下降，直到进气压力降至规定的压力时，ECU 又将增压压力控制电磁阀关闭，排气旁通口打开，废气涡轮增压器又开始工作。

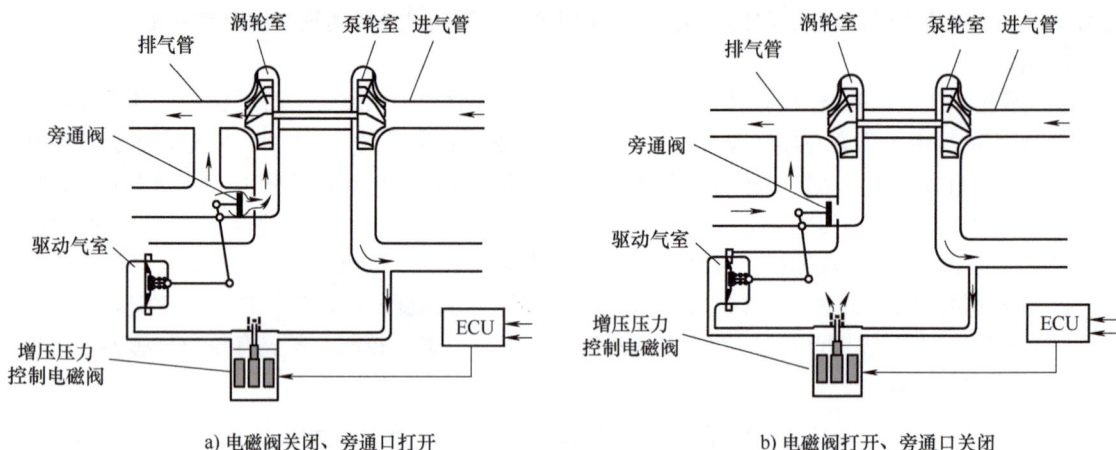

a) 电磁阀关闭、旁通口打开　　　　b) 电磁阀打开、旁通口关闭

图 2-15　真空控制旁通阀式废气涡轮增压控制系统

（2）电动控制旁通阀式废气涡轮增压控制系统　电动控制旁通阀式废气涡轮增压控制系统如图 2-16 所示。与真空控制旁通阀式废气涡轮增压控制系统相比，取消了真空管路和增压压力控制电磁阀，采用增压压力电动调节阀直接控制旁通阀的开启和关闭。当需要涡轮增压器工作时，ECU 控制增压压力电动调节阀工作，增压压力电动调节阀电机通过减速机构驱动旁通阀关闭，此时废气流经涡轮室使增压器工作。当增压压力高于设定压力时，ECU 控制增压压力电动调节阀通过减速机构驱动旁通阀开启，废气不经涡轮室直接排出，增压器停止工作，进气压力下降，直到进气压力降至规定的压力时，ECU 又控制增压压力电动调节阀使旁通阀关闭，废气涡轮增压器又开始工作。

3. 主要部件的结构

（1）涡轮增压器　真空控制旁通阀式涡轮增压器（图 2-17）和电动控制旁通阀式涡轮增压器（图 2-18）都由涡轮室和增压器组成。涡轮室进气口与排气歧管相连，排气口接在排气管上；增压器进气口与空气滤清器管道相连，排气口接在进气歧管上。涡轮和叶轮分别装在涡轮室和增压器内，两者同轴刚性联接。涡轮壳采用新型铸钢材质制造，其耐温性好。压缩机外壳一般由铸铝制成。利用发动机排出的废气惯性冲力来推动涡轮室内的涡轮，涡轮带动同轴的叶轮，叶轮压送由空气滤清器管道送来的空气，使之增压后进入气缸。当发动机转速增快，废气排出速度与涡轮转速也同步增快，叶轮就压缩更多的空气进入气缸，空气的压力和密度增大可以燃烧更多的燃料，就可以增加发动机的输出功率了。

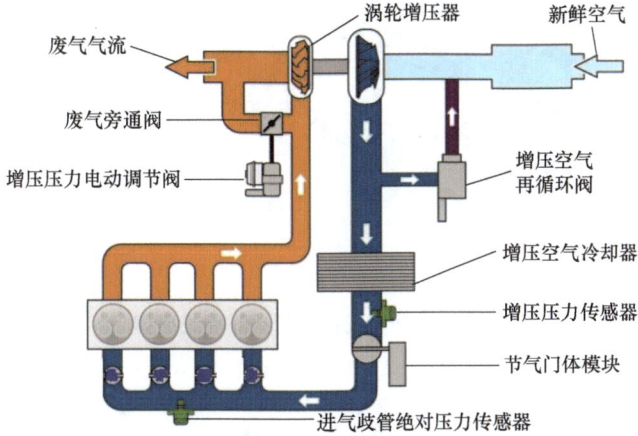

图 2-16　电动控制旁通阀式废气涡轮增压控制系统

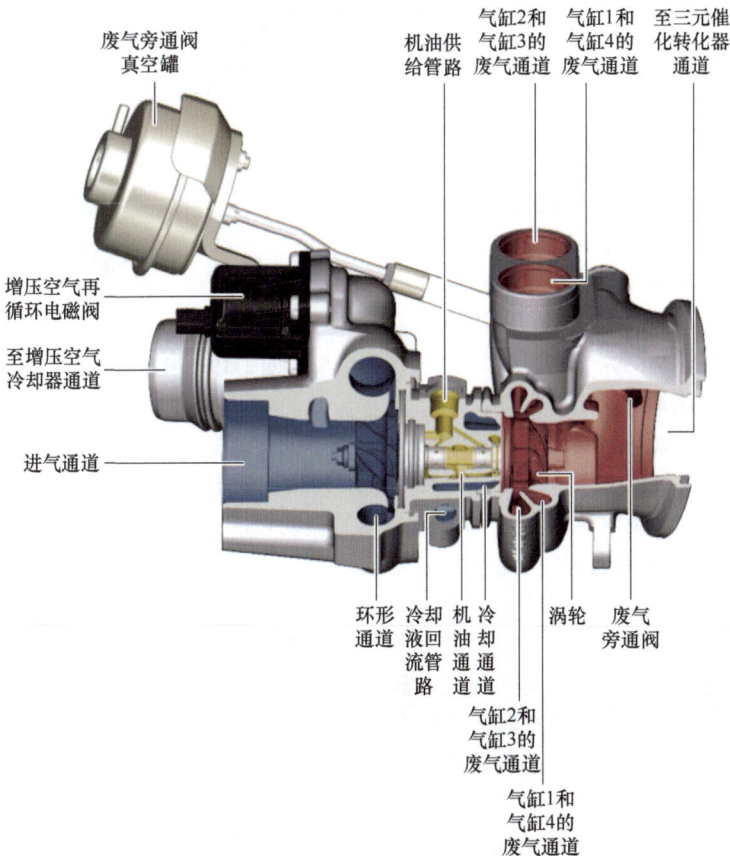

图 2-17　真空控制旁通阀式涡轮增压器

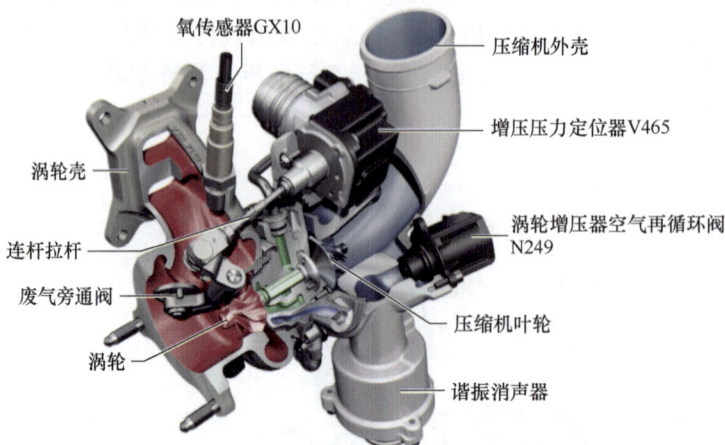

图2-18　电动控制旁通阀式涡轮增压器

（2）增压压力控制阀　在真空控制式的废气涡轮增压控制系统中，发动机ECU通过增压压力控制阀向真空膜片室施加真空，如图2-19所示。发动机ECU通过一个按脉冲宽度调制的信号控制增压压力控制阀，这样就在真空膜片室上建立了决定旁通阀门开启度相应的真空。根据脉冲负载参数，真空可以无级改变，其特性曲线如图2-20所示。

（3）增压压力电动调节阀　在电动控制旁通阀式废气涡轮增压控制系统中，通过增压压力电动调节阀直接驱动旁通阀，增压压力电动调节阀由电机和变速器组成，如图2-21所示。电机驱动可实现快速、精准的增压压力控制。增

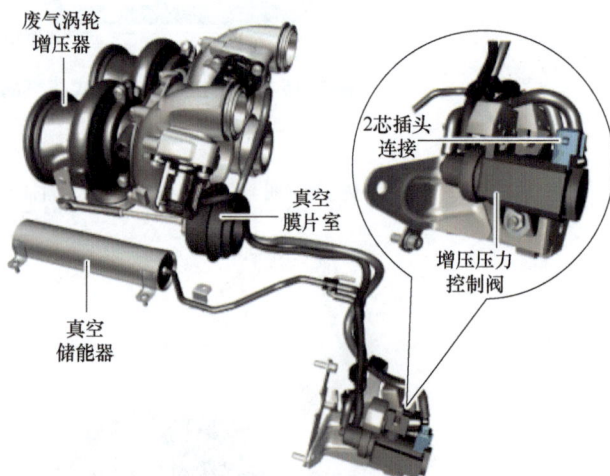

图2-19　增压压力控制阀

压压力电动调节阀的位置通过集成安装在调节阀外壳中的位置传感器识别，该传感器是一个霍尔传感器。在变速器的机械部分上有一个连接有两块永久磁铁的电磁线圈座，它们沿纵向方向移动，移动的距离与推杆相同。霍尔传感器检测电磁线圈的移动情况，并将信息发送至发动机ECU。这样发动机ECU可确定废气旁通阀门的位置。

（4）增压压力传感器　废气涡轮增压控制系统的闭环控制是通过增压压力传感器来实现的，增压压力传感器安装在增压器之后节气门之前的进气管路上，实现对增压压力的检测。目前，车上应用较多的是半导体压敏电阻式增压压力传感器。

半导体压敏电阻式增压压力传感器的外形及结构如图2-22所示，它是利用半导体的压电效应原理制成的，这种传感器是将硅片的周边固定在基座上，再将整体封入一壳体内，并在壳体内形成真空，当通道口与进气管相连接时，进气管内的压力就会使传感器内的膜片产生压力，此时由应变电阻组成的电桥电路就会输出与进气管内压力成比例的电压。由于基准压力是真空的压力，使用这种压力传感器可以测定出绝对压力。该传感器具有体积小，精度高，成本低和可靠性、抗振性好等特点，在现代汽车上得到了广泛应用。

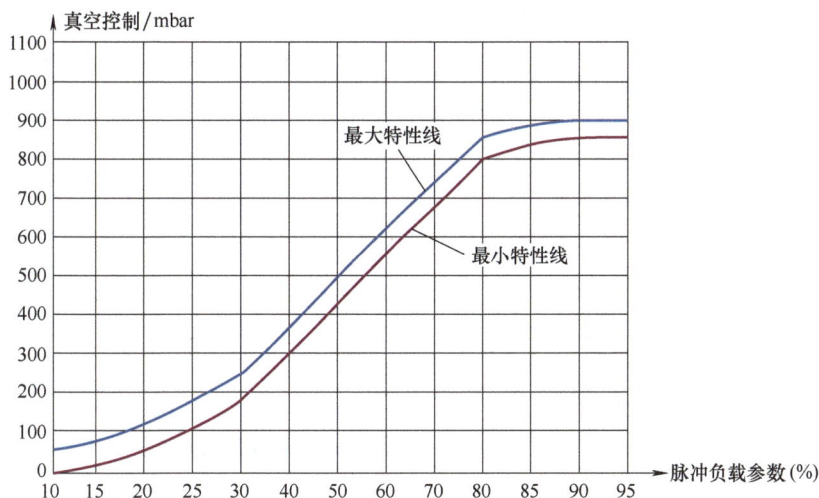

图 2-20　增压压力控制阀特性曲线

图 2-21　增压压力电动调节阀及传感器

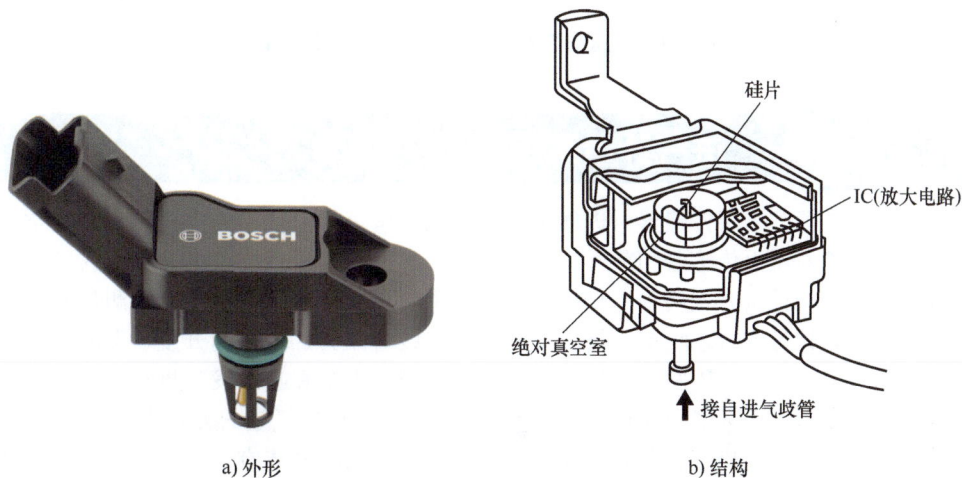

a) 外形　　　　　　　　　b) 结构

图 2-22　半导体压敏电阻式增压压力传感器的外形及结构

　　增压压力的信息通过一条信号线传输给发动机控制装置，增压压力的有效信号根据压力变化而波动，测量范围为 0.5 ~ 4.5V，对应于 20 ~ 250kPa 的增压压力，如图 2-23 所示。

　　（5）增压空气再循环阀　如果发动机转速较高时关闭节气门，进气管内就会产生真空压力。

由于至进气管的通道已阻断，因此会在压缩机后形成无法消除的较大背压，废气涡轮增压器将承受可造成部件损坏的负荷。增压空气再循环阀就是用于降低节气门快速关闭时不希望出现的增压压力峰值，降低发动机噪声并保护涡轮增压器部件，其结构和工作原理如图 2-24 所示。增压空气再循环阀直接固定在废气涡轮增压器上，发动机 ECU 控制增压空气再循环阀，增压空气再循环阀有两个位置，打开和关闭，如图 2-24b 所示，当增压空气再循环阀打开时，形成一个围绕压缩机的循环，增压压力被疏导到压缩机的进气侧。

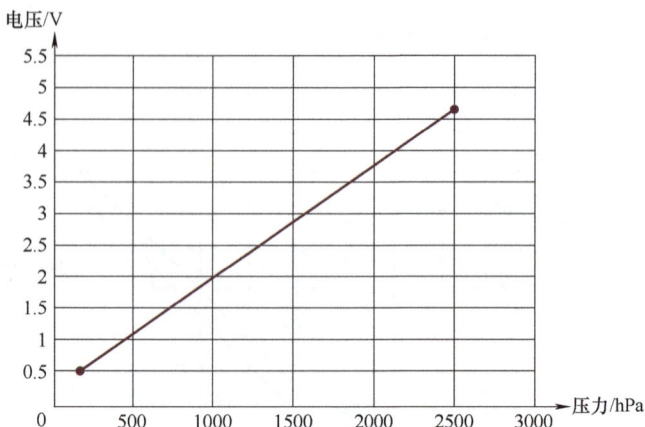

图 2-23　增压压力传感器特性曲线

a) 增压空气再循环阀总成图　　　　　　b) 增压空气再循环阀的工作原理图

图 2-24　增压空气再循环阀的结构及工作原理

第三课　进气计量系统

　　进气计量系统中通常采用传感器对进气量进行精确计量，目前采用的主要传感器有空气流量传感器、进气歧管绝对压力传感器和节气门位置传感器。进气计量系统根据计量方式的不同可分为直接计量方式和间接计量方式两种。直接计量方式是利用空气流量传感器直接测量吸入的空气量，也称为质量流量计量方式。间接计量方式利用进气歧管压力、节气门开度、发动机转速推算吸入发动机的空气量，其中利用发动机的转速和进气歧管压力推算吸入发动机空气量的方式称为速度密度方式。利用节气门开度和发动机转速，推算吸入发动机空气量的方式称为节流速度方式。当前在一些高精度直喷发动机上，既装有空气流量传感器，同时又装有进气压力传感器，空气流量传感器用来校准通过进气温度、进气歧管压力和发动机转速等计算确定的替代值。

一、空气流量传感器

　　空气流量传感器安装在空气滤清器和节气门之间，按照结构形式的不同，可分为热式空气流量传感器和卡门旋涡式空气流量传感器两种。

1. 热式空气流量传感器

目前，应用较为广泛的是热式空气流量传感器。热式空气流量传感器按其检测元件的不同，可分为热线式空气流量传感器和热膜式空气流量传感器。

（1）热线式空气流量传感器　热线式空气流量传感器的结构如图 2-25 所示，其主要由防护网、采样管、热线电阻、温度补偿电阻和控制电路板等组成。热线电阻和温度补偿电阻安装在主进气道中，控制电路板安装在热线式空气流量传感器下方。防护网用于防止回火和脏物进入热线式空气流量传感器。

热线式空气流量传感器的工作原理如图 2-26 所示，安装在控制电路板上的精密电阻 R_A 和 R_B 与热线电阻 R_H 和温度补偿电阻 R_K 组成惠斯顿电桥电路。当空气流经热线电阻时，热线电阻温度降低，其相应的电阻值减小，使电桥失去平衡，若要保持电桥平衡，就必须增加流经热线电阻的电流，以恢复其温度和阻值。流经热线电阻的空气量不同，热线电阻的温度变化量和阻值的变化量不同，为了保持电桥平衡，流经热线电阻的电流也相应地变化。由于精密电阻 R_A 的电阻值是一定的，流经精密电阻 R_A 和热线电阻的电流相等（两电阻串联），所以精密电阻 R_A 两端的电压随流经热线电阻的空气量相应地变化，控制电路将精密电阻 R_A 两端的电压输送给 ECU 即可确定进气量。

图 2-25　热线式空气流量传感器的结构

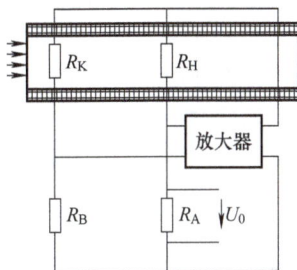

图 2-26　热线式空气流量传感器的工作原理
R_K—温度补偿电阻　R_H—热线电阻
R_A、R_B—精密电阻　U_0—信号电压

控制电路的作用是保持电桥平衡，即保持热线电阻与感应进气温度的温度补偿电阻之间的温度差不变。

为了保证测量精度，热线式空气流量传感器一般都有自洁功能。发动机转速超过 1500r/min，关闭点火开关使发动机熄火后，控制系统自动将热线电阻加热到 1000℃ 以上并保持约 1s，以便将附在热线电阻上的粉尘烧掉。

热线是圆筒内保持 100℃ 的电线，由于进入发动机的空气会冷却热线，测量出热线保持 100℃ 所需的电流，就可以算出空气流量。

热线式空气流量传感器能直接测量进气空气的质量流量，无须进行进气温度和大气压力修正，无运动部件，进气阻力小，响应特性较好，可正确测出急减速时空气进气量。

（2）热膜式空气流量传感器　热膜式空气流量传感器的外形及结构如图 2-27 所示。热膜式空气流量传感器的结构和工作原理与热线式空气流量传感器基本相同，不同之处在于热线式空气流量传感器的测量元件是采用铂丝热线制成的电阻，而热膜式空气流量传感器的测量元件不是采用价格昂贵的铂丝热线，而是用热膜代替热线，并将热膜镀在陶瓷片上，制造成本大大降低。此外，这种结构可使发热体不直接承受空气流动所产生的作用力，增加了发热体的强度，延长了使用寿命。它的金属网可以使测量信号稳定，由于这些优点，热膜式空气流量传感器的应用更为广泛。

a) 外形　　　　　　　　　　　　b) 结构

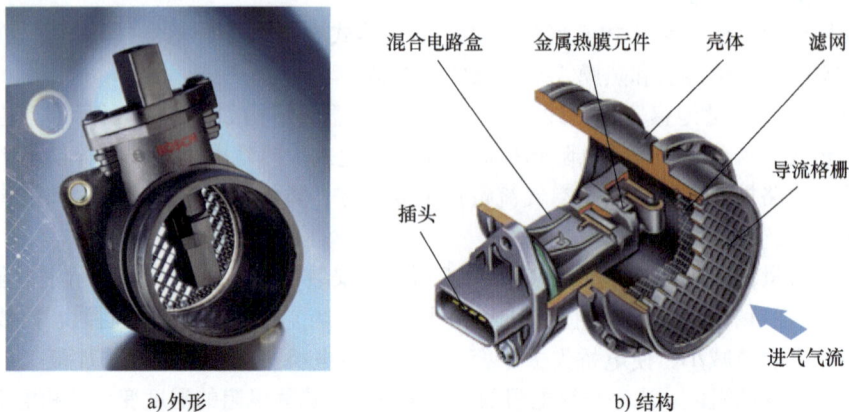

图 2-27　热膜式空气流量传感器的外形及结构

2. 卡门旋涡式空气流量传感器

卡门旋涡式空气流量传感器具有体积小、重量轻和结构简单等优点。按检测方式的不同，卡门旋涡式空气流量传感器可分为光学式和超声波式两种类型。

（1）光学式卡门旋涡空气流量传感器　光学式卡门旋涡空气流量传感器的结构如图 2-28 所示。在进气道内设有锥形涡流发生器，当空气流经进气道时，会在涡流发生器的后部产生有规律的卡门旋涡，从而导致涡流发生器周围的空气压力发生变化，变化的压力经导压孔引向金属膜制成的反光镜使反光镜产生振动，其振动频率与涡流发生的频率相等，而涡流发生频率与空气流速成正比。反光镜将发光二极管投射的光反射给光敏晶体管，通过光敏晶体管检测涡流发生的频率，并向 ECU 输送信号，ECU 则根据此信号确定发动机的进气量。

图 2-28　光学式卡门旋涡空气流量传感器的结构

（2）超声波式卡门旋涡空气流量传感器　超声波式卡门旋涡空气流量传感器主要由超声波信号发生器、超声波发射探头、涡流稳定板、涡流发生器、整流栅、超声波接收探头和转换电路等组成，如图 2-29 所示。当空气流经涡流发生器时，在其稳定板发射探头涡流超声波，在其后部的超声波发射探头与超声波接收探头之间产生有规律的卡门旋涡。超声波发射探头不断地接收超声波信号发生器输送来的超声波信号，并将其转换成机械波。超声波接收探头安装在超声波发射探头正对面，它利用压电效应将接收到的机械波转换成电信号输送给转换电路。因卡门旋涡对空气密度的影响，会使机械波从超声波发射探头传到超声波接收探头的时间产生相位差。转换电路对此相位信号进行处理，就可以得到与涡流发生的频率成正比的脉冲信号，即代表空气体积流量的电信号。

卡门旋涡式空气流量传感器直接测得的均是空气的体积流量，因此在空气流量传感器内均装有进气温度传感器，以便对随气温而变化的空气密度进行修正，从而正确计算出进气质量流量。卡门旋涡式空气流量传感器信号一般以频率输出。当空气流量变化时，电压始终不变，而输出的脉冲频率发生变化，因此不能根据测量电压高低确定空气流量的变化。对于卡门旋涡式空气流量传感器，进气量越大，脉冲信号的频率越高，进气量越小，脉冲信号频率越低。

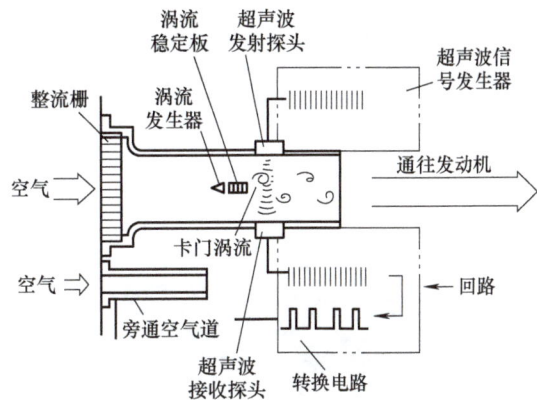

图 2-29　超声波式卡门旋涡空气流量传感器

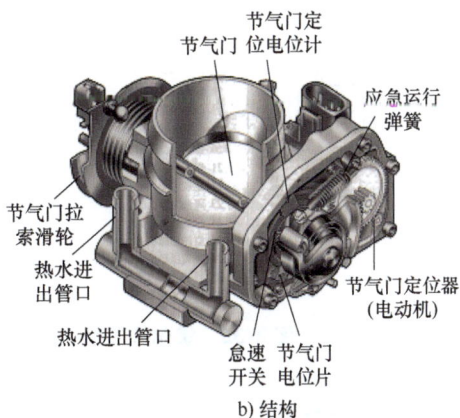

二、进气歧管绝对压力传感器

进气歧管绝对压力传感器安装在节气门后方的进气管路上，用来向发动机 ECU 传送节气门后的进气压力。进气歧管压力信号用作负荷信号的替代值。进气歧管绝对压力传感器的结构和工作原理与增压压力传感器基本一样，只是特性曲线略有区别。

三、节气门位置传感器

节气门体（图 2-30）是调节控制吸入发动机空气的部件，而节气门位置传感器安装在节气门轴上，用来检测节气门开度，以反映发动机的不同工况（急速、加速、减速）以及发动机的负荷状态。

a) 外形　　　　　　　　　　b) 结构

图 2-30　节气门体的外形及结构

对于装备自动变速器的车辆，节气门位置传感器信号还是自动变速器进行自动换档控制的重要参数。常见的节气门位置传感器有滑动变阻式和霍尔式等类型。

1. 滑动变阻式节气门位置传感器

如图 2-31 所示，滑动变阻式节气门位置传感器是电位器式的角度传感器，有一个或两个特性，带触点的滑动臂与节气门轴连接，滑动触点在薄膜电阻上滑动，将节气门的转角转换成与转角成比例的相对电压值，滑动变阻式节气门位置传感器的工作电压为 5V。

2. 霍尔式节气门位置传感器

霍尔式节气门位置传感器包括固定在轴上的永久磁铁、能根据磁通量密度输出电压的霍尔 IC 以及介于两者之间具有引导磁通量功能的定子组成，如图 2-32 所示。节气门全闭时，通过霍尔 IC

的磁通量密度保持在最小值，以得到最小的电压输出；节气门全开时，通过霍尔 IC 的磁通量密度保持在最大值，以得到最大的电压输出。节气门位置传感器同时有两个信号输出，从而可以增进系统监测故障的准确性，并加强了失效安全保护的功能，以提高可靠性。霍尔式节气门位置传感器的导通性不能用万用表检测，其性能好坏可以通过示波器检测信号电压波形来进行判断。

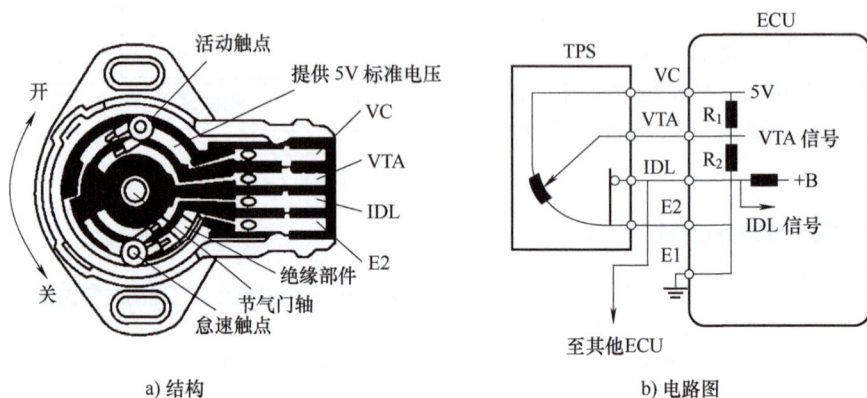

a) 结构　　　　　　　　　　　　　　　b) 电路图

图 2-31　滑动变阻式节气门位置传感器的结构及电路图

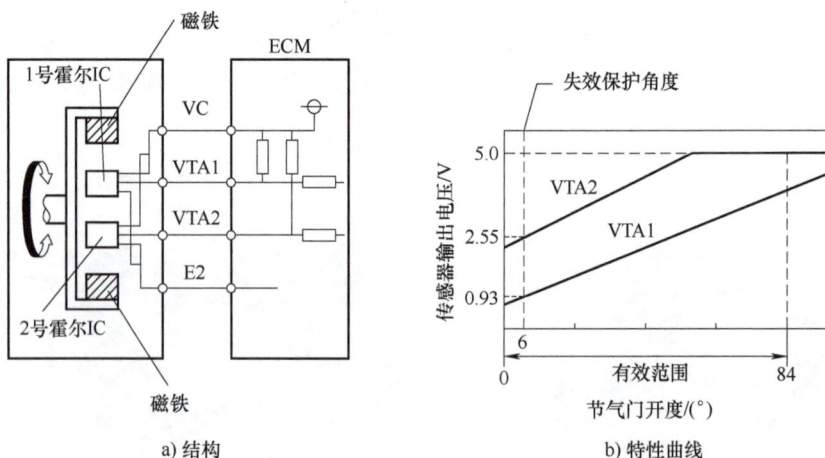

a) 结构　　　　　　　　　　　　　　　b) 特性曲线

图 2-32　霍尔式节气门位置传感器的结构及特性曲线

四、进气温度传感器

对于间接测量进气量以及通过体积流量计量进气量的传感器，由于吸入空气温度的变化会引起空气密度发生变化，从而引起进气质量发生相应变化，因此需要用进气温度传感器检测发动机吸入空气的实际温度，以便准确计量进气质量。进气温度传感器的外形及结构如图 2-33 所示，进气温度传感器内部结构是一个负温度系数的热敏电阻，当进气温度变化时，热敏电阻值发生变化，温度越高，阻值越小。

进气温度传感器电路图如图 2-34 所示。在 ECU 中有一个标准电阻 R 与传感器的热敏电阻串联，点火开关接通后，ECU 给串联的标准电阻和热敏电阻提供 5V 标准电压，当热敏电阻随进气温度变化时，传感器信号端子 THA 与搭铁端子 E 之间的分压值随之变化，ECU 根据此分压值判断进气温度，其信号电压值与温度成反比（即温度越高，信号电压越低）。此电阻值根据温度在 260kΩ ~ 37Ω 的范围内变化，对应于 -55 ~ 230℃ 的温度。

a) 外形　　　　　　　　　　　　　　　　　　　b) 结构

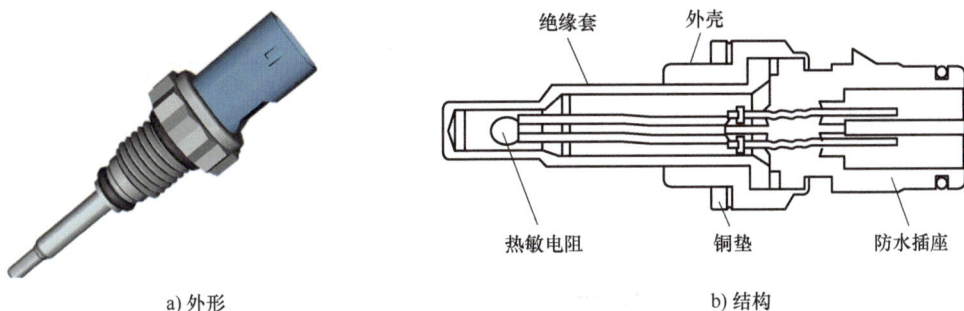

图 2-33　进气温度传感器的外形及结构

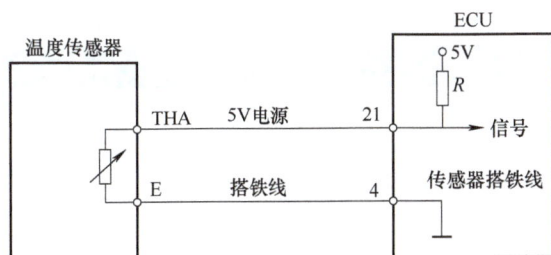

图 2-34　进气温度传感器电路图

任务实施

任务一　可变配气正时控制系统检修

一、任务目的

1）能够使用解码器对可变配气正时控制系统进行诊断。

2）能够使用万用表和示波器对可变配气正时控制系统主要部件及电路进行检修。

3）操作过程中仪器设备使用规范，各部件摆放应干净整齐，符合5S要求。

二、任务准备

1）准备万用表、示波器、解码器及组合工具等。

2）准备相关车辆及车辆维修手册。

3）拉紧驻车制动器操纵杆，并将变速杆置于空档（N位）或驻车档（P位）位置。

4）套上转向盘护套、变速杆手柄套和座位套，铺设脚垫。

5）在车内拉动发动机舱盖手柄，在车外打开并支撑发动机舱盖，粘贴翼子板和前脸磁力护裙。

三、任务步骤

以下操作以卡罗拉1.6L乘用车为例进行介绍，其可变配气正时控制系统控制电路图如图2-35所示。

1. 读取故障码、数据流及执行元件测试

1）读取故障码。将解码器连接到诊断插口，将点火开关置于"ON"位置。开启解码器，选择菜单项 Powertrain/Engine and ECT/DTC，读取故障码，并记录下来。可变配气正时控制系统故障码见表 2-1。

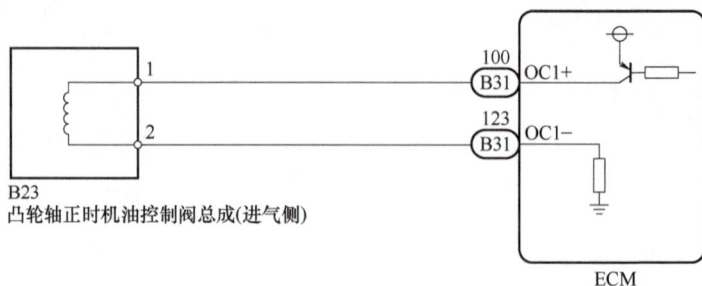

1
100
B31 OC1+
2
123
B31 OC1−
B23
凸轮轴正时机油控制阀总成(进气侧)
ECM

图 2-35　卡罗拉 1.6L 乘用车可变配气正时控制系统控制电路图

表 2-1　可变配气正时控制系统故障码

故障码	故障码含义	故障部位
P0010	凸轮轴位置"A"执行元件电路	1）进气侧凸轮轴正时机油控制阀电路断路或短路 2）进气侧凸轮轴正时机油控制阀总成 3）发动机 ECU
P0011	凸轮轴位置"A"正时过于提前或系统性能	1）进气侧凸轮轴正时机油控制阀总成 2）机油控制阀滤清器 3）凸轮轴正时齿轮总成 4）发动机 ECU 5）机械正时
P0012	凸轮轴位置"A"正时过于滞后	1）进气侧凸轮轴正时机油控制阀总成 2）机油控制阀滤清器 3）凸轮轴正时齿轮总成 4）发动机 ECU 5）机械正时
P0013	凸轮轴位置"B"执行元件电路短路或断路	1）排气侧凸轮轴正时机油控制阀电路断路或短路 2）排气侧凸轮轴正时机油控制阀总成 3）发动机 ECU
P0014	凸轮轴位置"B"正时过于提前或系统性能	1）排气侧凸轮轴正时机油控制阀总成 2）机油控制阀滤清器 3）排气凸轮轴正时齿轮总成 4）发动机 ECU 5）机械正时
P0015	凸轮轴位置"B"正时过于滞后	1）排气侧凸轮轴正时机油控制阀总成 2）机油控制阀滤清器 3）排气凸轮轴正时齿轮总成 4）发动机 ECU 5）机械正时
P0016	曲轴位置/凸轮轴位置相关性	1）机械系统（正时链条跳齿或链条拉长） 2）凸轮轴正时机油控制阀 3）机油控制阀滤清器 4）凸轮轴正时齿轮总成 5）发动机 ECU

2）读取数据流。使发动机暖机，通过解码器选择菜单项 Powertrain/Engine and ECT/Data List，读取数据流。可变配气正时控制系统数据流见表2-2。

表2-2　可变配气正时控制系统数据流

检查项目	标准值	检查条件
VVT 目标角度	最小：0°，最大：100°	发动机怠速
VVT 变化角度	最小：0°，最大：60°	发动机怠速
VVT 机油控制阀工作占空比	最小：0%，最大：100%	发动机怠速
VVT 保持占空比学习值	最小：0%，最大：100%	发动机怠速

3）执行元件测试。通过解码器选择菜单项 Powertrain/Engine and ECT/Active Test，执行元件测试。当用解码器驱动电磁阀时，如果电磁阀和电路正常，应该能听到电磁阀工作时的"嗒嗒"声。如果不能听到电磁阀工作的声音，则进一步检查电磁阀和控制电路。

2. 电磁阀的检查

1）电阻检查。断开电磁阀插头，用万用表测量电磁阀的电阻值，如图2-36所示，标准阻值为6.9～7.9Ω，如果阻值不在标准范围内，则更换电磁阀。

2）控制信号波形检查。断开电磁阀或 ECU 插头，连接适配器和测量盒（如果没有适配器可用接线盒），再连接示波器，将红表笔接2号端子，黑表笔接蓄电池负极或车身搭铁处，设置好参数，起动发动机，观察并记录电磁阀控制信号波形，如图2-37如示。如果波形不正常，则说明控制电路有故障。

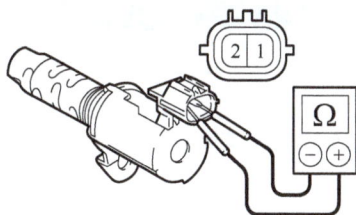

图2-36　测量电磁阀电阻

3）电路检查。根据控制电路图，检查电磁阀和 ECU 之间的线束，具体检查项目参见表2-3。

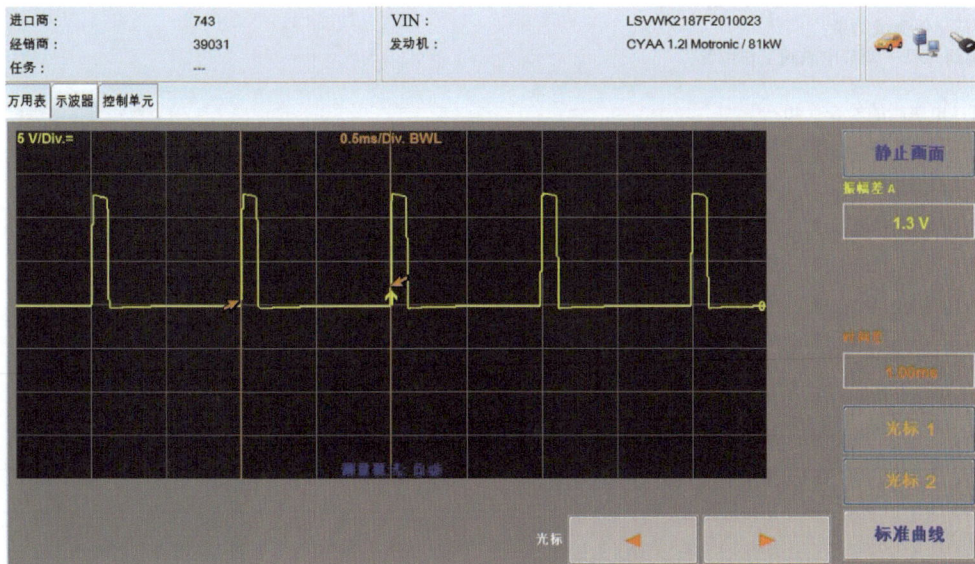

图2-37　电磁阀控制信号波形

表 2-3　电磁阀电路检查表

检 测 项 目	标 准 值	检 测 条 件
电磁阀端子 1 与 ECU 端子 100 之间的电阻	小于 1Ω	始终
电磁阀端子 2 与 ECU 端子 123 之间的电阻	小于 1Ω	始终
电磁阀端子 1 或 ECU 端子 100 与车身搭铁之间的电阻	10kΩ 或更大	始终
电磁阀端子 2 或 ECU 端子 123 与车身搭铁之间的电阻	10kΩ 或更大	始终

4）动作测试。将蓄电池正电压施加到端子 1，负电压施加到端子 2 上，如图 2-38 所示，检查阀的工作情况。如果电磁阀正常，电磁阀应该能够迅速移动。

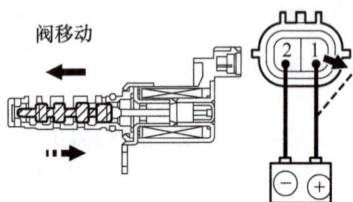

图 2-38　电磁阀动作测试

四、任务评价

实训任务单 2- 4

实训任务：可变配气正时控制系统检修		
姓名：	班级：	学号：
实训车型：	VIN：	

1. 读取故障码、数据流及执行元件测试（50 分）
1）读取故障码：

2）读取数据流：
电磁阀断开时的数据流：

电磁阀断开时 VVT-i 调节角度数据流：

3）执行元件测试结果：
是否听到 VVT-i 调节电磁阀工作声音：

2. VVT-i 电磁阀的检查（40 分）
1）检查电磁阀电阻：

2）测量控制信号波形：

3）电磁阀电路测量结果：

4）电磁阀动作测试结果：

操作过程 5S 要求（10 分）

问题留言：

实训成绩：　　　　　　　　　　　　　　　　　　　　指导老师签名：

任务二　废气涡轮增压控制系统检修

一、任务目的

1）能够使用解码器对废气涡轮增压控制系统进行诊断。

2）能够使用万用表和示波器对废气涡轮增压控制系统主要部件及电路进行检修。

3）操作过程中仪器使用规范，各部件摆放应干净整齐，符合 5S 要求。

二、任务准备

1）准备万用表、示波器、解码器和组合工具等。

2）准备相关车辆及车辆维修手册。

3）拉紧驻车制动器操纵杆，并将变速杆置于空档（N 位）或驻车档（P 位）位置。

4）套上转向盘护套、变速杆手柄套和座位套，铺设脚垫。

5）在车内拉动发动机舱盖手柄，在车外打开并支撑发动机舱盖，粘贴翼子板和前脸磁力护裙。

三、任务步骤

下面以奥迪 A6 乘用车废气涡轮增压控制系统为例，介绍其检测方法。奥迪 A6 乘用车废气涡轮增压控制系统电路图如图 2-39 所示。

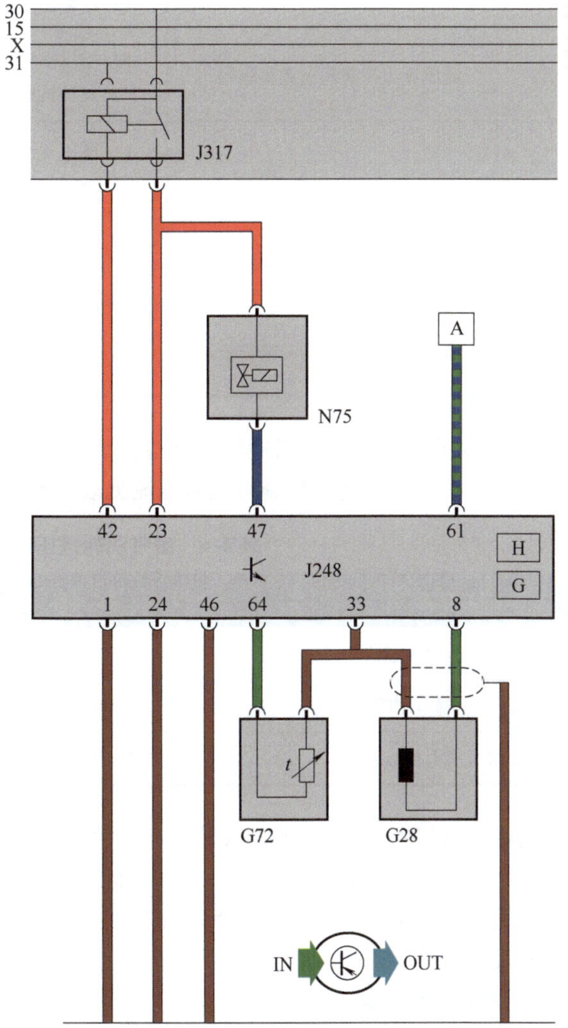

1. 读取故障码、数据流及执行元件测试

1）读取故障码。将解码器 VAS6150 连接到诊断插口，将点火开关置于"ON"位置。开启解码器，读取故障码，并记录下来。废气涡轮增压控制系统故障码见表 2-5。

图 2-39　奥迪 A6 乘用车废气涡轮增压控制系统电路图

表 2-5　废气涡轮增压控制系统故障码

故障码	故障码含义	故障部位
P1546	增压压力控制电磁阀对正极短路	1）增压压力控制电磁阀 2）增压压力控制电磁阀电路
P1547	增压压力控制电磁阀对搭铁短路	1）增压压力控制电磁阀 2）增压压力控制电磁阀电路

（续）

故障码	故障码含义	故障部位
P1548	增压压力控制电磁阀断路	1）增压压力控制电磁阀 2）增压压力控制电磁阀电路
P1550	增压压力控制偏差	1）增压压力控制电磁阀 2）发动机 ECU
P1556	增压压力控制超过调整极限	1）增压空气再循环电磁阀 2）发动机 ECU
P1287	增压空气再循环阀断路	1）增压空气再循环电磁阀 2）增压空气再循环电磁阀电路
P1288	增压空气再循环阀对正极短路	1）增压空气再循环电磁阀 2）增压空气再循环电磁阀电路
P1289	增压空气再循环阀对搭铁短路	1）电磁阀 2）电磁阀电路

2）读取数据流。使发动机暖机，通过解码器选择菜单项 Powertrain/Engine and ECT/Data List，读取数据流。废气涡轮增压控制系统数据流见表 2-6。

表 2-6　废气涡轮增压控制系统数据流

检 查 项 目	标 准 值	检 查 条 件
增压压力传感器	0.05 ~ 0.2MPa	发动机怠速
增压压力控制电磁阀占空比	0% ~ 100%	发动机怠速
增压压力目标值	0.099 ~ 0.2MPa	发动机怠速

3）执行元件测试。通过检测仪的执行元件测试功能对增压器增压空气再循环阀 N249 和增压压力控制电磁阀 N75 进行动作测试，当执行此功能时，应能听到电磁阀动作时的"咔嗒"声，即打开或关闭动作正常。如果不能听到电磁阀工作的声音，说明电磁阀打开和关闭动作不正常，应检电磁阀及相关电路。

2. 增压压力的检查

增压压力的检查方法如下：

1）预热发动机。

2）如图 2-40 所示，将三通连管与增压补偿器压力软管连接，装上涡轮增压器压力表。

3）踩下离合器踏板，踩下加速踏板，使发动机转速升高至 2400r/min 以上，测量涡轮增压压力，标准压力应为 60 ~ 79kPa。如压力低于标准压力，检查进气和排气系统是否有泄漏，如果无泄漏，更换涡轮增压器总成；如压力高于标准压力，检查驱动气室软管是否脱开破裂，如果无脱开或破裂，更换涡轮增压器总成。

4）脱开驱动气室软管。

5）如图 2-41 所示，在驱动气室上施加约 79kPa 的压力，检查废气旁通阀连杆是否移动，如连杆不移动，应更换涡轮增压器总成。注意：施加在驱动气室上的压力不要超过 94kPa。

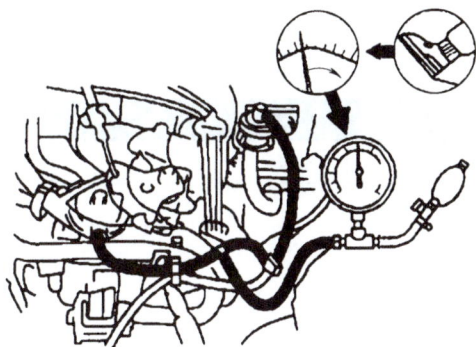

图 2-40　涡轮增压压力的检查

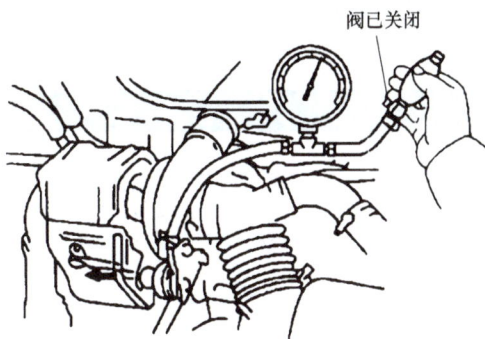

图 2-41　驱动气室的检查

3. 机械式空气再循环阀的检查

1）如图 2-42 所示，将专用工具 V. A. G1390 接到空气再循环阀上。

2）操纵 V. A. G1390，空气再循环阀应打开。

3）30s 后，操纵真空泵通风阀，空气再循环阀应关闭。

若空气再循环阀没有按照上述步骤出现打开或关闭动作，应更换空气再循环阀。

4. 增压空气再循环阀和增压压力控制电磁阀的检查

1）电阻检查。拔下增压空气再循环阀 N249 和增压压力控制电磁阀 N75 的线束插接器，用万用表电阻档测量增压空气再循环阀 N249 和增压压力控制电磁阀 N75。增压空气再循环阀 N249 电阻值应在 27～30Ω 范围内，增压压力控制电磁阀 N75 的电阻值应在 25～35Ω，如果未达到规定值，更换增压空气再循环阀或增压压力控制电磁阀。

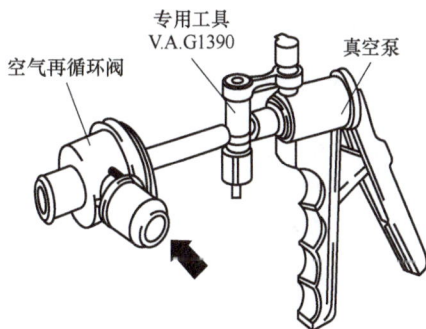

图 2-42　空气再循环阀的检查

2）动作情况检查。向增压空气再循环阀 N249 和增压压力控制电磁阀 N75 接线端子施加蓄电池电压，应能听到电磁阀动作的"咔嗒"声，否则，应更换电磁阀。

5. 增压压力传感器电路的检查

1）检查增压压力传感器 G31 供电电压。拔下增压压力传感器线束插接器，用万用表电压档测量插接器 1 端子和 3 端子之间的电压，在点火开关接通时，其电压值应约为 5V。如果未达到规定值，说明其供电电路有故障。

2）检查增压压力传感器信号电压。插上增压压力传感器 G31 的插头，起动发动机，检查增压压力传感器 4 端子对搭铁的电压。怠速运转，正常值约为 1.90V；急加速时，其电压值应在 2.0～3.0V 范围内。如果未达到规定值，则说明传感器或其信号电路有故障。

6. 涡轮增压器的检查

1）目视检查。检查空气滤清器与涡轮增压器之间、涡轮增压器与气缸盖之间、涡轮增压器与排气管之间是否有泄漏或堵塞。

2）转动检查。脱开空气滤清器软管，用手转动压缩机叶轮，转动应平顺、灵活，不应有卡滞现象。

四、任务评价

实训任务单 2- 7

实训任务：废气涡轮增压控制系统检修		
姓名：	班级：	学号：
实训车型：	VIN：	

1. 读取故障码、数据流及执行元件测试（30 分）
1）读取故障码：

2）读取数据流：
增压压力控制电磁阀数据流：

电磁阀断开时的数据：

增压压力传感器数据流：

断开增压压力传感器数据流：

3）执行元件测试结果：
是否听到增压压力控制电磁阀工作声音：

是否听到增压空气再循环阀工作声音：

2. 增压压力控制电磁阀和增压空气再循环电磁阀的检查（30 分）
1）检查电磁阀电阻：
增压压力控制电磁阀电阻：

增压空气再循环阀电阻：

2）电磁阀动作测试：
增压压力控制电磁阀动作测试结果：

增压空气再循环电磁阀动作测试结果：

3. 增压压力传感器信号的检查（20 分）
增压压力传感器供电电压：

增压压力传感器信号怠速时电压：

增压压力传感器信号加速时电压：

4. 涡轮增压器的检查（10 分）
连接管路检查结果：

涡轮转动情况检查结果：

操作过程 5S 要求（10 分）
问题留言：

实训成绩：　　　　　　　　　　　　　　　　　指导老师签名：

任务三　进气计量系统检修

一、任务目的

1）能够使用解码器对进气计量系统进行诊断。

2）能够使用万用表和示波器对进气计量系统主要部件及电路进行检修。

3）操作中仪器使用规范，各部件摆放应干净整齐，符合 5S 要求。

二、任务准备

1）准备发动机解码器、示波器、万用表、组合工具和扭力扳手等。

2）准备磁力护裙、座椅套、转向盘套、变速杆手柄套和脚垫。

3）准备相关车辆及车辆维修手册。

4）拉紧驻车制动器操纵杆，并将变速杆置于空档（N 位）或驻车档（P 位）位置。

5）套上转向盘护套、变速杆手柄套和座位套，铺设脚垫。

6）在车内拉动发动机舱盖手柄，在车外打开并支撑发动机舱盖，粘贴翼子板和前脸磁力护裙。

三、任务步骤

1. 空气流量传感器的检修

下面以卡罗拉 1.6L 乘用车为例介绍空气流量传感器的检查方法。该车空气流量传感器的电路图如图 2-43 所示。

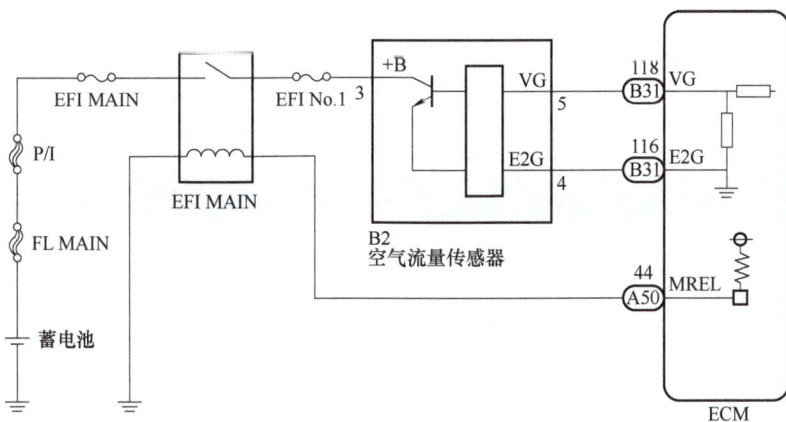

图 2-43　卡罗拉 1.6L 乘用车空气流量传感器的电路图

1）读取故障码。将解码器连接到诊断插口，将点火开关置于"ON"位置。开启检测仪，选择菜单项 Powertrain/Engine and ECT/DTC，读取故障码，当传感器或电路有故障时，发动机 ECU 会存储相关故障码。空气流量传感器故障码见表 2-8。

2）读取数据流。使发动机暖机，通过解码器选择菜单项 Powertrain/Engine and ECT/Data List，读取数据流，空气流量传感器标准值见表 2-9。如果传感器数据流不在正常范围内，说明传感器或电路有故障。

如果传感器流量值约为 0.0g/s，则说明空气流量传感器电源电路断路或短路，如果流量值为 271.0g/s 或更大，则说明信号线电路断路或短路。

表 2-8　空气流量传感器故障码

故障码	故障码含义	故障部位
P0100	质量或体积空气流量电路	1) 空气流量传感器电路断路或短路 2) 空气流量传感器 3) ECM
P0102	质量或体积空气流量电路低输入	1) 空气流量传感器电路断路或短路 2) 空气流量传感器 3) ECM
P0103	质量或体积空气流量电路高输入	1) 空气流量传感器电路断路或短路 2) 空气流量传感器 3) ECM

表 2-9　空气流量传感器标准值

检测仪显示	测量项目/范围	正常状态
空气流量传感器	空气流量传感器（MAF）的气流率： 最小：0g/s 最大：655.35g/s	急速：0.54～4.33g/s 转速为 2500r/min 时无负载运转：3.33～9.17g/s

3）传感器电路检查。

① 供电电路检查。断开空气流量传感器插接器，打开点火开关，用万用表测量传感器 3 号端子与车身搭铁之间的电压。标准电压应为蓄电池电压。

② 连接电路检查。断开空气流量传感器插接器，断开发动机 ECU 插接器，根据电路图，对电路电阻进行测量（表 2-10），如果测量值不在标准范围内，则说明电路有故障，需要对电路进行维修。

表 2-10　空气流量传感器连接电路检查表

测量端子	标准值	测量条件
B2-5（VG）与 B31-118（VG）	小于 1Ω	始终
B2-4（E2G）与 B31-116（VG）	小于 1Ω	始终
B2-5（VG）与车身搭铁	10kΩ 或更大	始终
B31-118（VG）与车身搭铁	10kΩ 或更大	始终

4）输出信号电压检查。断开空气流量传感器插接器，向端子 +B 和 E2G 之间施加蓄电池电压，万用表正极（+）探针连接至端子 5（VG），负极（-）探针连接至端子 4（E2G）之间的电压，标准电压为 0.2～4.9V。

5）信号波形测量。在发动机运转时用示波器测量传感器波形，标准波形如图 2-44 所示。空气流量传感器信号为频率信号，随着进气量的改变，其波形的频率也发生变化，但电压幅值保持5V 不变。

2. 进气歧管绝对压力传感器的检修

下面以大众迈腾 2.0L 发动机进气歧管绝对压力传感器为例介绍传感器的检查方法。该车进气歧管压力传感器的电路连接如图 2-45 所示。G71 为进气歧管压力传感器，G42 为进气温度传感器，两个传感器共用搭铁线。

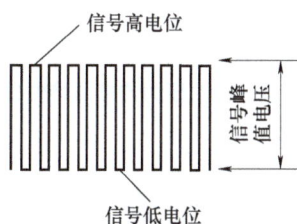

图 2-44　空气流量传感器的标准波形　　图 2-45　迈腾发动机进气歧管绝对压力传感器电路

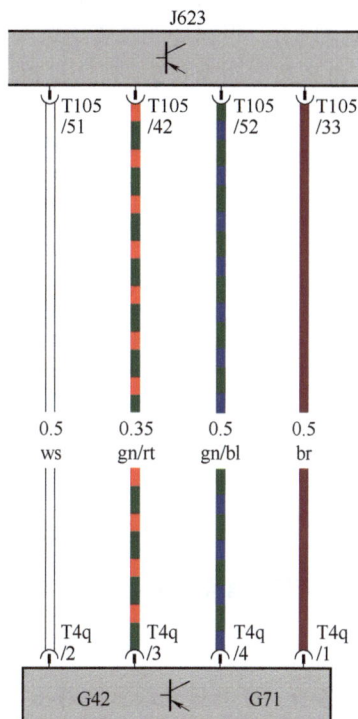

1）读取故障码。将解码器 VAS6150 连接到车辆诊断插口，开启解码器，按提示选择车辆，单击"诊断"识别车辆，快测以后单击"读取故障存储器"菜单，当传感器或电路有故障时，发动机 ECU 会存储相关故障码。进气歧管绝对压力传感器故障码见表 2-11。

表 2-11　进气歧管绝对压力传感器故障码

故障码	故障码含义	故障部位
P1155	进气歧管绝对压力传感器对正极短路	1）进气歧管绝对压力传感器 2）进气歧管绝对压力传感器电路
P1156	进气歧管绝对压力传感器断路/对搭铁短路	1）进气歧管绝对压力传感器 2）进气歧管绝对压力传感器电路
P1158	进气歧管绝对压力传感器信号错误	1）进气歧管绝对压力传感器 2）发动机 ECU

2）读取数据流。使发动机暖机，通过解码器选择读取测量值菜单项读取数据流，进气歧管绝对压力传感器数据流见表 2-12。如果传感器数据流不在正常范围内，说明传感器或电路有故障。

表 2-12　进气歧管绝对压力传感器数据流

测 试 条 件	标准值/kPa
急速	55～73
急加速	最大 87
急减速	最小 6

3）进气压力信号测量。拆下进气歧管绝对压力传感器，连接好传感器线束，按图 2-46 所示对传感器施加真空压力，根据进气歧管绝对压力传感器特性曲线（图 2-47），测量传感器信号电压是否符合标准。电压范围约为 0.5～4.5V，对应于 15～120kPa 的进气压力，如果电压不符合标准，更换进气歧管绝对压力传感器。

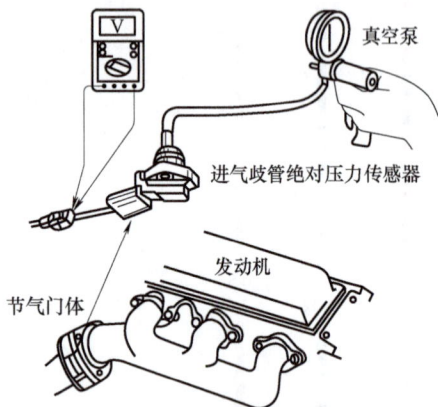

图 2-46　进气歧管压力信号检查

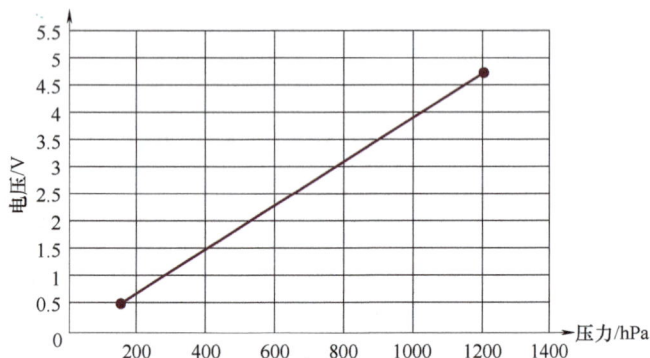

图 2-47　进气歧管绝对压力传感器特性曲线

4）电路测量。

① 供电电路检查。断开进气歧管绝对压力传感器插接器，打开点火开关，用万用表测量传感器 1 号端子与车身搭铁之间的电压。标准电压为 5V。

② 连接电路检查。断开进气歧管绝对压力传感器插接器，断开发动机 ECU 插接器，根据电路图，对电路电阻进行测量（表 2-13），如果测量值不在标准范围内，则说明电路有故障，需要对电路进行维修。

表 2-13　进气歧管绝对压力传感器电路检查表

检 查 项 目	标 准 值	检 查 条 件
传感器端子 1、4 与车身搭铁	10kΩ 或更大	始终
传感器端子 1 与 ECU 端子 33	小于 1Ω	始终
传感器端子 4 与 ECU 端子 52	小于 1Ω	始终
传感器端子 3 与 ECU 端子 42	小于 1Ω	始终

3. 进气温度传感器的检修

下面以卡罗拉 1.6L 发动机进气温度传感器为例介绍传感器的检查方法，该车进气温度传感器的电路连接如图 2-48 所示。

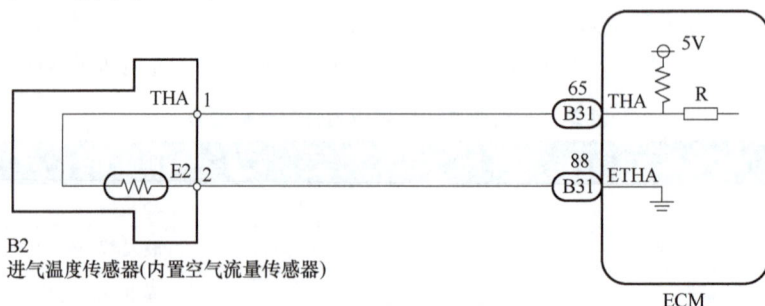

图 2-48　卡罗拉 1.6L 进气温度传感器电路

1）读取故障码。将解码器连接到诊断插口，将点火开关置于"ON"位置。开启检测仪，选择菜单项 Powertrain/Engine and ECT/DTC，读取故障码，当进气温度传感器或电路有故障时，发动机 ECU 会存储相关故障码。进气温度传感器故障码见表 2-14。

表 2-14　进气温度传感器故障码

故障码	故障码含义	故 障 部 位
P0110	进气温度电路故障	1）进气温度传感器电路断路或短路 2）进气温度传感器 3）ECM
P0112	进气温度电路低输入	1）进气温度传感器电路短路 2）进气温度传感器 3）ECM
P0113	进气温度电路高输入	1）进气温度传感器电路断路 2）进气温度传感器 3）ECM

2）读取数据流。使发动机暖机，通过解码器选择菜单项 Powertrain/Engine and ECT/Data List，读取数据流，数据流应与当前空气温度相同，温度范围为 -40~140℃。如果传感器数据流不在正常范围内，说明传感器或电路有故障。

3）电阻值及信号测量。断开进气温度传感器线束，根据进气温度传感器特性曲线测量温度与电阻的对应关系（图 2-49），用万用表测量进气温度传感器电阻值。进气温度传感器的电阻随着温度在 0.23~300kΩ 的范围内变化。连接进气温度传感器线束，将点火开关置于"ON"位置，测量传感器信号电压是否符合标准。电压范围约为 0.5~4.5V。

4）电路测量。

① 供电电路检查。断开进气温度传感器插接器，打开点火开关，用万用表测量传感器 3 号端子与车身搭铁之间的电压。标准电压为 5V。

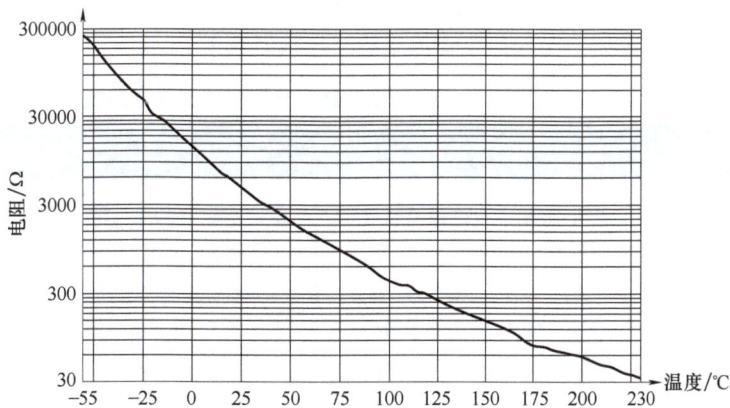

图 2-49　进气温度传感器特性曲线

② 连接电路检查。断开进气温度传感器插接器，断开发动机 ECU 插接器，根据电路图，对电路电阻进行测量（表 2-15），如果测量值不在标准范围内，则说明电路有故障，需要对电路进行维修。

4. 节气门位置传感器的检修

下面以卡罗拉 1.6L 发动机节气门位置传感器为例介绍传感器的检查方法。该车节气门位置传感器的电路连接如图 2-50 所示。该车型采用两个霍尔式的节气门位置传感器，两个传感器的信号互相参考，能够有效识别出节气门位置传感器的故障。

表 2-15　进气温度传感器电路检查表

检 查 项 目	标 准 值	检 查 条 件
B2-1（THA）或 B31-65（THA）与车身搭铁	10kΩ 或更大	始终
B2-2（E2）与 B31-88（ETHA）	小于 1Ω	始终
B2-1（THA）与 B31-65（THA）	小于 1Ω	始终

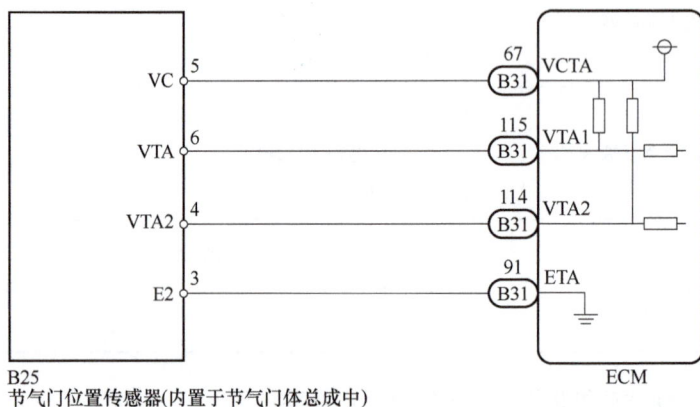

B25
节气门位置传感器(内置于节气门体总成中)

图 2-50　卡罗拉 1.6L 发动机节气门位置传感器电路

1）读取故障码。将解码器连接到诊断插口，将点火开关置于"ON"位置。开启解码器，选择菜单项 Powertrain/Engine and ECT/DTC，读取故障码，当传感器或电路有故障时，发动机 ECU 会存储相关故障码。节气门位置传感器故障码见表 2-16。

表 2-16　节气门位置传感器故障码

故障码	故障码含义	故障部位
P0120	节气门/踏板位置传感器/开关电路故障	1）节气门位置传感器 2）发动机 ECU
P0121	节气门/踏板位置传感器/开关电路范围/性能故障	1）节气门位置传感器 2）发动机 ECU
P0122	节气门/踏板位置传感器/开关电路低输入	1）节气门位置传感器 2）电路故障 3）发动机 ECU
P0123	节气门/踏板位置传感器/开关电路高输入	1）节气门位置传感器 2）电路故障 3）发动机 ECU

2）读取数据流。通过解码器选择菜单项 Powertrain/Engine and ECT/Data List，读取数据流，节气门位置传感器数据流见表 2-17。如果传感器数据流不在正常范围内，说明传感器或电路有故障。

表 2-17　节气门位置传感器数据流

检查项目	标准值	检查条件
1号加速踏板位置传感器电压	0.5～1.1V：加速踏板松开 2.6～4.5V：加速踏板完全踩下	在点火开关置于"ON"（不要起动发动机）位置
2号加速踏板位置传感器电压	1.2～2.0V：加速踏板松开 3.4～5.0V：加速踏板完全踩下	在点火开关置于"ON"（不要起动发动机）位置
1号加速踏板绝对位置	10%～22%：加速踏板松开 52%～90%：加速踏板完全踩下	在点火开关置于"ON"（不要起动发动机）位置
2号加速踏板绝对位置	24%～40%：加速踏板松开 68%～100%：加速踏板完全踩下	在点火开关置于"ON"（不要起动发动机）位置
节气门位置传感器是否检测到怠速	ON：急速运转 OFF：发动机关闭	急速运转 发动机熄火，点火开关置于"ON"位置

3）信号测量。将点火开关置于"ON"位置，用万用表测量节气门位置传感器信号电压是否符合标准。传感器 1 电压范围约为 0.5～4.5V，传感器 2 电压范围为 1.2～5.0V。

4）电路测量。

① 供电电路检查。断开节气门位置传感器连接线束，打开点火开关，用万用表测量传感器 5 号端子与 3 号端子之间的电压，标准电压值为 5V。

② 连接电路检查。断开节气门位置传感器与发动机 ECU 之间的连接线束，根据电路图，对电路电阻进行测量（表 2-18），如果测量值不在标准范围内，则说明电路有故障，需要对电路进行维修。

表 2-18　节气门位置传感器线束检查表

检查项目	标准值	检查条件
B25-5（VC）或 B31-67（VCTA）与车身搭铁	10kΩ 或更大	始终
B25-6（VTA）或 B31-115（VTA1）与车身搭铁	10kΩ 或更大	始终
B25-4（VTA2）或 B31-114（VTA2）与车身搭铁	10kΩ 或更大	始终
B25-5（VC）与 B31-67（VCTA）	小于 1Ω	始终
B25-3（E2）与 B31-91（ETA）	小于 1Ω	始终
B25-4（VTA）与 B31-114（VTA2）	小于 1Ω	始终
B25-6（VTA）与 B31-115（VTA1）	小于 1Ω	始终

四、任务评价

实训任务单 2-19

实训任务：进气计量系统检修

姓名：	班级：	学号：

实训车型：	VIN：

1. 空气流量传感器的检修（25 分）

1）读取故障码：

2）读取数据流：

怠速数据流：

2000r/min 时的数据流：

断开插头时的数据流：

3）信号波形测量：

4）电路测量：

供电电路电压：

怠速时的信号电压：

传感器与 ECU 之间电路电阻：

2. 进气压力传感器的检修（25 分）

1）读取故障码：

2）读取数据流：

怠速数据流：

2000r/min 时的数据流：

断开插头时的数据流：

3）电路测量：

供电电路电压：

怠速时的信号电压：

3. 进气温度传感器的检修（20 分）

1）读取故障码：

2）读取数据流：

（续）

3）电路测量：
供电电路电压：

怠速时的信号电压：

4. 节气门位置控制电机及传感器的检修（20分）
1）读取故障码：

2）读取数据流：
节气门关闭时的数据流：

节气门50%开度时的数据流：

节气门全开时的数据流：

3）信号电压测量：

4）控制电路检修：
供电电路电压：

节气门关闭时的信号电压：

节气门50%开度时的信号电压：

节气门全开时的信号电压：

传感器与ECU之间电路电阻：

操作过程5S要求（10分）：

问题留言：

实训成绩：　　　　　　　　　　　　　　　　　　　指导老师签名：

巩固与提高

一、填空题

1. 发动机进气控制系统要求能够根据发动机在不同工况的需要精确地控制_____和_____，并且能够对_____进行精确的计量。

2. 可变配气正时控制系统能够提高发动机_____，减少发动机_____，降低_____。

3. 凸轮轴正时机油控制阀由_____、_____、_____及_____等组成。

4. VTEC能够实现发动机在不同的转速工况下由_____，从而实现发动机在

_____与_____之间进行切换。

5. 大众车系电子可变气门正时及升程控制系统（AUS）通过_____以及进/排气凸轮轴上的_____，实现了对每个气缸气体交换的优化控制。

6. 宝马车系电子气门升程控制系统是一种通过伺服电动机直接控制_____，从而调节进气量的一种进气控制系统。

7. 进气增压控制系统能够实现发动机在高速运转和低速运转时对进气量变化的要求，进气增压控制系统可分为_____系统和_____系统两种。

8. 可变进气增压控制系统是利用改变_____或者_____来改变高低速时发动机进气量的大小，可分为_____和_____两种。

9. 涡轮增压控制系统按其动力源的不同，可分为_____、_____、_____和_____等形式。目前应用较为广泛的是废气涡轮增压控制系统。

10. 废气涡轮增压控制系统主要控制内容就是对_____进行控制。根据其控制方法的不同，可分为_____和_____两种。

11. 进气计量系统中目前采用的主要传感器有_____、_____和_____。

12. 常见的节气门位置传感器有_____和_____等类型。

13. 进气温度传感器内部结构是一个_____的热敏电阻，当进气温度变化时，热敏电阻值发生变化，温度越高，阻值_____。

二、选择题

1. 在进气计量系统中用来计量空气流量的传感器是（　　　）。
A. 进气歧管绝对压力传感器　　　　　B. 增压压力传感器
C. 空气流量传感器　　　　　　　　　D. 节气门位置传感器

2. 负温度系数的进气温度传感器电阻值随温度的升高而（　　　）。
A. 变小　　　　B. 变大　　　　C. 不变　　　　D. 不确定

3. 关于废气涡轮增压控制系统说法下列错误的是（　　　）。
A. 废气涡轮增压控制系统是利用发动机排出废气能量来驱动增压装置
B. 当增压压力高于设定压力时，ECU 控制增压压力控制电磁阀关闭
C. 电动控制旁通阀式涡轮增压控制系统与真空控制旁通阀式涡轮增压控制系统相比，取消了真空管路
D. 废气涡轮增压控制系统的闭环控制是通过增压压力传感器实现的

4. 下列关于进气增压控制系统说法错误的是（　　　）。
A. 动力阀控制系统是通过改变进气管截面面积来改变发动机高速和低速时进气量的一种控制系统
B. 谐波增压控制系统是通过改变进气管长度来改变发动机高速和低速时进气量的一种控制系统
C. 发动机小负荷运转时，动力阀处于关闭位置，进气通道变大
D. 当发动机处于高速区域运转时，进气控制阀开启，使进气管内压力波传递距离缩短

5. 下列关于可变配气正时控制系统说法错误的是（　　　）。
A. 宝马车系的电子气门升程控制系统是一种通过伺服电动机直接控制进气门的开启升程，从而调节进气量的一种进气控制系统
B. 大众车系气门升程控制系统是通过进气凸轮轴上的电子气门升程切换实现了对每个气缸气体交换的优化控制
C. 本田 VTEC 能够实现发动机在不同的转速工况下由不同的凸轮控制，从而实现发动机在单

气门与双气门之间进行切换

  D. 丰田汽车公司双 VVT-i 可变配气正时系统是一种控制进/排气凸轮轴气门正时的机构

三、简答题

1. 简述丰田车系智能可变配气正时控制系统的组成、工作原理及检修方法。

2. 简述宝马车系电子气门升程控制系统的组成和工作原理。

3. 简述动力阀控制系统的工作原理。

4. 简述谐波增压控制系统的组成和工作原理。

5. 简述废气涡轮增压控制系统的组成、工作原理及检修方法。

6. 简述热膜式空气流量传感器的结构、工作原理及检修方法。

7. 简述进气歧管绝对压力传感器的作用、工作原理及检修方法。

8. 简述进气温度传感器的作用、工作原理及检修方法。

9. 简述节气门位置传感器的作用、类型、工作原理及检修方法。

项目三
发动机电控燃油喷射系统检修

学习目标

1. 了解电控燃油喷射系统的类型及组成。
2. 了解电控燃油喷射系统的控制功能。
3. 掌握电控燃油喷射系统各主要部件的结构和工作原理。
4. 掌握电控燃油喷射系统主要部件的检修方法。
5. 掌握电控燃油喷射系统故障诊断排除方法。

典型工作任务

1. 更换燃油滤清器及检测燃油供给系统压力。
2. 燃油供给系统主要部件检修。
3. 电子控制系统主要部件检修。

知识准备

第一课 认识发动机电控燃油喷射系统

发动机电控燃油喷射系统以 ECU 为控制核心，以空气流量和发动机转速为控制基础，以喷油器等为控制对象，保证获得与发动机各种工况相匹配的最佳混合气成分。电控燃油喷射系统可以根据发动机工况的变化精确控制供给发动机混合气的浓度，从而可以提高发动机的动力性、燃油经济性和降低排放污染，是发动机电控系统的一项重要控制内容。

一、电控燃油喷射系统的类型

1. 按喷射位置分类

根据燃油喷射位置的不同，电控燃油喷射系统可分为缸内喷射和进气管喷射两大类，如图 3-1所示。缸内直喷系统具有控制精度高、喷油雾化好、燃油经济性好、发动机功率高、排放污染小等优点，在发动机上得到了广泛应用。

2. 按喷射方式分类

按燃油喷射方式的不同，电控燃油喷射系统可分为同时喷射、分组喷射和顺序喷射，如图 3-2所示。目前，普遍采用顺序喷射控制系统。

3. 按空气量检测方式分类

按空气量检测方式的不同，电控燃油喷射系统可分为 D 型和 L 型。

a) 进气管喷射　　　　　　　　b) 缸内喷射

图 3-1　电控燃油喷射系统按喷射位置分类

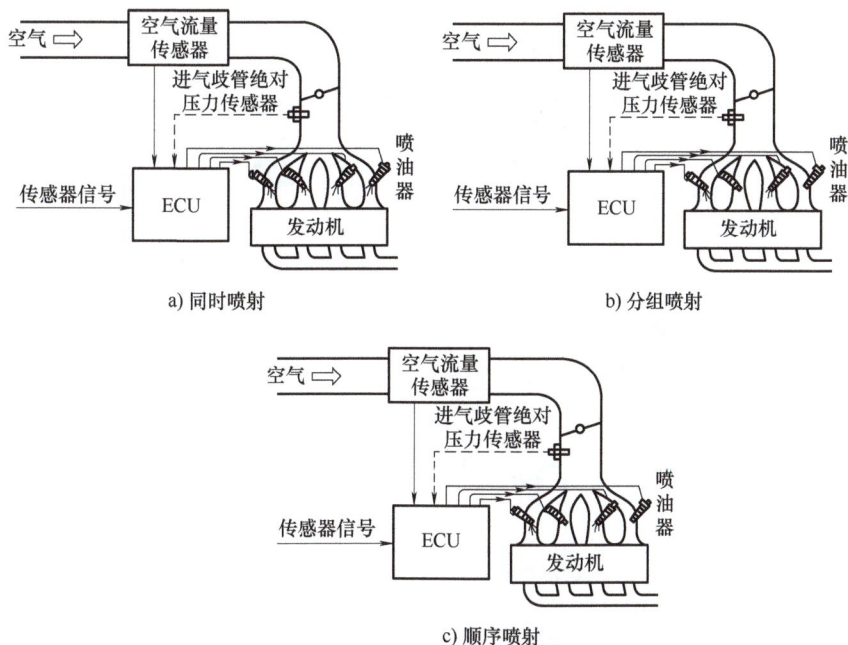

a) 同时喷射　　　　　　　　b) 分组喷射

c) 顺序喷射

图 3-2　喷油器喷射方式分类

1）D 型电控燃油喷射系统。D 是德语 Druck（压力）的第一个字母。D 型电控燃油喷射系统利用进气歧管绝对压力传感器检测进气管内的绝对压力，ECU 根据进气歧管内的绝对压力和发动机转速推算出发动机的进气量，再根据进气量和发动机转速确定基本喷油量。

2）L 型电控燃油喷射系统。L 是德语 Luft（空气）的第一个字母。L 型电控燃油喷射系统利用空气流量传感器直接测量发动机的进气量，ECU 不必进行推算，即可根据空气流量传感器信号计算与该空气量相对应的喷油量。由于消除了推算进气量的误差影响，其测量的准确程度高于 D 型，故对混合气浓度的控制更精确。

4. 按燃油喷射压力分类

按燃油喷射压力的不同，可分为高压喷射和低压喷射。高压燃油喷射系统用于缸内喷射，喷射压力可达 10MPa 以上。低压喷射系统用于进气管喷射，一般压力为 0.6MPa 左右。

5. 按控制系统有无反馈分类

按控制系统有无反馈，可将燃油喷射系统分为开环控制系统和闭环控制系统两类，现在的发动机都采用闭环控制系统。在闭环控制系统中，将一个氧传感器安置在排气管内，监测排气中氧的含量，并将该信号输送给 ECU，随时修正喷入发动机的燃油量，维持混合气空燃比的平均值在理论空燃比附近。

二、电控燃油喷射系统的组成

电控燃油喷射系统主要包括燃油供给系统和电子控制系统。

1. 燃油供给系统

燃油供给系统的功能是为发动机提供所需清洁的燃油，其组成如图 3-3 所示（图中部件包含低压喷射组件和高压喷射组件），主要由燃油箱、电动燃油泵、燃油滤清器、燃油压力调节器和低压喷油器、高压泵、高压喷油器等组成。按照供油管路压力的不同，可分为低压燃油供给系统和高压燃油供给系统。

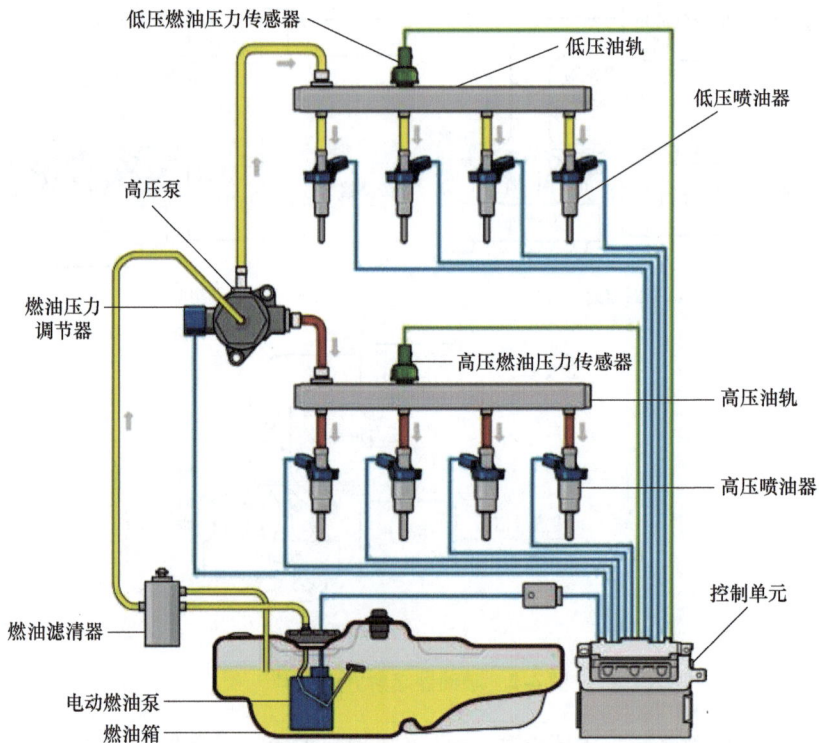

低压燃油压力传感器
低压油轨
低压喷油器
高压泵
燃油压力调节器
高压燃油压力传感器
高压油轨
高压喷油器
控制单元
燃油滤清器
电动燃油泵
燃油箱

图 3-3　燃油供给系统的组成

（1）低压燃油供给系统　低压燃油供给系统主要由电动燃油泵、燃油滤清器、燃油压力调节器和低压喷油器等组成。燃油从燃油箱中被电动燃油泵吸出，先由燃油滤清器将杂质滤除后再通过输油管送到各个喷油器。喷油器则根据 ECU 发出的指令，将计量后的燃油喷入各气缸并与流入发动机内的空气进行混合，形成可燃混合气。利用燃油压力调节器可将喷油压力控制在一定的范围内，发动机在正常工况喷油量只取决于各喷油器通电时间长短，而多余的燃油从燃油压力调节器经回油管送回燃油箱。

（2）高压燃油供给系统　高压燃油供给系统主要由高压泵、油轨及高压喷油器组成。高压泵将低压电动燃油泵输入的燃油加压到 10MPa 的高压，然后将燃油经高压油轨送到安装在气缸内的高压喷油器，发动机 ECU 控制喷油器的开启，将高压燃油直接喷射到气缸内。

2. 电子控制系统

电子控制系统的功能是根据发动机运转状况和车辆运行状况确定最佳燃油喷射时刻和喷射量，该系统由传感器、ECU 和执行元件组成，其结构框图如图 3-4 所示。

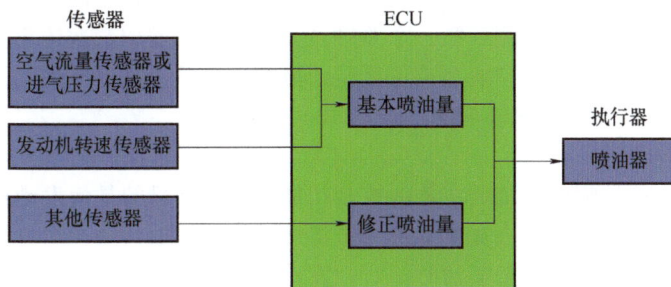

图 3-4　电子控制系统框图

三、电控燃油喷射系统的功能

电控燃油喷射系统的主要功能包括喷油正时控制、喷油量控制、断油控制和电动燃油泵控制。

1. 喷油正时控制

喷油正时控制就是指发动机 ECU 控制喷油器什么时候开始喷油，控制方式有同步控制和异步控制。同步控制是指控制程序与发动机各缸工作循环一致，在既定的曲轴位置进行喷射，具有规律性；异步控制是指控制程序与发动机工作循环不一致，无固定位置和时间，是在同步喷射的基础上，为改善发动机的性能额外增加的喷油，主要有起动异步喷射和加速异步喷射。

（1）同步喷油正时控制　现在发动机电控燃油喷射系统多采用顺序喷射控制，在采用顺序喷射方式的电控燃油喷射系统中，各缸喷油器分别由 ECU 进行控制。图 3-5 所示为四缸发动机顺序喷射控制电路，其特点是喷油器驱动回路数与气缸数目相等。在采用顺序喷射方式的发动机上，ECU 根据凸轮轴位置传感器信号（G 信号）、曲轴位置传感器信号（Ne 信号）和发动机的做功顺序，确定各缸工作位置。当确定某缸活塞运行至排气行程上止点前某位置时，ECU 输出喷油控制信号，接通喷油器电磁线圈电路，该缸即开始喷油。

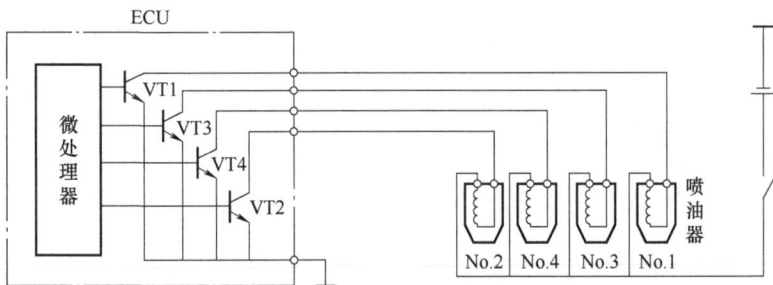

图 3-5　四缸发动机顺序喷射控制电路

（2）异步喷油正时控制　异步喷油正时控制包括起动时异步喷油正时控制和加速时异步喷油正时控制。

1）起动时异步喷油正时控制。在部分电控燃油喷射系统中，为了改善发动机的起动性能，在发动机起动时，除同步喷油外，再增加一次异步喷油。在起动（STA）开关处于接通状态时，ECU 接收到第一个凸轮轴位置传感器信号后，接收到第一个曲轴位置传感器信号时，开始进行起动时的异步喷油。

2）加速时异步喷油正时控制。发动机由怠速工况向汽车起步工况过渡时，由于燃油惯性等原因，会出现混合气稀的现象。为了改善起步加速性能，ECU 根据节气门位置传感器中怠速触点输送的怠速信号，从接通到断开时增加一次固定量的喷油。在有些电控燃油喷射系统中，ECU 接收到的怠速信号从接通到断开后，检测到第一个曲轴位置信号时，增加一次固定量的喷油。有些发动机电控燃油喷射系统，为了使发动机加速更灵敏，当节气门迅速开启或进气量突然增加（急加速），在同步喷射的基础上再增加异步喷射。

2. 喷油量控制

喷油量控制是电控燃油喷射系统最主要的控制功能之一，其目的是使发动机在各种运行工况下都能获得最佳的混合气浓度，以提高发动机的经济性和降低排放污染。当喷油器的结构和喷油压差一定时，喷油量的多少就取决于喷油时间。在发动机电控燃油喷射系统中，喷油量的控制是通过对喷油器喷油时间的控制来实现的。控制模式分为发动机起动时的喷油量控制和发动机起动后的喷油量控制。

（1）发动机起动时的喷油量控制　在发动机起动时，由于转速变化很大，进气量不能被精确计量，无法确定基本喷油时间，所以起动时的同步喷油量控制与起动后的同步喷油量控制不同。

1）起动时基本喷油量的确定。先由 ECU 根据点火开关、曲轴位置传感器和节气门位置传感器提供的信号，判断发动机应为起动状态，再根据冷却液温度传感器信号来确定基本喷油量。

2）起动时修正喷油量的确定。ECU 会根据进气温度传感器信号和蓄电池电压信号对基本喷油进行修正，然后确定起动时喷油量。同时根据起动状态，增加一次异步额外喷油量。发动机起动时的喷油量控制形式为开环控制。

（2）发动机起动后的喷油量控制　发动机起动后，喷油器总喷油量由基本喷油量、修正量和额外增量组成。

1）基本喷油量的确定。对于 L 型电控燃油喷射系统，ECU 根据发动机转速信号和空气流量传感器信号来确定基本喷油量；对于 D 型电控燃油喷射系统，ECU 根据发动机转速信号和进气歧管绝对压力信号来确定基本喷油量。

2）修正量确定。ECU 在确定基本喷油时间的同时，还必须根据各种传感器输送来的发动机运行工况信息，对基本喷油时间进行修正。

① 进气温度传感器修正。ECU 根据进气温度传感器提供的进气温度信号，对喷油时间进行修正。通常以 20℃ 为进气温度信息的标准温度，低于 20℃ 时空气密度大，ECU 适当延长喷油时间，使混合气不至于过稀；进气温度高于 20℃ 时，空气密度减小，适当减少喷油时间，以防混合气偏浓。增加或减少的最大修正量约为 10%。

② 大气压力传感器修正。当发动机工作时，ECU 根据大气压力传感器信号确定修正系数的大小。但对于使用热膜式和热线式空气流量传感器的电控系统，由于直接检测的是进入发动机的空气量，所以，进气量多少与大气压力无关，喷油量不需要修正。

③ 氧传感器修正。ECU 根据氧传感器输入的电压信号确定混合气是浓还是稀，然后发出控制指令来修正喷油量。当 ECU 接收到混合气偏浓的氧传感器信号时，ECU 发出控制指令修正喷油量，使其减少，让混合气逐渐变稀。当 ECU 接收到混合气偏稀的氧传感器的信号电压时，ECU 发出控制指令修正喷油量，使其增加，让混合气逐渐变浓。

④ 蓄电池电压修正。蓄电池电压的高低对喷油器的开启滞后时间有影响，电压低时，开启滞后时间长，则实际喷油量会减少。为此，ECU 必须根据蓄电池电压大小来修正喷油量。当蓄电池输入 ECU 的电压低于 14V 时，ECU 将增加喷油器的喷油量。

3）额外增量确定。额外增量可分为暖机时的增量和加速时的增量。

① 暖机增量。发动机起动后暖机过程中，由于发动机温度较低，燃油雾化不好，会使混合气变稀，燃烧不稳定，甚至容易熄火，必须增加喷油量。ECU 根据冷却液温度传感器信号，增加喷油时间，进行暖机加浓。随着发动机温度的上升，喷油时间将逐渐减少，直到发动机冷却液温度超过 60℃ 后才停止加浓，喷油增量为 0。

② 加速增量。当发动机 ECU 收到急加速信号时，即收到节气门位置传感器变化速率增大、进气量信号突然增加时，ECU 立即发出指令给各缸喷油器，使其以一个固定的喷油时间，同时向各缸增加一次喷油，以便改善加速性能。

3. 断油控制

(1) 减速断油控制　汽车在高速行驶中，若 ECU 收到加速踏板突然松开并减速的信号时，会切断燃油喷射控制电路，停止喷油，当发动机转速降至设定转速时又恢复正常喷油。这样，可以防止混合气过浓，可以降低碳氢化合物及一氧化碳的排放量。

减速断油控制条件如下：

1) 节气门位置传感器的怠速触点闭合。

2) 冷却液温度已经达到正常温度。

3) 发动机转速高于某一转速。

(2) 限速断油控制　在发动机运转过程中，ECU 随时都将曲轴位置传感器测得的发动机实际转速与存储器中存储的极限转速进行比较。当实际转速达到或超过安全转速（$80 \sim 100 r/min$）时，ECU 就发出停止喷油指令。控制喷油器停止喷油，限制发动机转速进一步升高，喷油器停止喷油后，发动机转速将降低。当发动机转速下降至低于安全转速时，ECU 将控制喷油器恢复喷油。

(3) 清溢流断油控制　起动发动机时，如果多次起动不能着火，会使浓混合气进入气缸并会浸湿火花塞，使其不能跳火而出现发动机无法起动的现象，这种火花塞被混合气浸湿称为"溢流"或"淹缸"。当出现溢流现象时，发动机将不能起动，这时可将加速踏板踩到底，接通起动开关起动发动机，ECU 自动控制喷油器停止喷油，以便排除气缸内的燃油蒸气，使火花塞干燥，并能跳火，这种控制称为清溢流断油控制。

清溢流断油控制的条件如下：

1) 点火开关处于起动位置。

2) 节气门全开。

3) 发动机转速低于 $500 r/min$。

在正常起动电控发动机时，不要踩下加速踏板，而是直接打起动开关。否则，电控系统可能进入清溢流断油控制而使电控发动机无法起动。

(4) 升档断油控制　装备有电控自动变速器的汽车在行驶过程中，如果变速器需自动升档时，变速器 ECU 会向发动机 ECU 发出要求降低转矩信号，发动机 ECU 接收到这个信号后，立即发出指令，使个别气缸停止喷油，以便降低发动机转速，减轻换档冲击，这种控制称为升档断油控制。

4. 电动燃油泵控制

电动燃油泵控制是电控燃油喷射系统的一项重要控制内容，在发动机起动过程和运转过程中，电动燃油泵应保持正常工作。如果电动燃油泵控制出现故障，会导致车辆无法起动。不同的控制系统，电动燃油泵的控制方式不同，现在许多电控燃油喷射系统可以通过脉冲宽度调制信号实现对电动燃油泵转速的无级控制，以满足不同负荷下的燃油供给量。当点火开关打开后，电控燃油喷射系统中的电动燃油泵一般预先起动 $2 \sim 3 s$，以保证燃油系统必需的油压。

一、低压燃油供给主要部件的结构和工作原理

1. 燃油箱

燃油箱是用来存储燃油的，其容积大小与车型和发动机排量有关，其形状随车型不同而不同，这主要是为了适应在车上的布置安装。挥发性好的汽油在燃油箱内挥发，直接将挥发的汽油蒸气排到大气中会污染环境，为此设置了燃油箱蒸发排放控制装置，将活性炭罐与燃油箱相连接，挥发的汽油蒸气被吸附在活性炭上。发动机工作时，活性炭罐电磁阀通电打开，被吸附在活性炭上的汽油蒸气即可被吸入气缸并燃烧。

2. 电动燃油泵

电动燃油泵的作用是把燃油从燃油箱内泵出并通过供油管路供给喷油器。

现在车上的电动燃油泵多安装在燃油箱内（内置式电动燃油泵），内置式电动燃油泵不易发生气阻和漏油现象。内置式电动燃油泵主要有叶片式和滚柱式两种。

（1）叶片式电动燃油泵　叶片式电动燃油泵的结构和工作原理如图 3-6 所示。叶轮是一个圆平板，在平板的圆周上加工有小槽，形成泵油叶片。当叶轮旋转时，圆周上小槽内的燃油随同叶轮一同高速旋转。由于离心力的作用，使出油口处压力增高，而在进油口处产生真空，从而使燃油在进油口处被吸入，在出油口处被排出，这样周而复始地完成燃油的输送。叶片式电动燃油泵运转噪声小，油压脉动小，泵油压力高，叶片磨损少，使用寿命长。

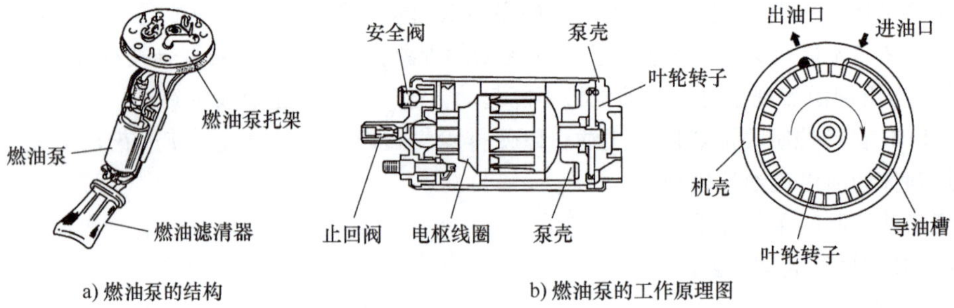

a) 燃油泵的结构　　　　　　　　　　b) 燃油泵的工作原理图

图 3-6　叶片式电动燃油泵的结构和工作原理

（2）滚柱式电动燃油泵　滚柱式电动燃油泵的结构和工作原理如图 3-7 所示。转子偏心地安装在泵体内，滚柱装在转子的凹槽中。在永磁电动机的驱动下，当转子旋转时，滚柱在离心力的作用下紧压在泵体的内表面上，同时在惯性力的作用下，滚柱总是与转子凹槽的一个侧面贴紧，从而形成若干个封闭的工作腔。

在电动燃油泵工作过程中，进油口一侧的工作腔容积增大，成为低压吸油腔，燃油经进油口被吸入工作腔内。在出油口一侧的工作腔容积减小，成为高压压油腔，高压燃油从压油腔经出油口流出。燃油泵转子每转一圈，其排出的燃油就要产生与滚柱数目相同的压力脉动，故在出口处装有油压缓冲器，以减小出口处的油压脉动和运转噪声。

单向止回阀的作用主要用于防止燃油倒流，并可保持管路残余压力，以便发动机下次容易起动，并可防止由于温度较高时，油路产生气阻现象。若燃油泵输出压力超过规定值时，安全阀会自动打开，高压燃油可回流至燃油泵的进油室，并在燃油泵和电动机内循环，以此可避免由于油路堵塞而引起管路油压过高造成管路破裂或电动燃油泵损坏等现象。

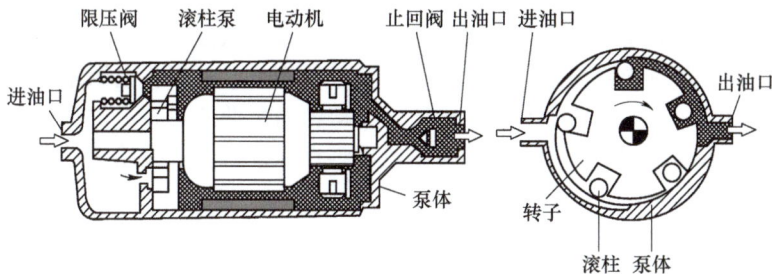

图 3-7　滚柱式电动燃油泵的结构和工作原理

（3）电动燃油泵的控制　车型不同，采用的电动燃油泵控制电路也不同，按电动燃油泵控制部件的不同，主要分为由电动燃油泵继电器控制和电动燃油泵 ECU 控制两种形式。

1）电动燃油泵继电器控制的电动燃油泵控制电路。电动燃油泵继电器控制的电动燃油泵控制电路如图 3-8 所示，发动机 ECU 控制电动燃油泵继电器线圈的接通和断开，从而控制电动燃油泵继电器触点的接通和断开，当继电器触点接通后，电动燃油泵得到蓄电池提供的 12V 电压开始工作。在此控制电路中，电动燃油泵只有运转和不运转两种工作情况，工作时电动燃油泵以最大功率运转。

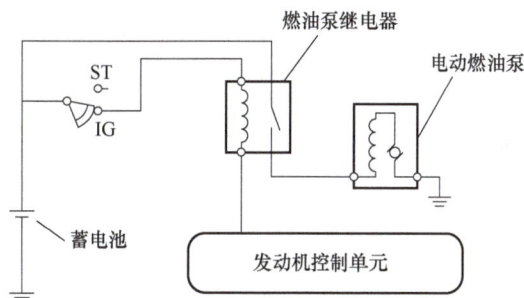

图 3-8　电动燃油泵继电器控制的电动燃油泵控制电路

电动燃油泵继电器控制的电动燃油泵控制电路也可以根据发动机转速和负荷的变化，通过燃油泵继电器改变电动燃油泵供电电路，实现电动燃油泵不同的工作转速，如图 3-9 所示。点火开关接通后即通过主继电器将断路继电器的 +B 端子与电源接通，起动时断路继电器中的 L1 线圈通电，发动机正常运转时，ECU 中的晶体管 VT1 导通，断路继电器中的 L2 线圈通电，使断路继电器触点闭合，电动燃油泵继电器 FP 端子与电源接通，电动燃油泵工作。发动机熄火后，ECU 中

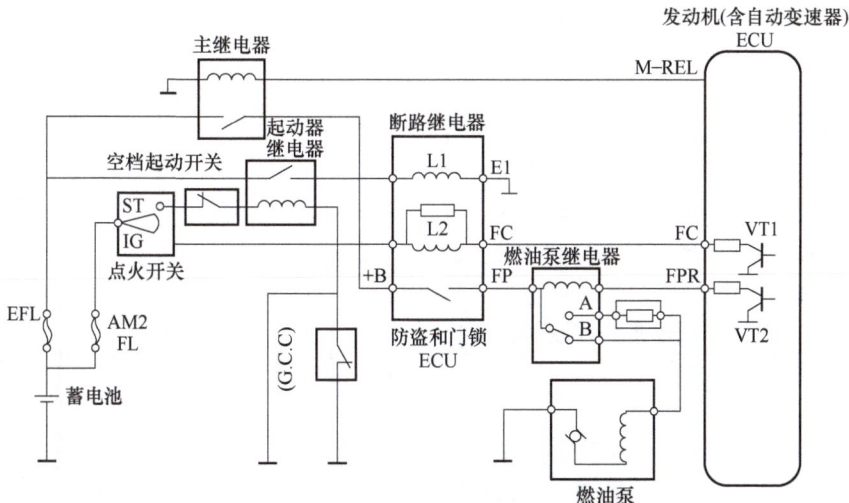

图 3-9　具有转速控制功能的电动燃油泵控制电路

的晶体管 VT1 截止，断路继电器内的 L1 和 L2 线圈均不通电，其开关断开电动燃油泵电路，电动燃油泵停止工作。发动机 ECU 控制电动燃油泵继电器，发动机低速、中小负荷工作时，ECU 中的晶体管 VT2 导通，电动燃油泵继电器线圈通电，使触点 A 闭合，由于将电阻串联到电动燃油泵电路中，所以电动燃油泵两端电压低于蓄电池电压，电动燃油泵低速运转。发动机高速、大负荷工作时，ECU 中的晶体管 VT2 截止，电动燃油泵继电器触点 B 闭合，直接给电动燃油泵输送蓄电池电压，电动燃油泵高速运转。

2）电动燃油泵 ECU 控制的电动燃油泵电路。图 3-10 所示为电动燃油泵 ECU 控制的电动燃油泵控制电路。蓄电池电源经主易熔线、20A 熔丝和主继电器进入 ECU 的 +B 端子，电动燃油泵 ECU 通过 FP 端子向电动燃油泵供电。电动燃油泵 ECU 根据发动机 ECU 端子 FPC 和 DI 的信号，控制 +B 端子与 FP 端子的连通回路，以改变输送给电动燃油泵的电压，从而实现对电动燃油泵转速的控制。当发动机高速、大负荷工作时，发动机 ECU 的 FPC 端子向电动燃油泵 ECU 发出指令，使 FP 端子向电动燃油泵提供 12V 的蓄电池电压，电动燃油泵以高速运转。当发动机低速、小负荷工作时，发动机 ECU 的 DI 端子向电动燃油泵 ECU 发出指令，使 FP 端子向电动燃油泵提供较低的电压（一般为 9V)，电动燃油泵以低速运转。

ECU 的电源端子 +B 和电动燃油泵控制端子 FP，分别由导线与诊断座上的相应端子相连，以便对电动燃油泵进行检查。

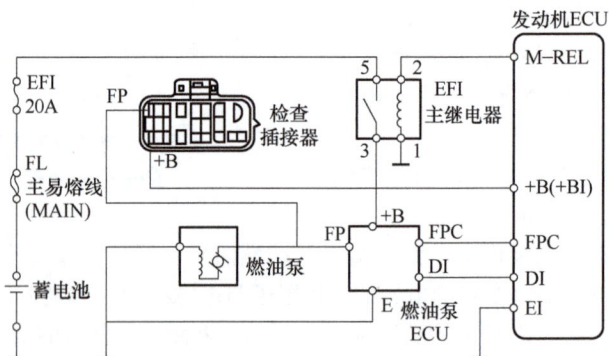

图 3-10　电动燃油泵 ECU 控制的电动燃油泵控制电路

现在有许多车型电动燃油泵控制电路能实现对电动燃油泵转速的无级控制，图 3-11 所示为大众迈腾乘用车的电动燃油泵控制电路。在该控制电路中，电动燃油泵也是由电动燃油泵 ECU 进行控制的。电动燃油泵 ECU 由 SC10 熔丝供电，并且由发动机 ECU 控制工作。电动燃油泵 ECU 可以根据发动机 ECU 发出的燃油需求控制信号，通过占空比信号控制电动燃油泵端子 1 的电压，从而可以实现电动燃油泵不同转速的控制。占空比越大，电动燃油泵转速越高。

3. 燃油滤清器

燃油滤清器可清除燃油中的杂质，防止堵塞喷油器等部件，减少运动部件的磨损。燃油滤清器的结构如图 3-12 所示，燃油滤清器一般采用纸滤芯。

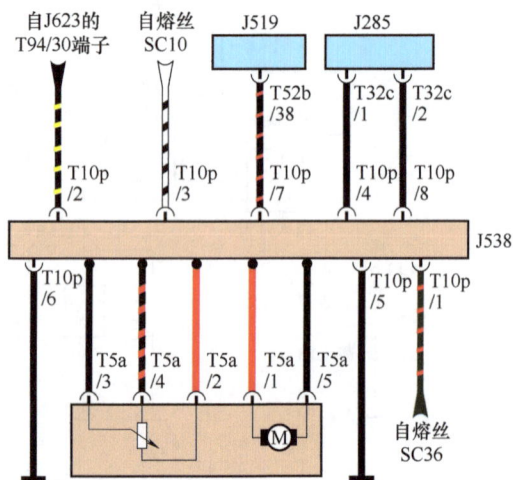

图 3-11　大众迈腾乘用车的电动燃油泵控制电路

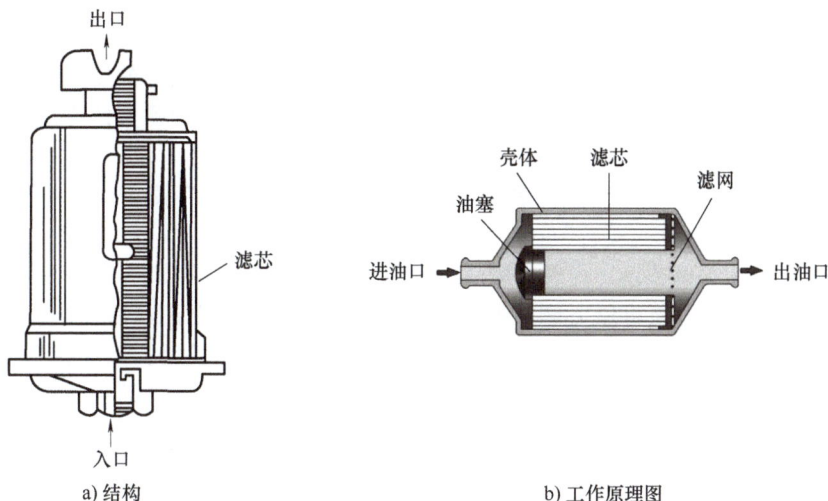

a) 结构　　　　　　　　　　　　　　　b) 工作原理图

图 3-12　燃油滤清器

　　燃油滤清器有内置和外置两种形式，滤芯应根据车辆行驶里程、使用的燃油质量情况及时更换，以确保发动机稳定行驶，提高可靠性。不同车型滤清器的更换周期不同，应根据车辆说明书上的更换周期进行更换。

4. 燃油压力调节器

　　燃油压力调节器的作用是调节燃油供给系统油压，保持系统压差（燃油压力与进气歧管压力）或压力恒定。燃油压力调节器根据安装位置的不同，可分为外置式和内置式两种。外置式燃油压力调节器安装在燃油分配管上，内置式燃油压力调节器与电动燃油泵一起装在燃油箱里。

　　（1）外置式燃油压力调节器　外置式燃油压力调节器的布置及结构如图 3-13 所示，其内部由橡胶膜片分为弹簧室和燃油室两部分。弹簧室内有一个带预紧力的螺旋弹簧，它作用在膜片上。在膜片上安装一个阀，控制回油。另外，还通过一根真空管与进气歧管相连。

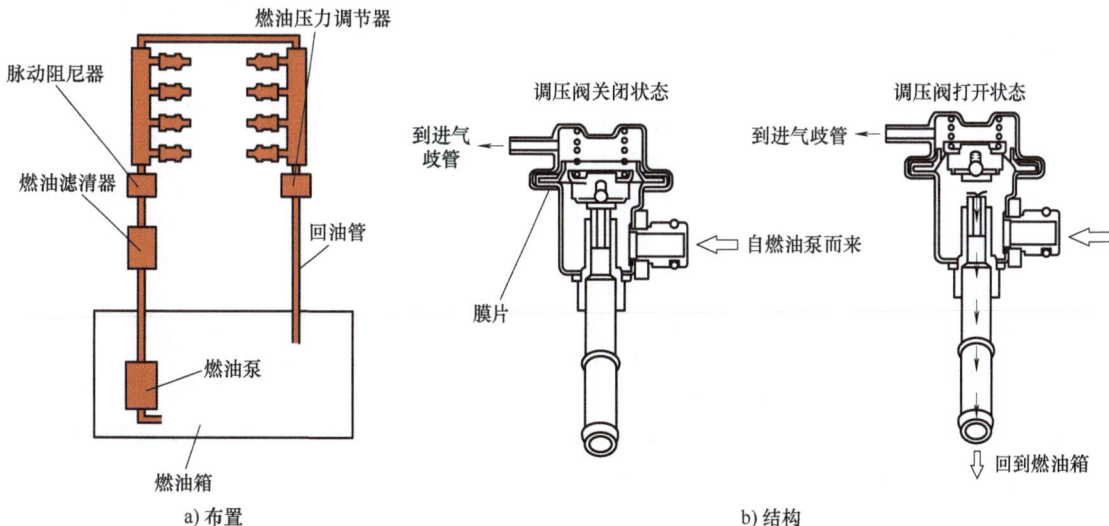

a) 布置　　　　　　　　　　　　　　　b) 结构

图 3-13　外置式燃油压力调节器的布置及结构

当系统油压超过规定值时，燃油压力克服弹簧压力，将膜片向上压，打开阀门，与回油通道接通，燃油流回燃油箱，系统压力降低，系统油压又回到规定值。

如果进气歧管真空度变大，为了维持燃油分配管内部与进气歧管内部的压力差恒定，就必须降低系统油压。把进气歧管真空度引入弹簧室，能够减少膜片上方螺旋弹簧的作用力，进而减小打开阀门的压力，使系统油压下降到规定值。

当电动燃油泵停止工作时，在膜片和螺旋弹簧力的作用下使阀门关闭，保持油路中的残余压力。

（2）内置式燃油压力调节器　内置式燃油压力调节器的布置及结构如图 3-14 所示，当系统油压超过规定值时，燃油压力便将压力调节器的回油阀打开，一部分燃油经回油阀流回到燃油箱，系统压力降低；当系统油压下降到规定值时，压力调节器的回油阀关闭，以保持系统油压恒定。内置式燃油压力调节器与外置式燃油压力调节器相比不仅缩短了回油管，而且还可以降低燃油的温度，减小发生气阻的可能性。

图 3-14　内置式燃油压力调节器的布置及结构

5. 油轨

油轨的功用是将燃油均匀、等压地输送给各缸喷油器。由于它的容积较大，故有储油蓄压、减缓油压脉动的作用。

6. 低压喷油器

低压喷油器（简称为喷油器）是发动机电控燃油喷射系统一个重要的执行元件，它接收 ECU 送来的喷油脉冲信号，准确地计量燃油喷射量，同时，将燃油喷射后雾化。喷油器按喷油口的结构不同可分为轴针式和轴孔式，目前应用较多的是轴针式喷油器。按喷油器阻值的大小可分为低阻型（$1 \sim 3\Omega$）和高阻型（$13 \sim 18\Omega$）两种，按驱动方式的不同可分为电流驱动和电压驱动两种。

（1）结构　轴针式喷油器的结构如图 3-15 所示，其主要由轴针、针阀、衔铁、复位弹簧及电磁线圈等组成。针阀与衔铁制成整体结构，针阀上端安装一复位弹簧。当电磁喷油器停止工作时，弹簧弹力使针阀复位，针阀关闭，轴针压靠在阀座上起到密封作用，防止燃油泄漏。当电磁线圈通电时，电磁吸力使针阀克服复位弹簧的弹力，针阀与轴针上移，阀门打开，燃油便从喷孔喷出。

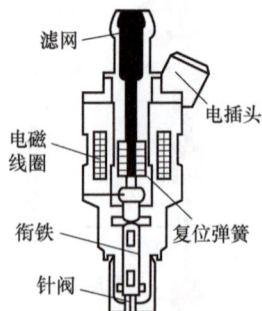

图 3-15　轴针式喷油器的结构

（2）喷油器的控制电路　低压喷油器控制电路如图 3-16 所示，喷油器线圈两端分别与继电器和发动机 ECU 连接，当继电器接通后，为喷油器线圈提供工作电压，而发动机 ECU 控制喷油器的搭铁回路，当搭铁回路接通时，喷油器线圈形成回路，喷油器开启开始喷油，通过控制喷油器接通时间，从而控制喷油量。

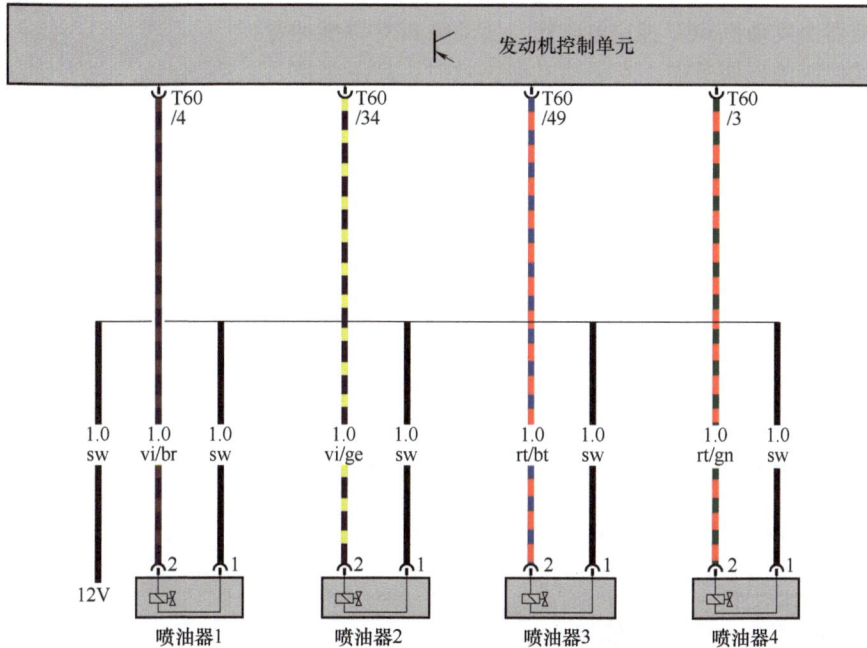

图 3-16　低压喷油器控制电路

　　发动机 ECU 内部驱动喷油器的电路可分为电压驱动和电流驱动，如图 3-17 所示。对于低阻喷油器，电压驱动回路中串入一个附加电阻，增加回路阻抗。高阻喷油器则不需要附加电阻。在电流驱动电路中，因为通过喷油器电磁线圈的电流能在极短的时间内达到最大，喷油器开启迅速，喷油器具有良好的响应性。

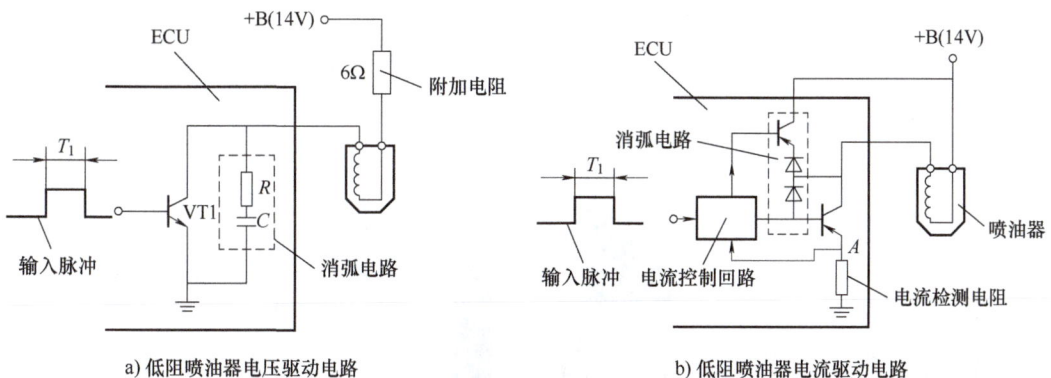

a) 低阻喷油器电压驱动电路　　　　b) 低阻喷油器电流驱动电路

图 3-17　喷油器驱动电路

二、高压燃油供给系统主要部件的结构和工作原理

1. 高压泵

（1）结构　高压泵的结构如图 3-18 所示，高压泵是燃油加压的关键环节，在低压泵将燃油送

到高压泵后，高压泵可以将汽油加压到 10MPa 左右甚至更高的压力，并将其送入油轨。高压泵通常是由凸轮轴带动的，内部则由三头凸轮加压。高压泵上还集成了电子油轨压力调节器，油压调节器控制着高压电动燃油泵的进油阀，从而控制燃油压力。电子油轨压力调节器由发动机 ECU 控制电磁阀，发动机 ECU 以脉冲宽度调制的方式控制油压调节器，当驱动电路失效时，高压泵进入低压模式，发动机仍可应急运行。

（2）工作过程　高压泵的工作过程可分为吸油、回油和泵油三个过程，如图 3-19 所示。在吸油过程中，靠泵活塞的下行提供吸油的动力，同时打开进油阀，燃油被吸入了泵腔。在泵活塞行程的最后 1/3 段，燃油压力调节阀通电，使在泵活塞向上运动的初期进油阀仍然打开来进行回油。为了控制实际的供油量，进油

图 3-18　高压泵的结构

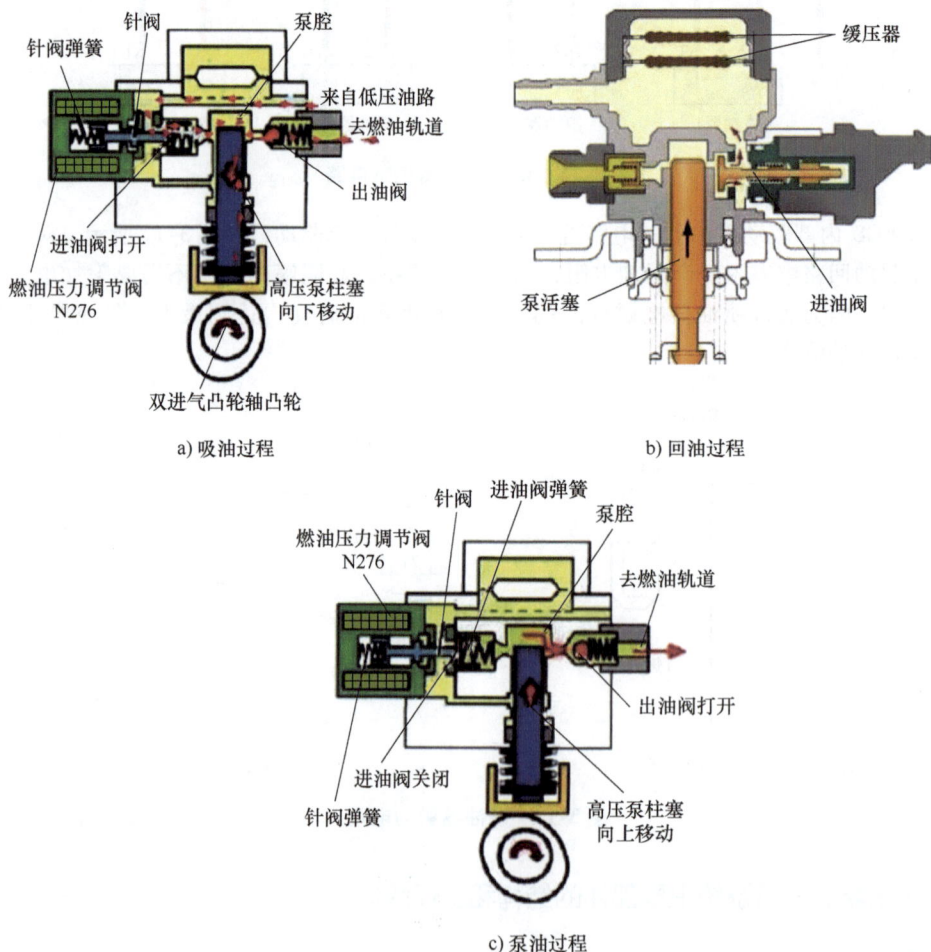

阀在泵活塞向上运动的初期还是打开的，多余的燃油被泵活塞挤回低压端。缓压器的作用就是吸收这个过程中产生的压力波动。在泵油行程的初期，燃油压力调节阀断电，使进油阀在泵腔内升高的压力和阀内的关闭弹簧共同作用下关闭。泵活塞上行在泵腔内产生压力，当压力超过油轨内压力时，出油阀就被打开，燃油被泵入油轨。

a) 吸油过程

b) 回油过程

c) 泵油过程

图 3-19　高压泵的工作过程

2. 高压喷油器

（1）结构　高压喷油器有压电式和电磁阀式两种。电磁阀式高压喷油器与低压喷油器的结构基本一样。压电式高压喷油器主要由压电元件、热补偿器和向外打开的喷油器针阀三个总成组成，如图3-20所示。压电元件通电后膨胀使喷油器针阀向外伸出阀座。为了能够承受相应阀门开启升程的不同运行温度，喷油器装有一个热补偿元件。压电式高压喷油器的喷油响应性好，喷油控制精确，但对油的品质要求较高。

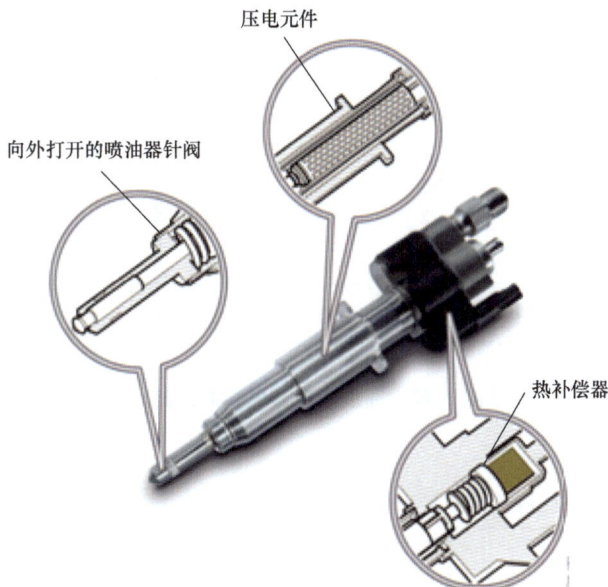

图3-20　压电式高压喷油器的结构图

（2）工作原理　压电元件是一个电气机械式转换器，由一种陶瓷材料制成，可将电能直接转化为机械能，其工作原理图如图3-21所示。为了达到较大的行程，压电元件可以采用多层结构。执行机构模块由机械串联、电气并联的多个压电陶瓷材料层组成。压电晶体的偏移程度取决于所施加的电压，最多可达到晶体的最大偏移量，电压越高行程越大。

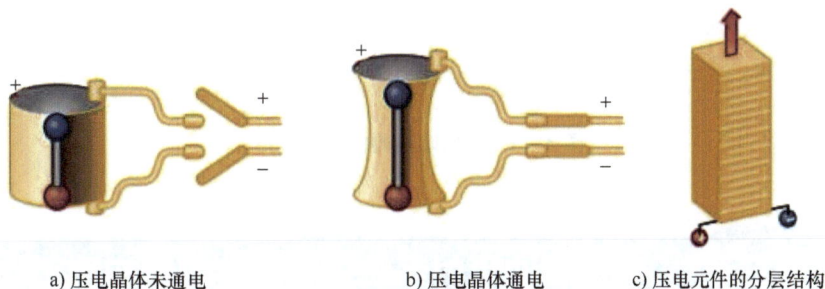

a) 压电晶体未通电　　　　b) 压电晶体通电　　　　c) 压电元件的分层结构

图3-21　压电元件的工作原理图

（3）高压喷油器的控制　高压喷油器的控制与低压喷油器不同，高压喷油器的两端都由发动机ECU控制，其控制电路如图3-22所示。供电控制由发动机内部的升压电路控制，高压喷油器的工作电压比低压喷油器高得多，需要约60～80V的电压，由发动机ECU内部升压电路提供。高压喷油器搭铁控制与低压喷油器控制方法相同，由发动机ECU控制高压喷油器的搭铁，其控制波形如图3-23所示。

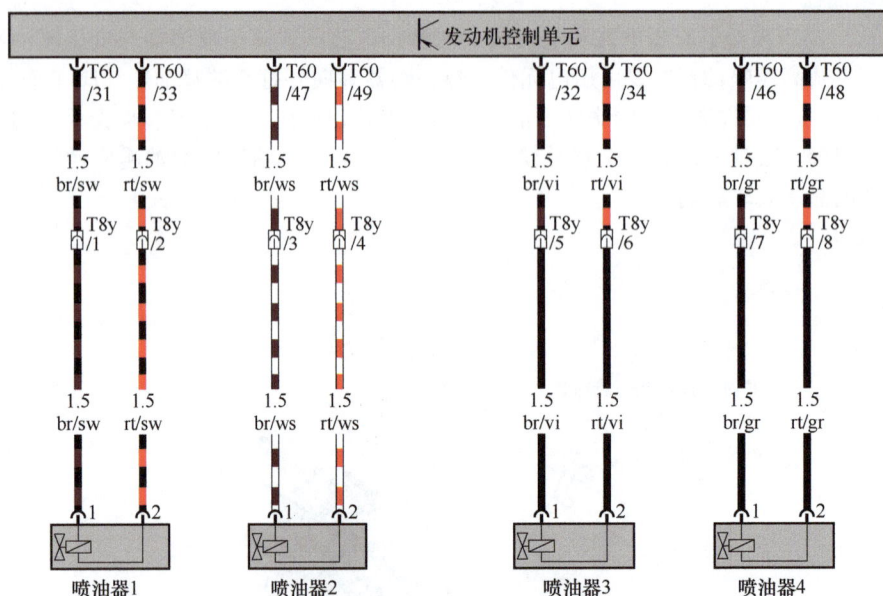

图3-22　高压喷油器的控制电路

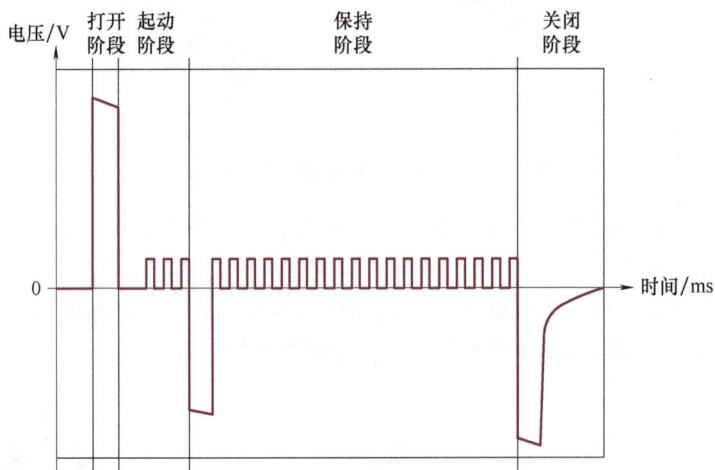

图3-23　高压喷油器的控制波形

第三课　电控燃油喷射系统主要部件的结构和工作原理

一、输入元件

1. 冷却液温度传感器

冷却液温度传感器安装在发动机出水口附近，它的功用是检测发动机冷却液温度，其结构及特性曲线如图3-24所示。冷却液温度传感器由封闭在金属盒内的对温度变化非常敏感的负温度系数热敏电阻（NTC电阻）构成，利用电阻值的变化来检测冷却液的温度。冷却液温度越低电阻值越大，冷却液温度越高电阻值越小。将该传感器的信号输入 ECU，就可以根据冷却液温度进行喷油量的控制。

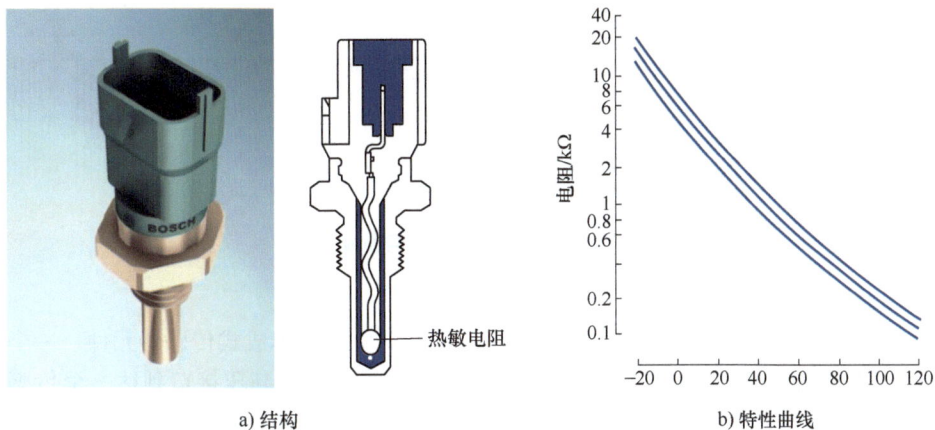

a) 结构　　　　　　　　　　　　b) 特性曲线

图 3-24　冷却液温度传感器的结构及特性曲线

2. 曲轴/凸轮轴位置传感器

曲轴/凸轮轴位置传感器是发动机电控系统中最主要的传感器之一，它提供点火时刻（点火提前角）、确认曲轴位置的信号，用于检测活塞上止点、曲轴转角及发动机转速。具有这种功能的传感器形式很多，其中使用最多的是磁感应式和霍尔传感器。

（1）磁感应式传感器　磁感应式传感器是利用磁力线的变化来识别转速和位置信号，其结构原理如图 3-25 所示。传感器主要由信号转子、线圈和永久磁铁组成，当信号转子旋转时，磁路中的气隙就会周期性地发生变化，磁路的磁阻和穿过信号线圈磁头的磁通量随之发生周期性的变化。根据电磁感应原理，线圈中就会感应产生交变电动势，ECU 根据电压变化的次数来判断曲轴的位置和转速。

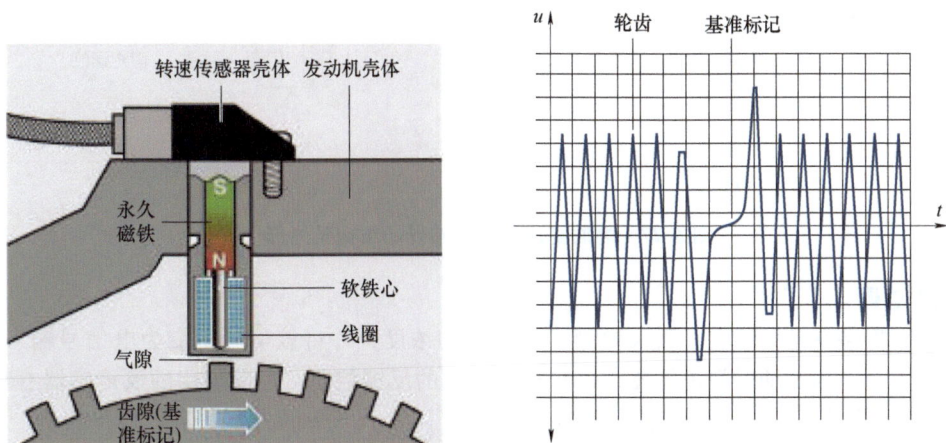

图 3-25　磁感应式传感器的结构原理

（2）霍尔传感器　霍尔传感器是利用霍尔效应原理来识别转速和位置信号，基本结构和工作原理如图 3-26 所示，霍尔传感器主要由靶轮和霍尔集成电路组成。靶轮安装在曲轴上，与曲轴一起转动，在靶轮上具有 30 对磁极，其中有一对宽磁极用来识别一缸上止点信号。霍尔集成电路固定在发动机壳体上，测量端与靶轮保持一定的距离。当靶轮随曲轴转动时，霍尔集成电路就会检测到来自靶轮的信号。曲轴转动一圈，会产生 60 个信号。发动机 ECU 通过产生信号的数量就可以识别发动机的转速，然后通过宽磁极对识别一缸上止点的位置。

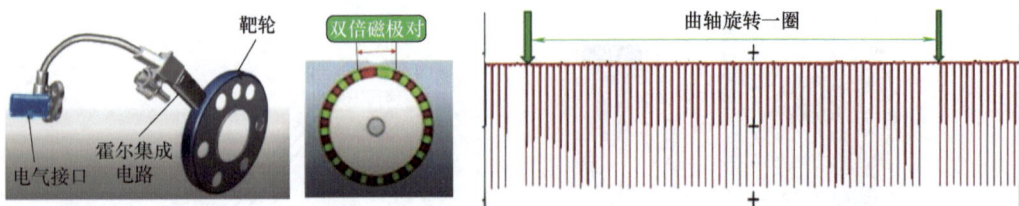

图 3-26　霍尔传感器的结构和波形图

3. 燃油高压压力传感器

燃油高压压力传感器的结构及外形如图 3-27 所示，其由一个集成式传感器元件、一个带分析电路的印刷电路板、一个带电气插口的传感器壳体构成。燃油通过高压接口到达一个传感器隔膜处，隔膜上有一个传感器元件（半导体元件），该元件用于将因压力而产生的变形转换为一个电信号。产生的电信号通过连接导线传至一个分析电路，该电路将经过处理的测量信号通过接口提供给 ECU。

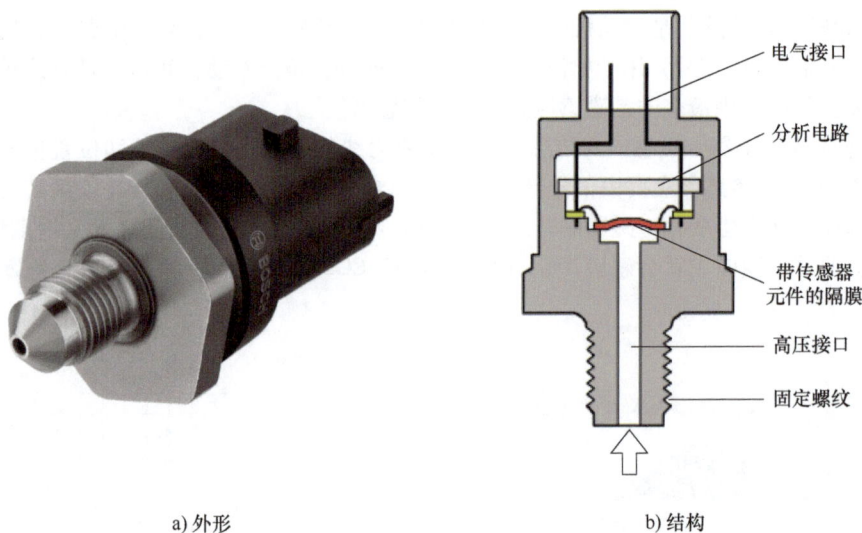

a) 外形　　　　　　　　　　　　b) 结构

图 3-27　燃油高压压力传感器的结构及外形

4. 氧传感器

氧传感器安装在排气管上，用来检测排气中氧的浓度，并将该信号转变为电信号输入 ECU，ECU 根据该信号，对喷油时间进行修正，实现空燃比的反馈控制。目前使用的氧传感器有氧化锆（ZrO_2）式、氧化钛（TiO_2）式和宽量程三种。

（1）氧化锆式氧传感器　氧化锆式氧传感器的结构及特性如图 3-28 所示，其基本元件是氧化锆管，氧化锆管固定在带有安装螺纹的固定套内，在氧化锆管的内、外表面均覆盖着一薄层铂作为电极，传感器内侧通大气，外侧直接与排气管中的废气接触。在氧化锆管外表面的铂层上，还覆盖着一层多孔的陶瓷涂层，并加有带槽口的防护套管，用来防止废气对铂电极产生腐蚀；在传感器的线束插接器端有金属护套，其上设有小孔，以便使氧化锆管内侧通大气。

当混合气的实际空燃比小于理论空燃比，即发动机以较浓的混合气运转时，排气中氧含量少，

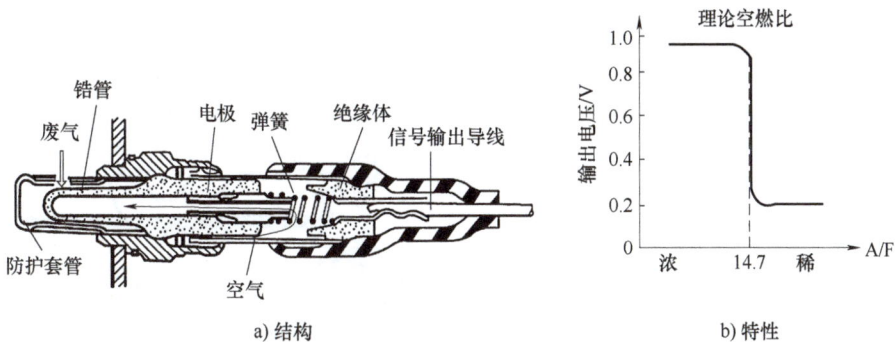

a) 结构　　　　　　　　　　　　　b) 特性

图 3-28　氧化锆式氧传感器的结构及特性

但 CO、HC 等较多。这些气体在锆管外表面铂的催化作用下与氧发生反应，将耗尽排气中残余的氧，使锆管外表面氧气浓度变为零，这就使锆管内、外侧氧浓度差加大，两铂极间电压陡增。因此，氧化锆式氧传感器产生的电压将在理论空燃比时发生突变：当混合气较稀时，输出电压几乎为零；当混合气较浓时，输出电压接近 1V。

　　由于氧化锆式氧传感器在 300℃ 以上的环境中才能输出稳定的信号电压，因此在二氧化钛式氧传感器内部有一个电加热器，保证传感器在低温时氧传感器能很快地投入工作，从而减少排放中的有害气体。

　　（2）氧化钛式氧传感器　氧化钛式氧传感器是利用二氧化钛材料的电阻值随排气中氧含量的变化而变化的特性制成的，故又称为电阻型氧传感器，其结构如图 3-29 所示。纯二氧化钛在常温下是一种高电阻的半导体，但表面一旦缺氧，其晶格便出现缺陷，电阻随之减小。由于二氧化钛的电阻也随温度不同而变化，因此，在二氧化钛式氧传感器内部也有一个电加热器，以保持氧化钛式氧传感器在发动机工作过程中的温度恒定不变。

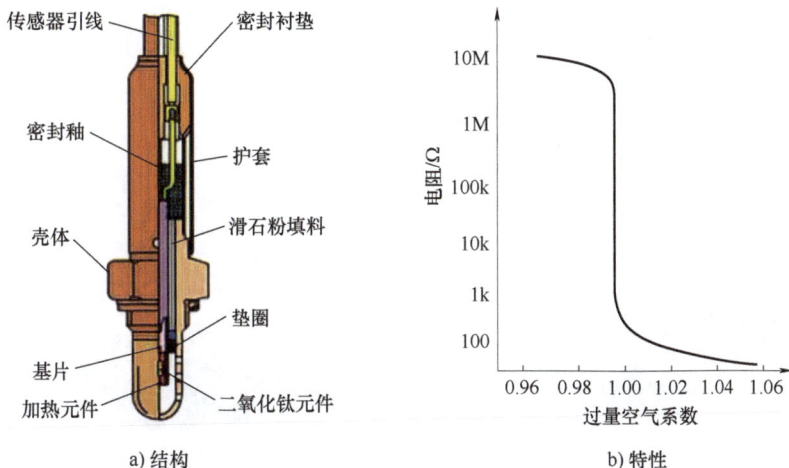

a) 结构　　　　　　　　　　　　　b) 特性

图 3-29　氧化钛式氧传感器的结构及特性

　　当发动机的混合气稀，排气中氧含量较多时，传感元件周围的氧离子浓度较大，则阻值低，输出低电压；当发动机的混合气浓，排气中氧含量较少时，传感元件周围的氧离子很少，则阻值高，输出高电压。利用适当的电路对电阻变量进行处理，即可转换成电压信号输送给 ECU，用来确定实际的空燃比。氧化钛式氧传感器的电阻将在混合气的过量空气系数大约为 1（空燃比 A/F 约为 14.7）时产生突变。

（3）宽量程氧传感器　宽量程氧传感器可以检测到过量空气系数 0.7 ~ 2.5 整个范围的混合气，且宽量程氧传感器在从稀到浓的整个区域均呈现线性输出特性。宽频氧传感器的结构及工作原理如图 3-30 所示。它是在普通型氧传感器的基础上增加了一个单元泵和一个测量室。测量室上有一个扩散通孔，尾气通过扩散通孔进入测量室。单元泵受 ECU 控制，可将尾气中的氧泵入测量室，也可将测量室中的氧泵入排气管。ECU 一直控制着单元泵的工作电流，通过改变测量室中氧的含量，使氧传感器的信号电压始终保持在 450mV。

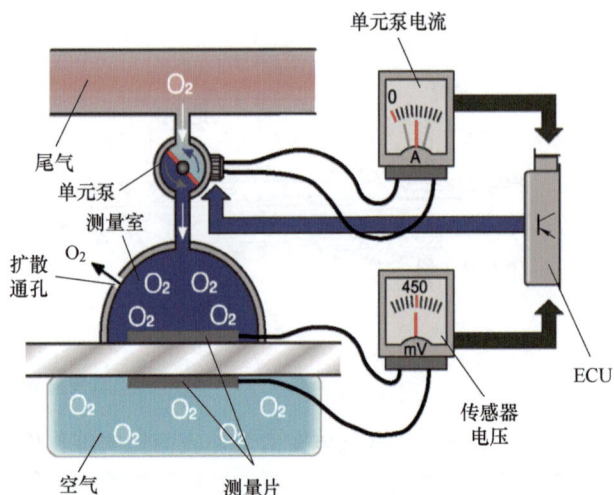

图 3-30　宽频氧传感器的结构及工作原理

当混合气过浓时，氧传感器电压值超过 450mV。单元泵若仍以原来的转速工作，测量室的氧含量少。此时，ECU 通过控制电路增大单元泵的工作电流，使单元泵旋转速度增加，增加泵氧速度。单元泵泵入测量室中的氧含量增加，使氧传感器电压值恢复到 450mV。

当混合气过稀时，氧传感器电压值低于 450mV。单元泵若仍以原来的转速运转，会泵入较多的氧，测量室中氧的含量较多。为了能使氧传感器电压值尽快恢复到 450mV，ECU 通过控制电路减小单元泵的工作电流，使泵入测量室的氧含量减少。

二、ECU

ECU 是发动机电控系统的核心，ECU 可根据发动机不同的工况，向发动机提供最佳空燃比的混合气和最佳的点火时间，使发动机始终处于最佳的工作状态，发动机的性能达到最佳，其结构如图 3-31 所示。

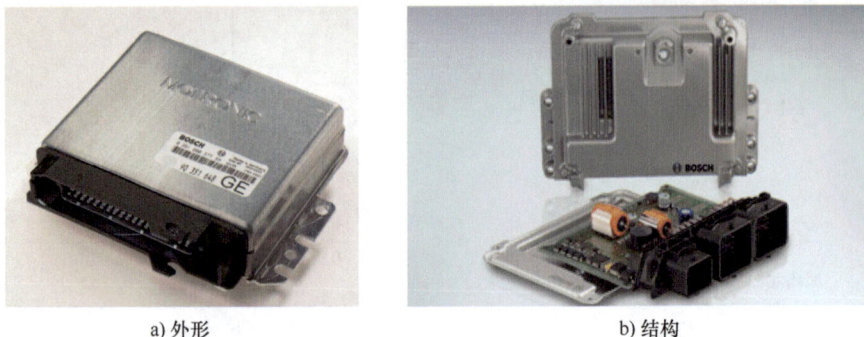

a) 外形

b) 结构

图 3-31　ECU 的外形及结构

ECU 可对各种传感器输入的信息进行运算、处理和判断，然后输出指令，控制喷油时间、点火正时。ECU 一般由微处理器、输入接口、输出接口及控制电路等组成。

1. 输入接口

ECU 最主要的输入接口是传感器接口（如转速、负荷、温度和压力等），各种传感器的信号输入 ECU 后，先进入输入回路处理，进行滤除杂波和信号转向，将信号转换成 ECU 能识别的数字信号。

2. 输出接口

ECU 最主要的输出接口是控制接口，它控制外部执行机构（如喷油器、点火线圈、电动燃油泵等各种电机和电磁阀）的动作。

3. 微处理器

微处理器是控制系统的神经中枢，其功用是根据工作需要，利用其内存程序和数据对各传感器输送来的信号进行运算处理，并将处理结果送往输出回路。微处理器主要由中央处理器（CPU）、存储器（RAM/ROM）和输入/输出装置（I/O）组成，如图 3-32 所示。

（1）中央处理器　中央处理器主要由进行算术运算和逻辑运算的运算器、暂时存储数据的寄存器、按照程序在各装置之间完成信号传送及控制任务的控制器等组成，其功用是读出命令并执行数据处理任务。

（2）存储器　存储器的功用是存储信息资料，包括随机存储器（RAM）和只读存储器（ROM）。RAM 是用来暂时存储信息的，如存储微机输入、输出和计算过程中产生的中间数据等。存储的信息可随时调出或被新的数据取代，当切断电源时，存储在 RAM 中的信息将丢失。为了使故障码

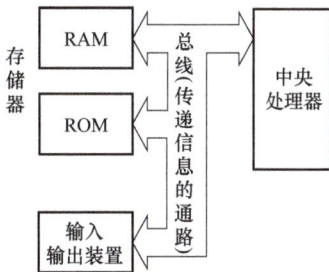

图 3-32　微处理器的组成示意图

等信息在 RAM 中能保存较长时间，一般用不受点火开关控制的专用电路给 RAM 提供电源，但当专用电路断开（如拆开蓄电池电缆），存储在 RAM 中的信息仍会丢失。ROM 是用来存储固定信息（如控制程序和发动机特征参数等）的，存储的内容一般由制造商一次性存入，使用中不能更改，但可以随时调出使用，即使切断电源，ROM 中存储的信息也不会丢失。

（3）输入输出装置　输入输出装置是微机与外界进行信息交流的纽带，在控制系统工作时，输入输出装置根据中央处理器的命令在中央处理器与输入回路和输出回路之间负责数据传送。输入输出装置一般称为 I/O 接口，具有数据缓冲、电平匹配和时序匹配等多种功能。

第四课　发动机电控燃油喷射系统故障诊断

一、电控燃油喷射系统故障类型及诊断流程

1. 电控燃油喷射系统故障类型

按汽车计算机控制系统的组成分为传感信号故障、执行元件故障、电路故障和 ECU 故障。按自诊断有无指示分为自诊断故障和无自诊断故障，按故障现象数分为单故障和多重故障。

2. 故障诊断原则

电控燃油供给系统的诊断按先简后繁、先易后难、先思后行、先熟后生、先上后下、先外后里、代码优先的原则进行。

3. 电控燃油喷射系统故障诊断基本流程

电控燃油喷射系统故障按故障现象确认→故障原因分析→制定诊断方案→故障隔离→排除故障→确认故障排除的基本流程进行。

二、电控燃油喷射系统故障诊断基本方法

1. 直观诊断

直观诊断是对与故障现象相关的部位、部件及连接电路进行外观检查。很多时候通过直观的检查就能找到故障原因或重要线索，诊断人员运用实践经验和专业知识，依靠直观的感觉印象，借助简单

工具，采用"望、问、闻、切"等手段，进行检查、试验和分析，查明故障原因和故障部位。

对于电控燃油喷射系统，直观诊断主要检查项目如下：

1）检查电控元件各个插接器是否有污损、松动、插接不到位而引起的接触不良。

2）检查电线是否断路，是否有因磨损而引起导线间或导线与车身间的短路现象。

3）检查发动机工作时是否有高低压油管及接头松动和渗漏等情况。

4）检查车内是否有燃油蒸气气味。

2. 车载自诊断系统诊断

电控燃油喷射系统 ECU 具有自诊断功能，当控制系统出现故障时，应首先利用汽车诊断功能调取存储在 ECU 内的故障码，根据故障码可快速对故障部位做出判断，并进一步排除故障。因此，利用自诊断系统诊断电控点火系统故障，也是最主要的诊断手段。

3. 仪器诊断

仪器诊断是利用一些简单的通用仪器（万用表、示波器等）或一些专用的诊断仪器设备（如发动机综合分析仪、烟雾测试仪、尾气分析仪等），对电控系统故障进行检测、分析和诊断。它可以检测故障元器件性能参数、电路故障、电路信号、传感器及执行元件波形，可以为维修人员提供重要的诊断信息。

4. 数据流分析法

当遇到出现故障而没有故障码的情况时，最为可行的办法就是使用故障诊断仪进行数据流检测，分析电控系统静态或动态数据状况，从而找出故障所在部位。常用数据流分析方法有以下几种：

（1）数值分析法　数值分析是对数据的数值变化规律和变化范围的分析。在电控系统运行时，ECU 以一定的时间间隔不断地接收各传感器传送的输入信号，并向各执行元件发出控制指令，对某些执行元件的工作状态还根据相应传感器的反馈信号加以修正。通过对实际检测数值和标准数值的比较，可以直观地判断故障所在部位。

（2）时间分析法　时间分析是对数据变化的频率和变化周期的分析。ECU 在分析某些数据参数时，不仅要考虑传感器的数值，而且要判断其响应速率，以获得最佳效果。氧传感器的信号分析常采用此法。

（3）因果分析法　因果分析是对相互联系的数据间响应情况和响应速度的分析。各系统的许多控制参数是有因果关系的。ECU 根据得到的一个输入信号发出一个输出控制指令信号，在认为某个过程有问题时可以将这些参数连贯起来观察，以判断故障所在部位。

（4）关联分析法　关联分析是对互为关联的数据间存在的比例关系和对应关系的分析。ECU对故障的判断通常是根据几个相关传感器信号的比较，当发现它们之间的关系不合理时，会给出一个或几个故障码。但并不能判断该传感器不良，而要根据它们之间的相互关系做进一步的检测，才能得到正确的结论。

（5）比较分析法　比较分析是对相同车种及系统在相同条件下的相同数据组进行的分析，在没有足够的详细技术资料和详尽的标准数据，无法很正确地断定某个器件的好坏时采用。此时，可与同类车型或同类系统的数据加以比较。在检修中使用替代法进行判断，也是一种简单的方法，但在替代之前应做一定的基本诊断，在基本确定故障趋势后，再替换被怀疑有问题的器件。对间歇性故障出现瞬间的某个或某几个数据值变化的对比分析可以容易地诊断出故障原因。

三、电控燃油喷射系统故障分析

电控燃油喷射系统故障形式多样，故障现象也多样，总结起来可分为发动机无法起动和运行不稳。对于发动机运行不稳和发动机无法起动的故障，都属于一果多因，要进一步确定是什么原因引起的，可按下面流程进行：

1. 发动机无法起动故障诊断步骤

由电控燃油喷射系统引起的发动机无法起动故障可按图 3-33 所示的诊断步骤进行排除。

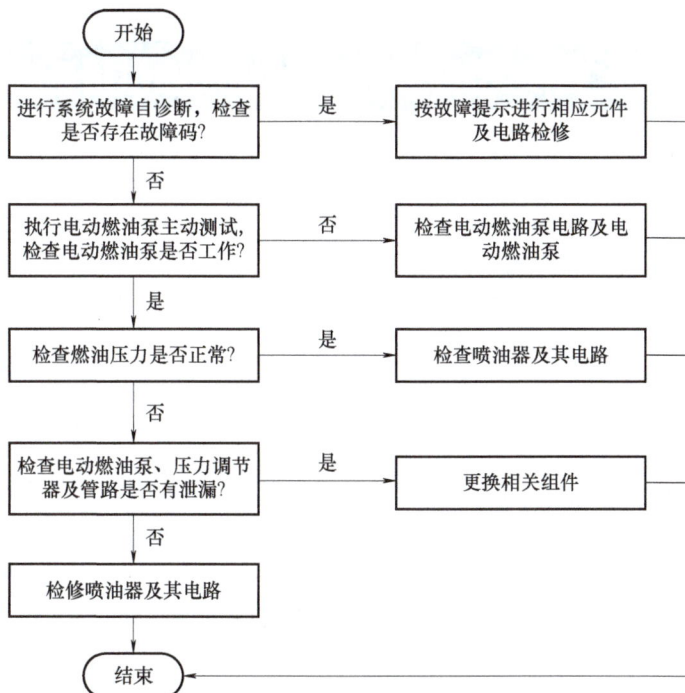

```
              ┌────────┐
              │  开始  │
              └────────┘
                  │
   ┌──────────────────────┐   是  ┌──────────────────────┐
   │ 进行系统故障自诊断，检查 │─────▶│ 按故障提示进行相应元件 │
   │ 是否存在故障码？         │      │ 及电路检修           │
   └──────────────────────┘      └──────────────────────┘
          │ 否
   ┌──────────────────────┐   否  ┌──────────────────────┐
   │ 执行电动燃油泵主动测试， │─────▶│ 检查电动燃油泵电路及电 │
   │ 检查电动燃油泵是否工作？ │      │ 动燃油泵             │
   └──────────────────────┘      └──────────────────────┘
          │ 是
   ┌──────────────────────┐   是  ┌──────────────────────┐
   │ 检查燃油压力是否正常？   │─────▶│ 检查喷油器及其电路    │
   └──────────────────────┘      └──────────────────────┘
          │ 否
   ┌──────────────────────┐   是  ┌──────────────────────┐
   │ 检查电动燃油泵、压力调节 │─────▶│ 更换相关组件         │
   │ 器及管路是否有泄漏？     │      └──────────────────────┘
   └──────────────────────┘
          │ 否
   ┌──────────────────────┐
   │ 检修喷油器及其电路      │
   └──────────────────────┘
          │
      ┌────────┐
      │  结束  │
      └────────┘
```

图 3-33　发动机无法起动故障诊断流程

2. 发动机运行不稳故障诊断步骤

由电控燃油喷射系统引起的发动机运行不稳故障可按图 3-34 所示的诊断步骤进行排除。

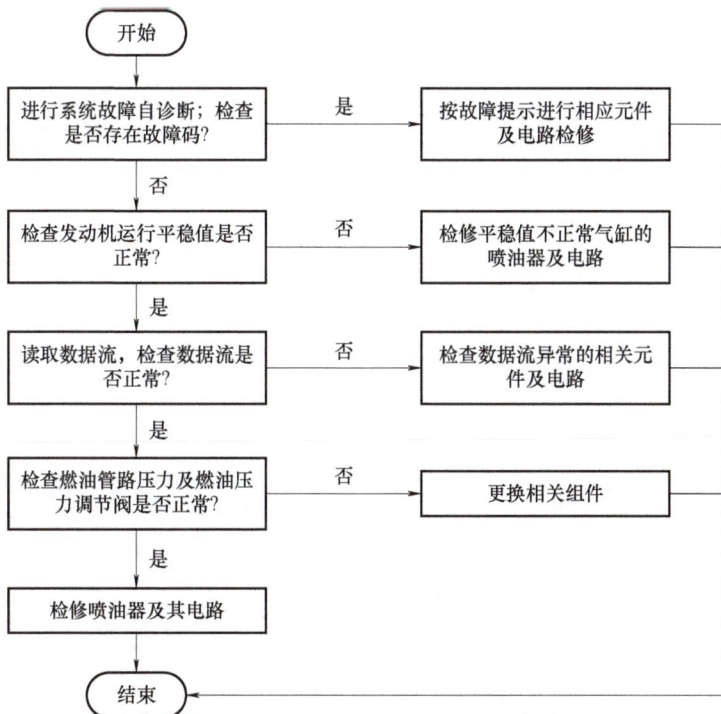

```
              ┌────────┐
              │  开始  │
              └────────┘
                  │
   ┌──────────────────────┐   是  ┌──────────────────────┐
   │ 进行系统故障自诊断；检查 │─────▶│ 按故障提示进行相应元件 │
   │ 是否存在故障码？         │      │ 及电路检修           │
   └──────────────────────┘      └──────────────────────┘
          │ 否
   ┌──────────────────────┐   否  ┌──────────────────────┐
   │ 检查发动机运行平稳值是否 │─────▶│ 检修平稳值不正常气缸的 │
   │ 正常？                 │      │ 喷油器及电路         │
   └──────────────────────┘      └──────────────────────┘
          │ 是
   ┌──────────────────────┐   否  ┌──────────────────────┐
   │ 读取数据流，检查数据流是 │─────▶│ 检查数据流异常的相关元 │
   │ 否正常？               │      │ 件及电路             │
   └──────────────────────┘      └──────────────────────┘
          │ 是
   ┌──────────────────────┐   否  ┌──────────────────────┐
   │ 检查燃油管路压力及燃油压 │─────▶│ 更换相关组件         │
   │ 力调节阀是否正常？       │      └──────────────────────┘
   └──────────────────────┘
          │ 是
   ┌──────────────────────┐
   │ 检修喷油器及其电路      │
   └──────────────────────┘
          │
      ┌────────┐
      │  结束  │
      └────────┘
```

图 3-34　发动机运行不稳故障诊断流程

任务一　更换燃油滤清器及检测燃油供给系统压力

一、任务目的

1）能够独立完成燃油滤清器的更换。

2）能够独立完成燃油供给系统压力的检测。

3）操作中工具仪器使用规范，各部件摆放应干净整齐，符合5S要求。

二、任务准备

1）准备发动机燃油滤清器拆卸工具、燃油压力表、组合工具、扭力扳手和灭火器等。

2）准备磁力护裙、座椅套、转向盘套、变速杆手柄套和脚垫。

3）准备相关车辆及车辆维修手册。

4）拉紧驻车制动器操纵杆，并将变速杆置于空档或驻车档（P位）位置。

5）套上转向盘护套、变速杆手柄套和座位套，铺设脚垫。

6）在车内拉动发动机舱盖手柄，在车外打开并支撑发动机舱盖，粘贴翼子板和前脸磁力护裙。

三、任务步骤

以下操作以卡罗拉1.6L发动机为例进行介绍。

1. 燃油滤清器的更换

（1）更换步骤

1）拆卸后排座椅坐垫总成。

2）拆卸后地板检修孔盖。

3）燃油系统卸压。拔下电动燃油泵熔丝，起动发动机，在发动机自然停止后，将点火开关置于"OFF"位置；再次起动发动机，确认发动机不起动；拆下燃油箱盖并释放燃油箱中的压力。

4）从蓄电池负极端子断开电缆。

5）断开电动燃油泵插头、燃油箱主管和燃油蒸发管总成。

6）拆卸电动燃油泵挡圈。

① 如图3-35所示，用6mm六角套筒扳手将SST安装到电动燃油泵挡圈上，将SST槽口插入电动燃油泵挡圈肋片。

② 如图3-36所示，使SST松开电动燃油泵挡圈；用手固定燃油吸油管总成，以拆下电动燃油泵挡圈。

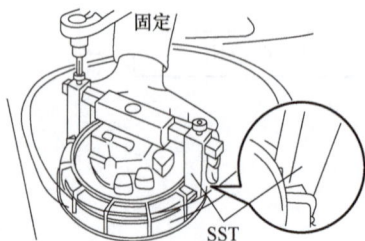

图3-35　燃油滤清器更换（一）　　　　图3-36　燃油滤清器更换（二）

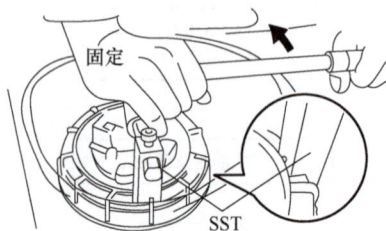

7）拆卸燃油表传感器总成。如图 3-37 所示，断开燃油表传感器总成插接器，从线束上拆下线束保护装置，断开三个线束卡夹，松开锁止，并滑动燃油表传感器总成以将其拆下。

8）拆卸燃油滤清器。

① 如图 3-38 所示，断开电动燃油泵线束插接器。

图 3-37 燃油滤清器更换（三）　　　图 3-38 燃油滤清器更换（四）

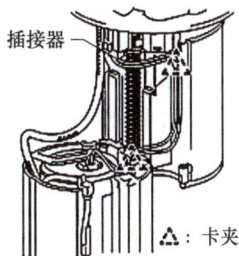

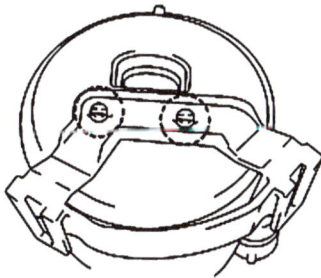

② 如图 3-39 所示，断开两个线束卡夹，断开电动燃油泵滤清器软管。

③ 如图 3-40 所示，用头部缠有保护胶带的螺钉旋具脱开上部两个卡爪。

④ 如图 3-41 所示，脱开下部五个卡爪并拆下吸油管支架，拆下电动燃油泵滤清器和电动燃油泵，并断开电动燃油泵线束。

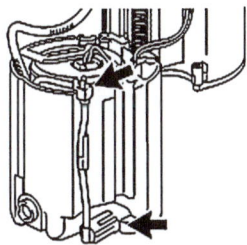

图 3-39 燃油滤清器　　　图 3-40 燃油滤清器　　　图 3-41 燃油滤清器
更换（五）　　　　　　更换（六）　　　　　　更换（七）

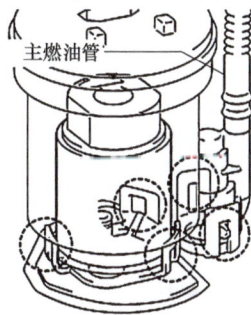

9）安装新的滤清器，按相反的顺序进行装配。

（2）注意事项

1）按要求更换所有的 O 形圈，O 形圈在装配前要涂抹汽油。

2）不要拆解电动燃油泵和燃油滤清器，因为它们是不可重复使用的零件。

3）注意做好后座区的防护，不要让汽油溅出，以免客户投诉。

2. 燃油供给系统压力的检测

（1）操作步骤

1）燃油供给系统卸压。断开电动燃油泵插头或熔丝后起动发动机，在发动机自然停止后，关闭点火开关。

2）断开蓄电池负极电缆。

3）从主燃油管上断开燃油软管。

4）将燃油压力表接入管路内。

5）将蓄电池负极电缆接上。

6）起动发动机测量燃油压力。燃油压力标准值为 0.4～0.7MPa，如果燃油压力大于标准值，更换燃油压力调节器。如果燃油压力小于标准值，检查燃油软管、电动燃油泵、燃油滤清器和燃油压力调节器。

7）关闭发动机，检查并确认燃油压力在发动机停止 5min 后是否能保持在 0.3MPa 或更高，如果燃油压力不符合规定，则检查电动燃油泵或喷油器。

（2）注意事项

1）检查和维修燃油供给系统前，将电缆从蓄电池负极端子上断开。

2）对燃油供给系统进行操作时，严禁吸烟或靠近明火。

3）拆卸任何燃油供给系统零件之前，进行燃油供给系统卸压，断开燃油管路时，用棉丝抹布或一块布盖住，以防燃油喷出或涌出。

4）不要损坏已断开的油管或插接器，套上塑料袋以防止异物进入。

四、任务评价

实训任务单 3-1

实训任务：更换燃油滤清器及检测燃油供给系统压力		
姓名：	班级：	学号：
实训车型：	VIN：	

1. 燃油滤清器的更换（45 分）
记录燃油滤清器更换的流程及注意事项。
1）流程：

2）注意事项：

2. 燃油供给系统压力的检测（45 分）
记录燃油压力测量的流程、数据及注意事项。
1）流程：

2）数据：
燃油压力测量值：

燃油压力保持值：

3）注意事项：

4）结果分析：

操作过程 5S 要求（10 分）：

问题留言：

实训成绩：　　　　　　　　　　　指导老师签名：

任务二　燃油供给系统主要部件检修

一、任务目的

1）能够独立完成电动燃油泵及控制电路的检查。

2）能够独立完成喷油器及控制电路的检查。

3）操作中工具仪器使用规范，各部件摆放应干净整齐，符合 5S 要求。

二、任务准备

1）准备解码器、示波器、万用表、组合工具、扭力扳手和灭火器等。

2）准备磁力护裙、座椅套、转向盘套、变速杆手柄套和脚垫。

3）准备相关车辆及车辆维修手册。

4）拉紧驻车制动器操纵杆，并将变速杆置于空档或驻车档（P 位）位置。

5）套上转向盘护套、变速杆手柄套和座位套，铺设脚垫。

6）在车内拉动发动机舱盖手柄，在车外打开并支撑发动机舱盖，粘贴翼子板和前脸磁力护裙。

三、任务步骤

以下操作以卡罗拉 1.6L 发动机为例进行介绍。

1. 电动燃油泵及控制电路的检查

电动燃油泵控制电路如图 3-42 所示，其电路为：蓄电池正极→IG2 熔丝→IG2 继电器→电动燃油泵继电器→电动燃油泵→搭铁。发动机控制单元 ECM 控制电动燃油泵继电器的接通和断开，从而控制电动燃油泵工作。

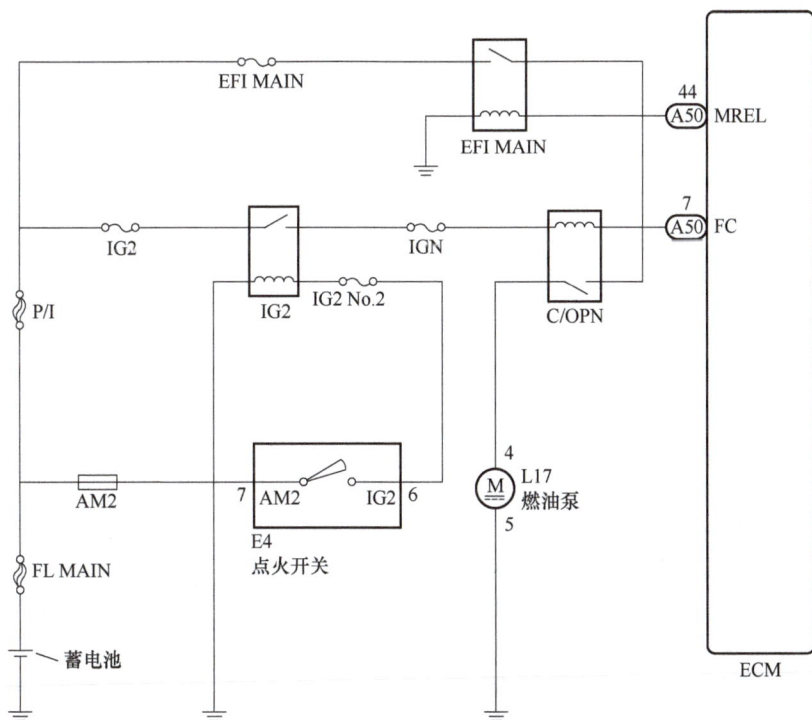

图 3-42　电动燃油泵控制电路

（1）电动燃油泵主动测试　电动燃油泵主动测试的功能可以用来判断电动燃油泵及其控制电路的工作是否正常，在检测仪上执行主动测试时，检查是否出现电动燃油泵工作的声音。如果燃油出现电动燃油泵工作的声音，则说明电动燃油泵及其电路能够工作。如果电动燃油泵不工作，可通过电动燃油泵及其电路检查进行诊断。

（2）电动燃油泵电路检查　电动燃油泵控制电路可按如下方法依次检查：

1）断开电动燃油泵插接器。

2）用万用表测量电动燃油泵插接器两端子之间的电压。标准值为：当点火开关打开瞬间或起动发动机时测量电压，标准值为 10~14V。如果电压值正常，则检查电动燃油泵；如果电压不正常，则检查电动燃油泵供电及控制电路。

3）检查电动燃油泵熔丝。从仪表板接线盒上拆下 IGN 熔丝，测量熔丝阻值是否正常，标准值应小于 1Ω，如果不符合规定，则更换熔丝。

4）检查电动燃油泵继电器。根据电路图，按表 3-2 所示要求检查电动燃油泵继电器，如果不符合规定，则更换继电器。

表 3-2　电动燃油泵继电器检查表

测量端子	检测条件	规定状态
2A-8 与 2B-11	始终	10kΩ 或更大
	在端子 2B-10 与 2F-4 上施加蓄电池电压	小于 1Ω

5）检查连接电路。根据卡罗拉乘用车电路图，按表 3-3 所示要求检查电动燃油泵连接电路是否有故障。

表 3-3　电动燃油泵连接电路检查表

测量端子	检测条件	规定状态
2B-10 与 A50-7（FC）	始终	小于 1Ω
2B-10 或 A50-7（FC）与车身搭铁	始终	10kΩ 或更大
2B-11 与 1B-4	始终	小于 1Ω
2B-11 或 1B-4 与车身搭铁	始终	10kΩ 或更大
2A-8 与 L17-4	始终	小于 1Ω
2A-8 或 L17-4 与车身搭铁	始终	10kΩ 或更大
L17-5 与车身搭铁	始终	小于 1Ω

（3）电动燃油泵电阻检查　电动燃油泵可通过测量电阻的方法检查其好坏，用万用表测量电动燃油泵阻值，在常温下，标准阻值为 0.2~3.0Ω。

（4）电动燃油泵工作电流检查　用示波器通过电流钳测量电动燃油泵工作时的电流，与无故障车型进行对比，可判断电动燃油泵由于卡滞导致的供油系统故障。

2. 喷油器及控制电路的检查

喷油器控制电路如图 3-43 所示，其电路为：蓄电池正极→IG2 熔丝→IG2 继电器→喷油器→发动机控制单元 ECM。发动机控制单元 ECM 控制喷油器的搭铁回路，从而控制喷油器工作。

（1）就车诊断喷油器的工作情况　使发动机怠速运转，用螺钉旋具或听诊器测试各缸喷油器工作的声音。若各缸喷油器工作的声音清脆均匀，说明各缸喷油器工作正常。若听不到某缸喷油器工作的声音，则应测量该喷油器的电磁线圈电阻及检查喷油器控制电路。

（2）喷油器波形检查　根据 ECU 内部控制喷油器电路的开关晶体管类型不同，喷油器波形有 PNP 型和 NPN 型。NPN 型常见的有饱和开关型、峰值保持型和波许峰值保持型等三种，如图 3-44 所示。用示波器测量喷油器两端的波形，与标准波形对比，如果与标准波形不一致则可判断喷油器或喷油器控制电路有故障。

1）饱和开关型标准波形如图 3-44a 所示，喷油器不喷油时电路为高电位，即蓄电池 12V 电压，喷油器喷油时电路为低电位，即 0V。当 ECU 使喷油器搭铁电路接通时，喷油器开始喷油，此时波形幅值应垂直向下至 0V 电位线。脉冲宽度为喷油器喷油时间，应为水平线。正常喷油时间会随着驾驶条件和氧传感器输出信号的变化而变化。当 ECU 使喷油器断开电路时，喷油器停止喷油，

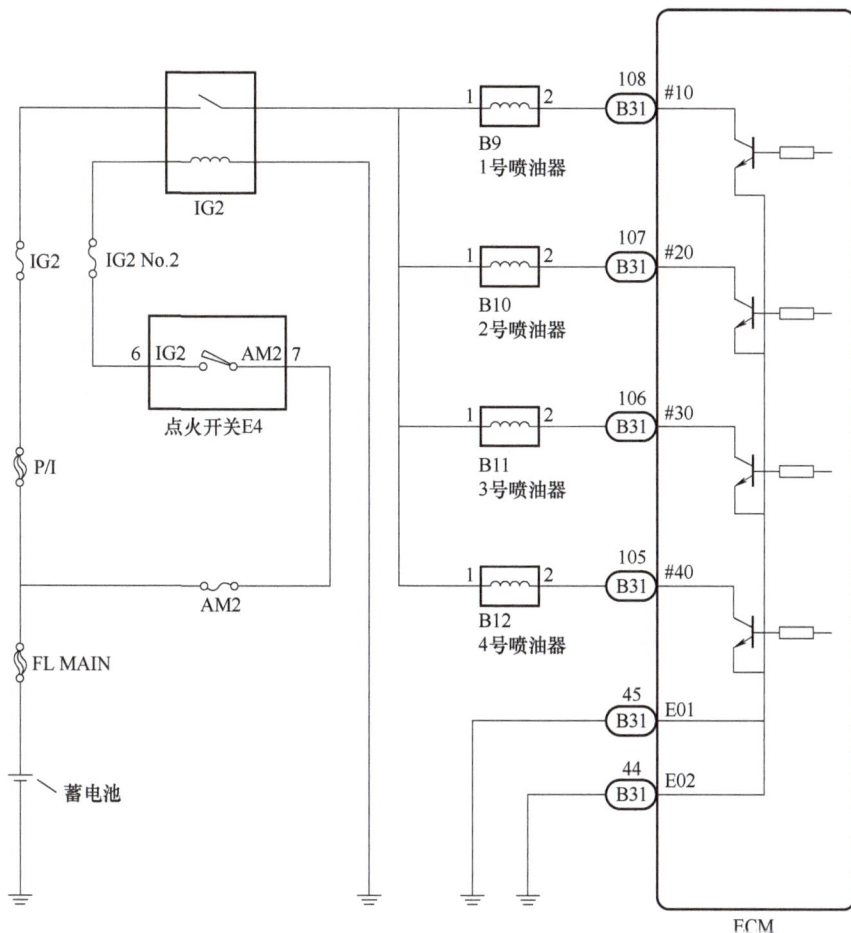

图 3-43　喷油器控制电路

此时波形幅值应垂直向上，由于喷油器线圈的磁场衰减而产生一个较高的峰值，一般正常断开峰值电压范围是 30～100V，随后波形迅速呈 12V 水平电位线。

2）峰值保持型标准波形如图 3-44b 所示。喷油器不喷油电路为高电位，即蓄电池 12V 电压，喷油器喷油时波形为低电位，即 0V。ECU 用较大的电流打开喷油器针阀时，用较小电流使针阀保持开启状态。在电流切换时，将引起喷油器磁场的突变，于是产生一个电压尖峰。当完全断开搭铁电路而停止喷油时，则会再产生一个电压尖峰。在发动机工作时，一般从信号开启到第一个尖峰的时间与喷油时间无关，而两个尖峰之间的时间随发动机的加减速应不断变化。

3）波许峰值保持型标准波形如图 3-44c 所示。喷油器不喷油电路为高电位，即蓄电池 12V 电压，喷油器喷油时波形为低电位，即 0V。ECU 用较大电流打开喷油器针阀，ECU 通过高速脉冲开关电路来减小电流。波形中出现两个尖峰，第一个尖峰是在脉冲电路接通瞬间产生的，第二个尖峰是在脉冲电路断开的瞬间产生的。测试时，要观察脉冲波形幅值、频率、形状和脉宽等是否一致。

4）PNP 型标准波形如图 3-44d 所示。PNP 型喷油器的脉冲电压是在一个搭铁状态下触发喷油器开关的，所以喷油时电压突变尖峰的方向与其他类型的相反，这种类型喷油器常见于克莱斯勒车系中。

（3）喷油器电阻检查　喷油器可通过测量电阻的方法检查其好坏，用万用表测量喷油器阻值，在常温下，其标准阻值为 11.6～12.4Ω。

（4）喷油器电路检查

1）检查供电电路。从仪表板接线盒上拆下 IGN 熔丝，测量熔丝阻值是否正常，标准值应小于

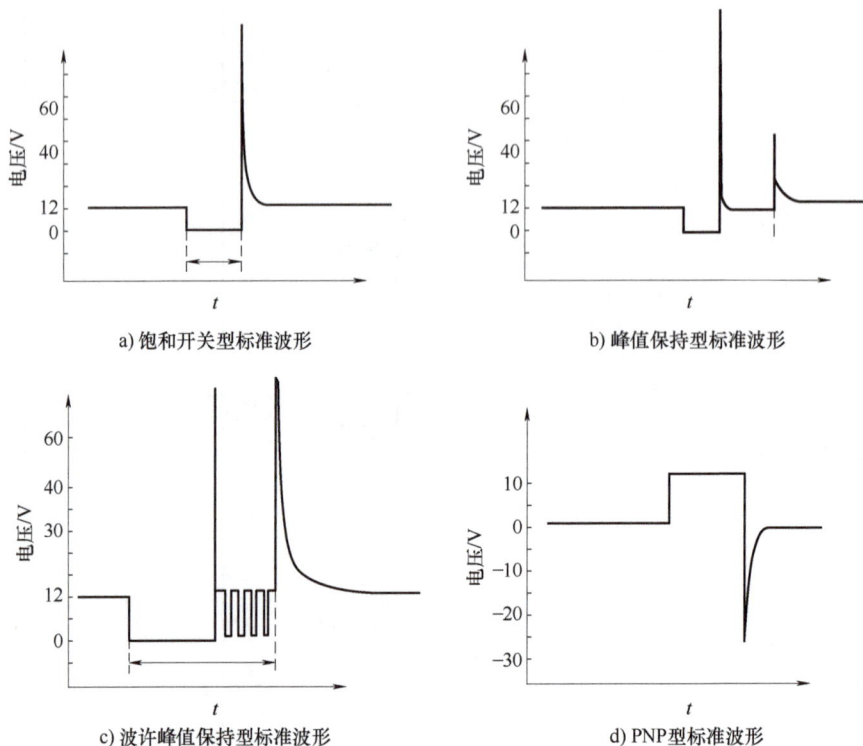

a) 饱和开关型标准波形

b) 峰值保持型标准波形

c) 波许峰值保持型标准波形

d) PNP型标准波形

图3-44　喷油器波形

1Ω，如果不符合规定，则更换熔丝。

2）检查连接电路。断开喷油器连接与发动机 ECU 连接线束，根据电路图检查电路是否存在断路或短路。一根导线电阻的标准值应该小于 1Ω，如果电阻值为∞，则说明该导线断路。线与线之间电阻值的标准值应为∞，否则说明电路之间存在短路。

（5）喷油量检查　喷油器的喷油量检查可在专用设备上进行，也可用导线让蓄电池直接给喷油器通电，并用量杯检查喷油器的喷油量。每个喷油器应重复检查 2～3 次，各缸喷油器的喷油量和均匀度应符合标准。各车型喷油器的喷油量和均匀度标准不同，一般喷油量为 50～70mL/15s，各缸喷油器的喷油量相差不超过 10%，否则应清洗或更换喷油器。同时，观察燃油从喷孔喷出的形状，应为 35°左右的圆锥雾状。

（6）喷油器密封性检查　喷油器密封性检查可在专用设备上进行，在检测喷油量之前，直接给电动燃油泵通电工作，油压达到正常时，观察喷油器有无滴漏现象。也可将喷油器和输油管从安装位置上拆下，再与燃油系统悬空连接好，打开点火开关，让电动燃油泵通电工作，观察喷油器有无滴漏现象。一般，若 2min 内喷油器滴油不超过 1 滴，说明喷油器密封性良好，否则应更换喷油器。

注意：低阻喷油器不能直接与蓄电池连接，必须串联一个 8～10Ω 的附加电阻。同时要求作业环境要通风，避免烟火。

（7）清洗喷油器　喷油器清洗可分为超声波清洗方法和简易清洗方法。

1）超声波清洗方法。按说明书的要求把喷油器放入超声波清洗仪中，调整好时间（10～20min），按"开始"键进行清洗。

2）简易清洗方法。将喷油器进油口与喷油器清洗剂出口连接，利用蓄电池驱动喷油器，压开喷油器清洗剂出口，反复清洗。清洗喷油器时，应注意以下几点：

① 清洗剂是易燃品，清洗作业应在空气流通的地方进行。

② 利用蓄电池驱动喷油器易产生火花，应将喷油器与蓄电池隔开。

③ 低阻抗的喷油器应串联电阻，以防烧坏喷油器线圈。

④ 废旧清洗液应环保化处理。

四、任务评价

实训任务单 3-4

实训任务：燃油供给系统主要部件检修		
姓名：	班级：	学号：
实训车型：	VIN：	

1. 电动燃油泵及控制电路的检修（50 分）

1）电动燃油泵执行元件测试：

是否听到电动燃油泵工作运转的声音：

2）电动燃油泵电路检查：

测 量 点	测 量 值	测 量 点	测 量 值

3）电动燃油泵继电器检修：

继电器线圈电阻值：

给线圈两端连接 12V 电源，用万用表测量触点两端的电阻值：

4）电动燃油泵电阻检查：

用万用表测量电动燃油泵电阻值：

5）电动燃油泵电流检查：

用示波器的电流钳功能测量电动燃油泵的工作电流值：

2. 喷油器及控制电路的检查（40 分）

1）喷油器的就车诊断：

用听诊器测试各缸喷油器的工作声音是否正常：

2）检查喷油器电阻：

用万用表测量喷油器的电阻值：

3）喷油器信号波形：

用示波器测量喷油器的波形：

4）喷油器电路：

测 量 点	测 量 值	测 量 点	测 量 值

操作过程 5S 要求（10 分）：

问题留言：

实训成绩：　　　　　　　　　　　　　　　　　　　　　指导老师签名：

任务三　　电控燃油喷射系统主要部件检修

一、任务目的

1）能够独立完成电控燃油喷射系统故障码及数据流的读取。

2）能够独立完成曲轴传感器、凸轮轴传感器、燃油压力传感器及氧传感器的检修。

3）操作中工具仪器使用规范，各部件摆放应干净整齐，符合5S要求。

二、任务准备

1）准备万用表、示波器、解码器和组合工具等。

2）准备磁力护裙、座椅套、转向盘套、变速杆手柄套和脚垫。

3）准备相关车辆及车辆维修手册。

4）拉紧驻车制动器操纵杆，并将变速杆置于空档或驻车档（P位）位置。

5）套上转向盘护套、变速杆手柄套和座位套，铺设脚垫。

6）在车内拉动发动机舱盖手柄，在车外打开并支撑发动机舱盖，粘贴翼子板和前脸磁力护裙。

三、任务步骤

以下操作以宝马N20发动机为例进行介绍。

1. 故障自诊断

1）读取故障码。电控燃油喷射系统ECU具有自诊断功能，能够将发动机工作过程中发生的故障以故障码形式存储起来，可通过专用检测仪读取故障码，故障码见表3-5。

表3-5　电控燃油喷射系统故障码表

故障码	故障部位
P1648	数据总线损坏
P1392	凸轮轴位置传感器断路/对正极短路
P1340	曲轴位置传感器/凸轮轴位置传感器分布位置错误
P1256	冷却液温度传感器断路/对正极短路
P1193	燃油压力传感器断路/对正极短路
P1042	喷油器电路故障
P1111	氧传感器检测混合气太稀薄
P1072	氧传感器加热器控制电路故障
P1023	燃油压力调节器对搭铁短路
P0654	发动机转速输出信号电路故障
P1610	发动机控制模块故障

2）读取数据流。用解码器读取传感器和执行元件的数据流，与表3-6所示的标准值进行对比，如果数据流与标准值不同，则可以判断相关组件有故障。

表3-6　电控燃油喷射系统数据流表

检查项目	标准值	检测条件
冷却液温度	−40 ~ 130℃	在点火开关接通
发动机转速	680 ~ 720r/min	急速运转
燃油低压压力	0.6 ~ 1MPa	急速运转
燃油高压压力	5 ~ 20MPa	急速运转
电动燃油泵状态	接通	急速运转
电动燃油泵控制信号	30 ~ 60L/h	急速运转
前氧传感器电压	1.5V	急速运转
前氧传感器状态	接通（闭环监控） 断开（开环）	急速运转
后氧传感器电压	0.1 ~ 0.8V	急速运转
后氧传感器状态	接通（闭环监控） 断开（开环）	急速运转
空气质量	11 ~ 16kg/h	急速运转

2. 曲轴位置传感器的检查

曲轴位置传感器的电路如图3-45所示，此传感器为三线霍尔式的传感器，U_KWG为传感器5V供电、P_KWG为传感器信号、M_KWG为传感器搭铁。

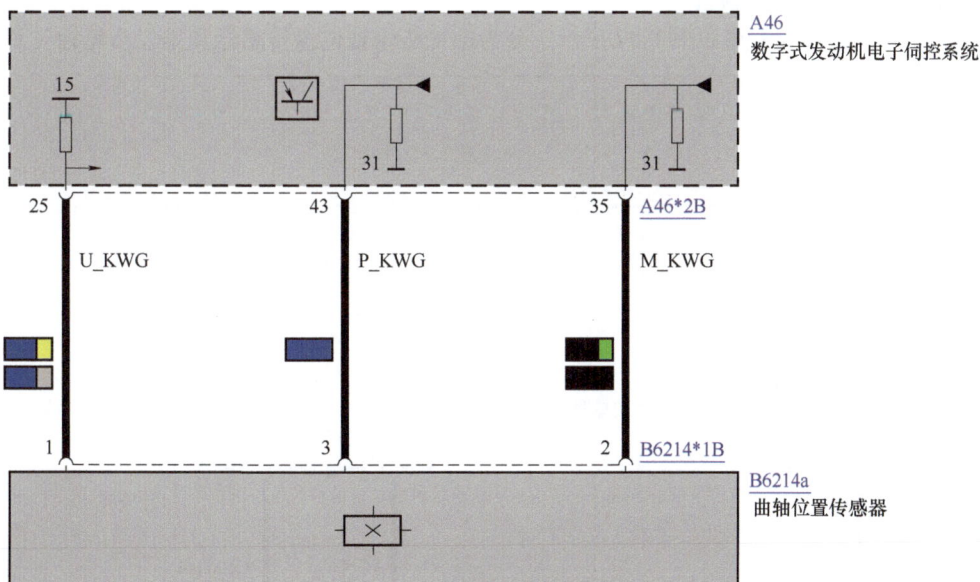

图3-45　曲轴位置传感器的电路

（1）波形检查　用示波器测量曲轴位置传感器的波形，标准波形如图3-46所示，如果波形与标准波形不符，则说明传感器或电路有故障。

（2）电路检查　打开点火开关，在电路连接的情况下用万用表对传感器供电和搭铁线电压进行检查，供电电路电压标准为5V，搭铁电压标准为接近0V，如果测量结果与标准不符，可将传感器与ECU的连接电路断开，按表3-7所示的要求对电路电阻进行测量。

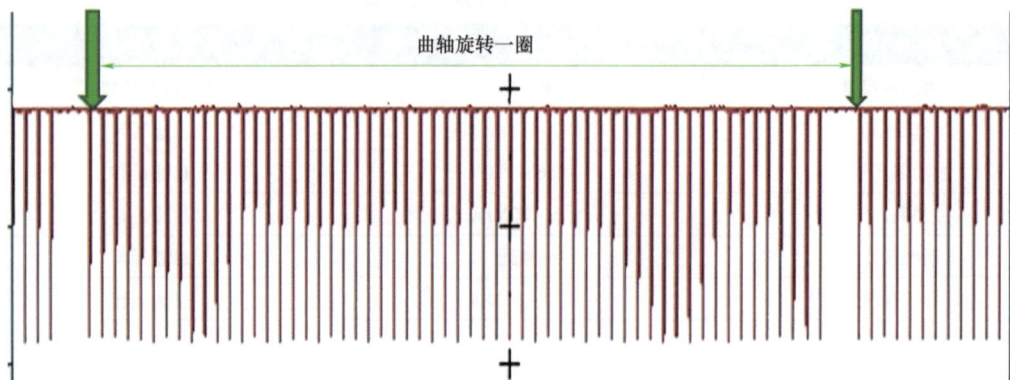

图 3-46　曲轴位置传感器的波形

表 3-7　曲轴位置传感器电路测量表

测　量　端　子	标　准　值	测　量　条　件
1 与 25	小于 1Ω	始终
3 与 43	小于 1Ω	始终
2 与 35	小于 1Ω	始终
1 与 2	∞	始终
2 与 3	∞	始终
1 与 3	∞	始终

3. 凸轮轴位置传感器的检查

凸轮轴位置传感器的电路如图 3-47 所示，分为进气凸轮轴位置传感器和排气凸轮轴位置传感

图 3-47　凸轮轴位置传感器的电路

器。每个传感器均为三线霍尔式的传感器，与曲轴位置传感器基本相同。下面以进气凸轮轴位置传感器检查为例进行介绍。

（1）信号波形检查　用示波器测量进气凸轮轴位置传感器信号波形，标准波形如图3-48所示，如果波形与标准波形不符，则说明传感器或电路有故障。同时，也可以通过同时测量凸轮轴位置传感器和曲轴位置传感器波形对发动机正时进行判断，如图3-49所示，同款发动机凸轮轴位置传感器和曲轴位置传感器同步波形应该一样，否则说明正时有问题。注意在进行凸轮轴位置传感器和曲轴位置传感器同步波形测量时，应让配气正时调节装置退出工作状态。

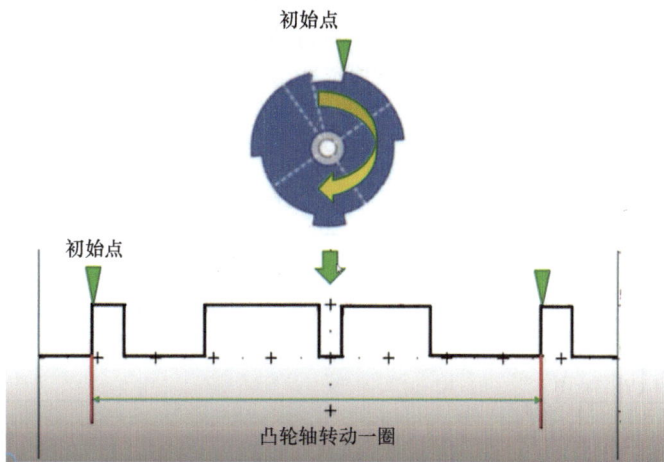

图3-48　凸轮轴位置传感器信号波形

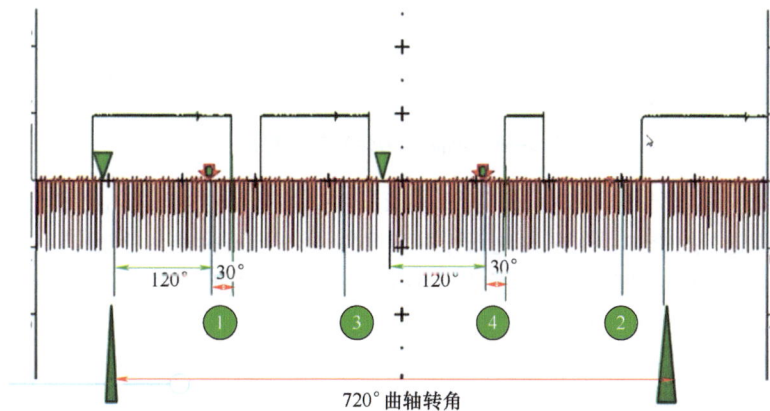

图3-49　凸轮轴位置传感器与曲轴位置传感器同步波形

（2）电路检查　打开点火开关，在电路连接的情况下用万用表对传感器供电和搭铁线电压进行检查，供电电路电压标准为5V，搭铁电压标准为接近0V，如果测量结果与标准不符，可将传感器与ECU的连接电路断开，按表3-8所示的要求对电路电阻进行测量。

表3-8　凸轮轴位置传感器电路测量表

测量端子	标准值	测量条件
1与16	小于1Ω	始终
3与27	小于1Ω	始终
2与30	小于1Ω	始终
1与2	∞	始终
2与3	∞	始终
1与3	∞	始终

4. 燃油压力传感器的检查

燃油压力传感器的电路如图3-50所示。燃油压力传感器采用应变仪进行压力测量，当施加压力时，传感器中装有应变仪的金属膜会发生变形。应变仪的电阻变化将通过一个测量电桥，以电子方式进行记录并分析。然后，测得的电压作为实际值输入油轨压力控制中。油轨压力传感器通过一个 3 芯插头进行连接。该传感器由发动机电控系统提供 5V 的电压。

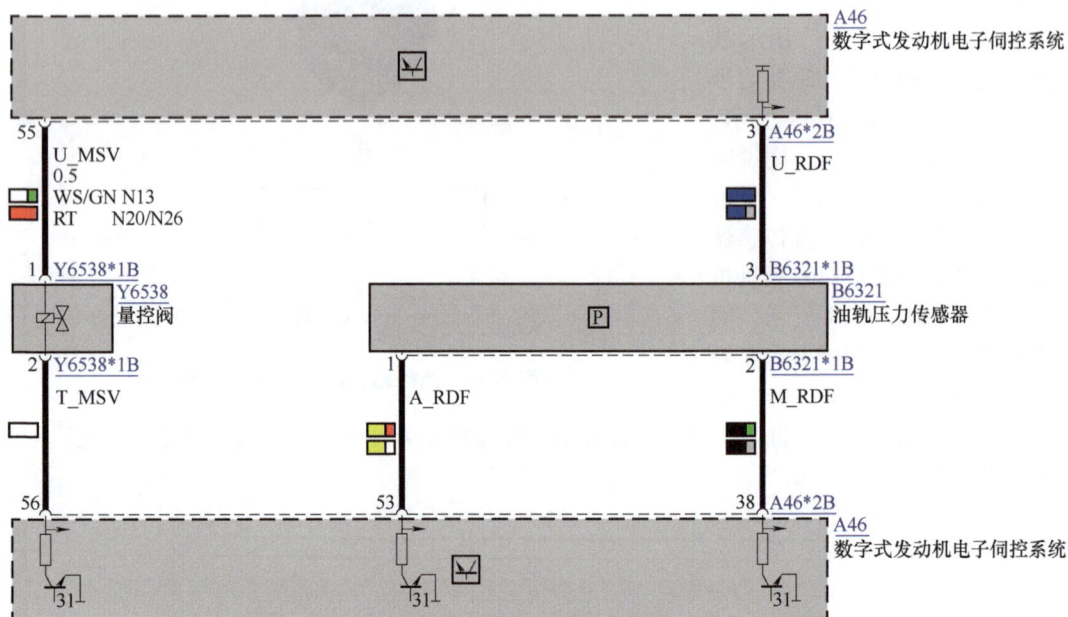

图 3-50　燃油压力传感器的电路

（1）燃油压力传感器信号电压检查　打开点火开关，在电路连接的情况下用万用表对传感器供电和搭铁线电压进行检查，供电电路电压标准为 5V，搭铁电压标准为接近 0V。当发动机怠速运行时，用万用表对信号电压进行测量，参考图 3-51 所示的特性曲线进行对比，电压范围为 0.5 ～ 4.5V，对应于压力范围为 0 ～ 25MPa。

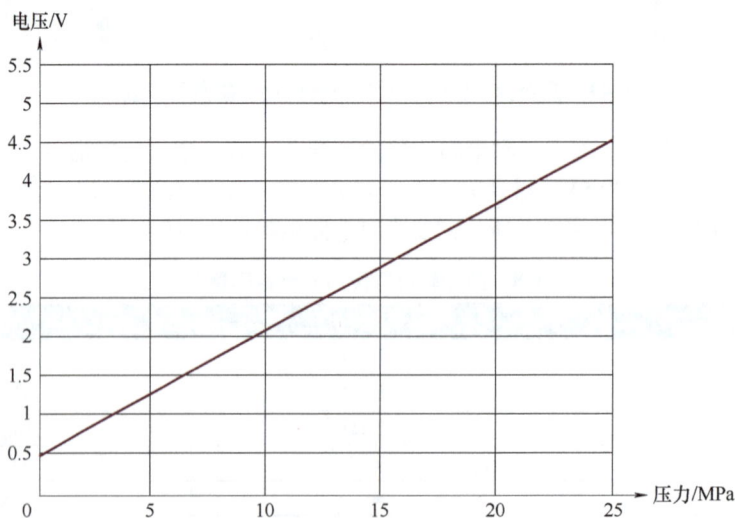

图 3-51　燃油压力传感器特性曲线

（2）电路电阻检查　如果电压测量结果与标准不符，可将传感器与 ECU 的连接电路断开，对电路电阻进行测量。按表 3-9 所示的要求对电路电阻进行测量。

表 3-9　燃油压力传感器电路测量表

测　量　端　子	标　准　值	测　量　条　件
1 与 53	小于 1Ω	始终
3 与 3	小于 1Ω	始终
2 与 38	小于 1Ω	始终
1 与 2	∞	始终
2 与 3	∞	始终
1 与 3	∞	始终

5. 氧传感器的检查

氧传感器的电路如图 3-52 所示，前后氧传感器各一个加热器，发动机通过占空比信号控制加热器的工作。前氧传感器 M_LSV 为虚拟搭铁，A_LSVR 为参考室信号，A_LSVP 为泵电流信号。

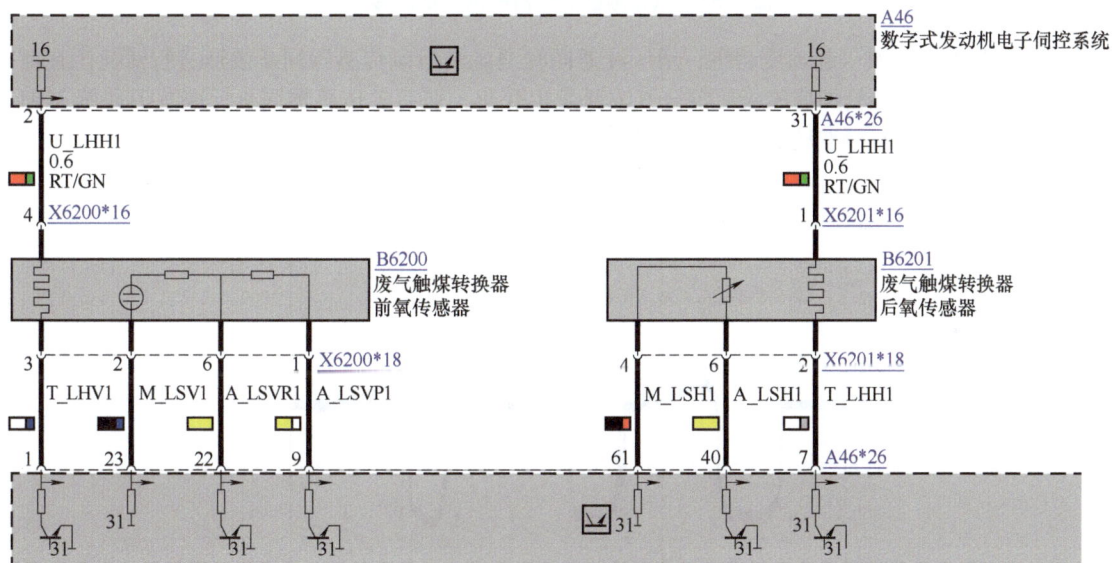

图 3-52　氧传感器的电路

（1）氧传感器外观颜色的检查　从排气管上拆下氧传感器，检查传感器外壳上的通气孔有无堵塞，陶瓷芯有无破损。如有破损，则应更换氧传感器。通过观察氧传感器顶尖部位的颜色也可以判断故障：

1）淡灰色顶尖。这是氧传感器的正常颜色。

2）白色顶尖。由硅污染造成的，此时必须更换氧传感器。

3）棕色顶尖。由铅污染造成的，如果严重，必须更换氧传感器。

4）黑色顶尖。由积炭造成的，在排除发动机积炭故障后，一般可以自动清除氧传感器上的积炭。

（2）氧传感器加热器电阻的检查　拔下氧传感器线束插头，用万用表电阻档测量氧传感器加热器的电阻，其阻值为 4～40Ω。如不符合标准，应更换氧传感器。

（3）加热器控制波形检查　用示波器测量氧传感器加热器的波形，标准波形如图 3-53 所示，如果与标准波形不同，则说明氧传感器加热装置或电路有故障。

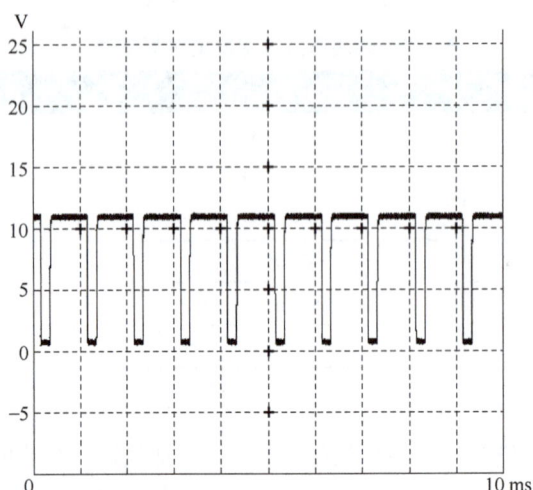

图 3-53　氧传感器加热器控制标准波形

（4）信号波形检查　起动发动机，用示波器同时测量前后氧传感器同步波形进行对比，在测量过程中通过急踩和急松加速踏板使混合气浓稀发生变化，前后氧传感器同步标准波形如图 3-54 所示。如果前后氧波与标准波形不同步，则说明氧传感器有故障。

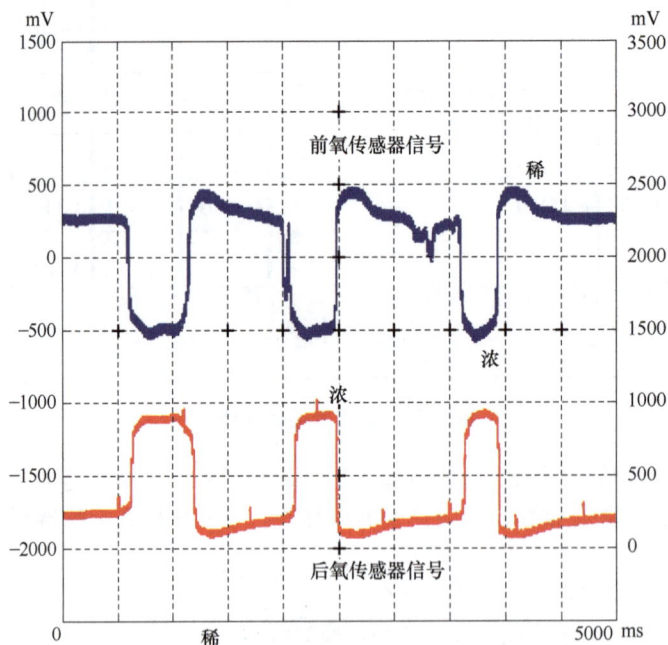

图 3-54　前后氧传感器同步标准波形

（5）氧传感器信号电压检查

1）前氧传感器信号电压检查。用万用表测量前氧传感器电压，与表 3-10 所示的标准值进行比较，如果与标准值不符，则说明前氧传感器或电路有故障。注意在测量时要起动发动机并预热至正常工作温度，让氧传感器进入工作状态。

表 3-10　前氧传感器信号标准电压表

端 子 名 称	标 准 值/V	测量条件
M_LSV	2	发动机怠速
A_LSVR	2. 45	发动机怠速
A_LSVP	1. 5 ~ 2. 5	发动机怠速

2）后氧传感器信号电压检查。将发动机热车至正常工作温度（或起动后以 2500r/min 的转速运转 2min），用万用表测量后氧传感器的电压，电压标准值在 0 ~ 1V 范围内来回波动，并在 10s 内反馈电压的变化次数应不少于 8 次。如果少于 8 次，则说明氧传感器灵敏度降低。对此，应让发动机以 3000r/min 的转速运转约 2min，以清除氧传感器表面的积炭，然后再检查反馈电压。如果在清除积炭后电压表指针变化依旧缓慢，则说明氧传感器损坏，或 ECU 反馈控制电路有故障。

（6）电路检查　断开 ECU 和氧传感器插接器，根据电路图用万用表测量氧传感器和 ECU 电路是否存在断路或短路，检查标准见表 3-11。

表 3-11　氧传感器电路检查表

测量端子	标 准 值/Ω	测量条件
A46 ＊2B 2 号端子与 B6200 ＊1B 4 号端子	小于 1	始终
A46 ＊2B 1 号端子与 B6200 ＊1B 3 号端子	小于 1	始终
A46 ＊2B 23 号端子与 B6200 ＊1B 2 号端子	小于 1	始终
A46 ＊2B 2 号端子与 B6200 ＊1B 6 号端子	小于 1	始终
A46 ＊2B 9 号端子与 B6200 ＊1B 1 号端子	小于 1	始终
A46 ＊2B 7 号端子与 B6201 ＊1B 2 号端子	小于 1	始终
A46 ＊2B 31 号端子与 B6201 ＊1B 1 号端子	小于 1	始终
A46 ＊2B 40 号端子与 B6201 ＊1B 6 号端子	小于 1	始终
A46 ＊2B 61 号端子与 B6201 ＊1B 4 号端子	小于 1	始终

6. ECU 的检测

（1）注意事项　在用万用表对 ECU 端子检测时，应注意以下事项：

1）在检测之前，应先检查各熔断器、熔丝及有关的线束插接器是否良好。

2）蓄电池电压应不低于 11V，蓄电池电压过低会影响测量结果。

3）必须使用高阻抗（大于 10MΩ/V）的万用表，最好使用汽车专用万用表进行检测。

4）必须在线束插接器处于连接状态时测量 ECU 相应端子间的电压，尽可能使用专用适配器与测量盒，如果用插针，应从线束插头的导线侧插入。

5）不可在拆开线束插接器的状态下直接测量 ECU 端子间的电阻，否则会损坏 ECU。

6）连接 ECU 线束插头时，将拨杆推到底，以便可靠地锁紧。从 ECU 上连接或断开针状端子时，不要损坏针状端子，要确认 ECU 上的针状端子没有弯曲或断裂。

7）使用示波器测量 ECU 信号时，不要使测试笔搭接，表笔的意外搭接将会导致短路，损坏 ECU 内功率晶体管。

（2）ECU 各端子间的电压检测　各车型的 ECU 插接器及端子不尽相同，宝马 N20 发动机 ECU 插接器如图 3-55 所示。ECU 上

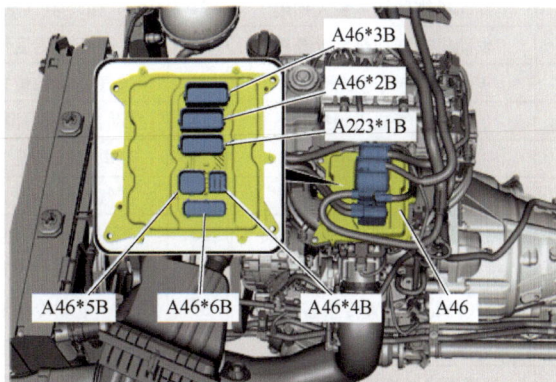

图 3-55　宝马 N20 发动机 ECU 插接器

连接有六个插接器，A46 * 1B 插接器为总线连接，A46 * 1B 2B 和 A46 * 1B 3B 插接器为传感器和执行元件连接，A46 * 1B 4B 插接器为电子气门控制系统连接，A46 * 1B 5B 插接器为供电连接，A46 * 1B 6B 插接器为点火和喷油控制连接。各插接器的端子含义见表 3-12 ~ 表 3-17。

表 3-12　A46 * 2B 插头上的端子布置

端子号码	含　义	端子号码	含　义	端子号码	含　义
1	前氧传感器信号	20	油压调节阀控制	37	进气压力传感器搭铁
2	前氧传感器供电	21	减压装置阀门压力变换器控制	38	油轨压力传感器供电
3	油轨压力传感器供电			39	电动节气门调节器
4	电动节气门调节器供电	22	前氧传感器	40	后氧传感器
5	油压调节阀供电	23	前氧传感器搭铁	41	油位传感器信号
6	油位传感器供电	24	进气温度传感器/增压压力传感器搭铁	42	电动节气门调节器搭铁
7	后氧传感器			43	曲轴位置传感器
9	前氧传感器	25	曲轴位置传感器供电	45	减压装置阀门压力变换器供电
10	进气温度传感器/增压压力传感器	26	进气温度传感器/增压压力传感器供电		
11	进气压力传感器	27	空档传感器供电	50	电动节气门调节器信号
12	进气温度传感器/增压压力传感器	28	未占用	51	后氧传感器搭铁
		29	零档传感器搭铁	52	文丘里喷油器压力传感器信号
13	爆燃传感器 2	30	油位传感器搭铁		
14	爆燃传感器 2	31	后氧传感器供电	53	油轨压力传感器
15	爆燃传感器 1	32	局域互联网总线信号	54	零档传感器
16	爆燃传感器 1	35	曲轴位置传感器搭铁	55	量控阀供电
18	文丘里喷油器压力传感器供电	36	文丘里喷油器压力传感器搭铁	56	量控阀控制
				57	电动节气门调节器
				58	电动节气门调节器

表 3-13　A46 * 3B 插头上的端子布置

端子号码	含　义	端子号码	含　义	端子号码	含　义
1	发动机排气加热装置供电	21	循环空气减压阀供电	42	发动机油压力温度传感器信号
2	发动机排气加热装置搭铁	25	冷却液温度传感器搭铁	43	热膜式空气流量传感器信号
4	VANOS 进气电磁阀控制	27	进气凸轮轴位置传感器供电	44	排气凸轮轴位置传感器信号
5	循环空气减压阀控制	28	发动机油压力温度传感器供电	46	特性线节温器供电
7	油箱排气阀控制	29	电气减压装置阀门供电	49	油箱排气阀供电
9	VANOS 排气电磁阀控制	30	进气凸轮轴位置传感器搭铁	50	电气减压装置阀门传感器搭铁
12	热膜式空气流量传感器搭铁	33	VANOS 进气电磁阀供电	52	电气减压装置阀门传感器信号
14	排气凸轮轴位置传感器搭铁	34	VANOS 排气电磁阀供电	54	冷却液温度传感器
16	进气凸轮轴位置传感器信号	35	电动冷却液泵控制	55	电气减压装置阀门控制
17	局域互联网总线信号	37	特性线节温器控制	56	电气减压装置阀门控制
20	热膜式空气流量传感器供电	41	发动机油压力温度传感器搭铁	58	发动机油压力温度传感器供电

表 3-14　A46 * 4B 插头上的端子布置

端子号码	含　义	端子号码	含　义
1	电机位置传感器供电	6	电子气门控制伺服电动机控制
2	电机位置传感器信号	7	电子气门控制伺服电动机控制
3	电机位置传感器信号	8	电机位置传感器信号
4	电机位置传感器信号	9	电机位置传感器信号
5	电子气门控制伺服电动机控制	10	电机位置传感器搭铁

表 3-15　A46 * 5B 插头上的端子布置

端子号码	含　义	端子号码	含　义
1	搭铁	7	搭铁
2	电子气门控制系统供电	8	点火开关和喷射装置过载保护继电器控制
3	搭铁	9	供电
4	供电	10	供电
5	电子气门控制系统继电器供电	11	搭铁
6	电源	12	电源

表 3-16　A46 * 6B 插头上的端子布置

端子号码	含　义	端子号码	含　义
1	气缸 1 点火线圈控制	14	气缸 3 点火线圈控制
2	气缸 4 点火线圈控制	17	气缸 3 点火线圈供电
8	气缸 1 喷油器控制	18	气缸 4 点火线圈供电
9	气缸 1 喷油器供电	19	气缸 1 点火线圈供电
10	气缸 4 喷油器供电	20	气缸 2 点火线圈供电
11	气缸 3 喷油器供电	22	气缸 3 喷油器控制
12	气缸 2 喷油器供电	23	气缸 2 喷油器控制
13	气缸 2 点火线圈控制	24	气缸 4 喷油器控制

表 3-17　A223 * 1B 插头上的端子布置

端子号码	含　义	端子号码	含　义	端子号码	含　义
1	电源	18	电动风扇控制	36	百叶窗控制
2	转速信号	22	总线端唤醒信号	38	废气风门控制
4	电动风扇断电继电器控制	24	加速踏板模块电源	39	发动机起动信号
7	霍尔传感器电源	25	CAS 子总线	40	电源供电
11	霍尔传感器搭铁	27	加速踏板模块搭铁	43	总线信号
12	局域互联网总线信号	28	总线信号	44	总线信号
13	PT-CAN 总线信号	29	离合器模块信号	47	总线信号
16	霍尔传感器信号	32	霍尔传感器信号	48	总线信号

根据 ECU 各端子的含义，打开点火开关，用万用表测量 ECU 各端子间的电压。主要测量 ECU

供电端子和搭铁端子，信号端子可用示波器检查波形与标准波形对比判断。ECU 供电端子为 12V 供电，传感器多数为 5V 供电，执行元件多数为 12V 供电，搭铁电压应接近 0V，如果测量值与标准值不符，则说明供电和搭铁电路存在故障，应进行电路测量。

（3）ECU 电路检查　断开 ECU 端子被测元件之间的电路，根据电路图，测量电路是否存在断路和短路。一根导线电阻的标准值应该小于 1Ω，如果电阻值为 ∞，则说明该导线断路。线与线之间电阻值的标准值应为 ∞，否则说明电路之间存在短路。

四、任务评价

实训任务单 3-18

实训任务：电子控制系统主要部件检修		
姓名：	班级：	学号：
实训车型：	VIN：	

1. 读取故障码（10 分）

故　障　码	含　义

2. 读取数据流（10 分）

读 取 参 数	数　据	读 取 参 数	数　据

3. 曲轴位置传感器的检查（15 分）
1）传感器波形测量：

2）传感器电路测量：

测 量 点	测 量 值	测 量 点	测 量 值

4. 凸轮轴位置传感器的检查（15 分）
1）传感器波形测量：

（续）

2）传感器电路测量：

测 量 点	测 量 值	测 量 点	测 量 值

5. 燃油压力传感器的检查（10 分）

测 量 点	测 量 值	测 量 点	测 量 值

6. 氧传感器的检查（15 分）

1）传感器波形测量：

2）传感器电路测量：

测 量 点	测 量 值	测 量 点	测 量 值

7. ECU 的检测（15 分）

测 量 点	测 量 值	测 量 点	测 量 值

操作过程 5S 要求（10 分）：

问题留言：

实训成绩：　　　　　　　　　　　　　　　　　　　　指导老师签名：

实训任务单 3-19

实训任务：发动机电控燃油喷射系统故障诊断		
姓名：	班级：	学号：
实训车型：	VIN：	

根据故障车的实际情况填写以下任务单。

1. 读取故障码（15 分）

故　障　码	含　　义

2. 执行元件测试（15）

测　试　项　目	测　试　结　果

3. 记录检查及测量项目（40 分）

测　量　点	测　量　值	标　准　值	结　果　判　断

故障点确定及故障分析（20 分）：

操作过程 5S 要求（10 分）：

问题留言：

实训成绩：　　　　　　　　　　　　　　　　　　　　　　指导老师签名：

巩固与提高

一、填空题

1. 发动机电控燃油喷射系统以＿＿＿＿＿＿＿为控制核心，以＿＿＿＿＿＿和＿＿＿＿＿＿为控制基础，以_____等为控制对象，保证获得与发动机各种工况相匹配的最佳混合气成分。

2. 根据燃油喷射位置的不同，电控燃油喷射系统可分为_____和_____两大类，按燃油喷射方式的不同，电控燃油喷射系统可分为_____、_____和_____。

3. 按空气量检测方式的不同，电控燃油喷射系统可分为_____和_____；按燃油喷射压力的不同，可分为_____和_____；按控制系统有无反馈，可将电控燃油喷射系统分为_____和_____两类。

4. 燃油供给系统主要由_____、_____、_____、_____和_____、高压泵、高压喷油器等组成。

5. 电控燃油喷射系统的主要功能包括_____控制、_____控制、_____控制和_____控制。

6. 断油控制包括_____、_____、清溢流断油控制和_____。

7. 燃油压力调节器根据安装位置的不同，可分为_____和_____两种。

8. 冷却液温度传感器由对温度变化非常敏感的负温度系数热敏电阻构成，利用电阻值的变化来检测冷却液的温度。冷却液温度越低电阻值_____，冷却液温度越高电阻值_____。

9. 目前使用的氧传感器有_____、_____和_____三种。

二、选择题

1. 喷油正时控制，关于下列说法错误的是（　　）。

A. 喷油正时控制分为同步控制和异步控制

B. 同步控制是指控制程序与发动机各缸工作循环一致，在既定的曲轴位置进行喷射，具有规律性

C. 异步控制有固定位置和时间

D. 主要有起动异步喷射和加速异步喷射

2. 关于喷油量的控制，下列说法不正确的是（　　）。

A. 在发动机电控燃油喷射系统中，喷油量的控制是通过对喷油器喷油时间的控制来实现的

B. 起动时的喷油量控制与起动后的喷油量控制相同

C. 起动时根据冷却液温度传感器信号确定基本喷油量

D. 发动机起动后的喷油器总喷油量由基本喷油量、修正量和额外增量组成

3. 关于减速断油条件，下列说法错误的是（　　）。

A. 节气门位置传感器的怠速触点闭合

B. 冷却液温度已经达到正常温度

C. 发动机转速高于某一转速

D. 变速器档位位于 N 位

4. 关于高压喷油器的说法，下列错误的是（　　）。

A. 高压喷油器的控制与低压喷油器不同

B. 高压喷油器的工作电压比低压喷油器高

C. 高压喷油器的两端都由发动机 ECU 控制

D. 高压喷油器供电由发动机内部的升压电路控制

5. 关于喷油器喷油量修正，下列说法错误的是（　　）。

A. 当进气温度高于20℃时，ECU 控制适当减少喷油的喷油量

B. 使用热膜式和热线式空气流量传感器的电控燃油喷射系统，需要根据大气压力对喷油量进行修正

C. 当 ECU 接收到混合气偏浓的氧传感器信号时，ECU 会发出指令控制喷油器减少喷油量

D. 当蓄电池输入 ECU 的电压低于 14V 时，ECU 将增加喷油器的喷油量

6. 关于氧传感器，下列说法正确的是（　　）。

A. 氧化钛式氧传感器是利用二氧化钛材料的电阻值随排气中氧含量的变化而变化的特性制成的

B. 氧化锆式氧传感器在 500℃ 以上的环境中才能输出稳定的信号电压

C. 宽量程氧传感器可以检测到 0.7~2.5 整个范围的空燃比

D. 宽量程氧传感器在从稀到浓的整个区域均呈现线性输出特性

7. 下列关于燃油压力检查注意事项说法错误的是（　　）。

A. 检查和维修燃油供给系统前，将电缆从蓄电池负极端子上断开

B. 对燃油供给系统进行操作时，严禁吸烟或靠近明火

C. 断开燃油管路时，不需要进行燃油供给系统卸压，用棉丝抹布或一块布盖住即可

D. 不要损坏已断开的油管或插接器，套上塑料袋，以防止异物进入

8. 关于 ECU 的检测，下列说法错误的是（　　）。

A. 蓄电池电压应不低于 11V，蓄电池电压过低会影响测量结果

B. 必须使用高阻抗（大于 10MΩ/V）的万用表，最好使用汽车专用万用表进行检测

C. 必须在线束插接器处于连接状态时测量 ECU 相应端子间的电压，并且万用表的表笔应从线束插头的导线侧插入

D. 必须在拆开线束插接器的状态下测量 ECU 端子间的电阻

三、简答题

1. 简述电控燃油喷射系统的类型和组成。

2. 简述电控燃油喷射系统的功能。

3. 简述燃油供给系统的组成及各主要部件的功用。

4. 简述电子控制系统的组成及各主要部件的功用。

5. 简述曲轴位置传感器的类型、工作原理及检修方法。

6. 简述凸轮轴位置传感器的类型、工作原理及检修方法。

7. 简述氧传感器的类型、工作原理及检修方法。

8. 简述喷油器的组成、工作原理及控制过程。

9. 简述电控燃油喷射系统故障诊断基本流程。

项目四

发动机电控点火系统检修

学习目标

1. 了解点火系统的作用、组成及类型。
2. 了解电控点火系统的控制功能。
3. 掌握电控点火系统各主要部件的结构和工作原理。
4. 掌握电控点火系统主要部件的检修方法。
5. 掌握火花塞的更换与检查方法。
6. 掌握点火系统的故障诊断方法。

典型工作任务

1. 更换与检查火花塞。
2. 电控点火系统主要部件检修。
3. 电控点火系统故障诊断。

知识准备

第一课　认识电控点火系统

一、点火系统的作用与类型

1. 点火系统的作用

点火系统的作用是将汽车电源提供的低压电转变为高压电，并按照发动机各缸的点火顺序和点火时刻的要求，适时准确地将高压电送至各缸的火花塞，使火花塞跳火，点燃气缸内的可燃混合气。

2. 点火系统的类型

按点火方式的不同，点火系统可分为传统点火系统、电子点火系统和电控点火系统。电控点火系统按照是否安装分电器可分为有分电器式电控点火系统和无分电器式电控点火系统，如图 4-1 所示。两者的区别是无分电器式电控点火系统取消了分电器和高压线，每个火花塞都由单独的点火线圈控制。

二、点火系统的组成和工作原理

1. 点火系统的组成

现代汽车发动机均已采用电控点火系统，其主要由传感器、ECU 及执行元件组成。传感器用

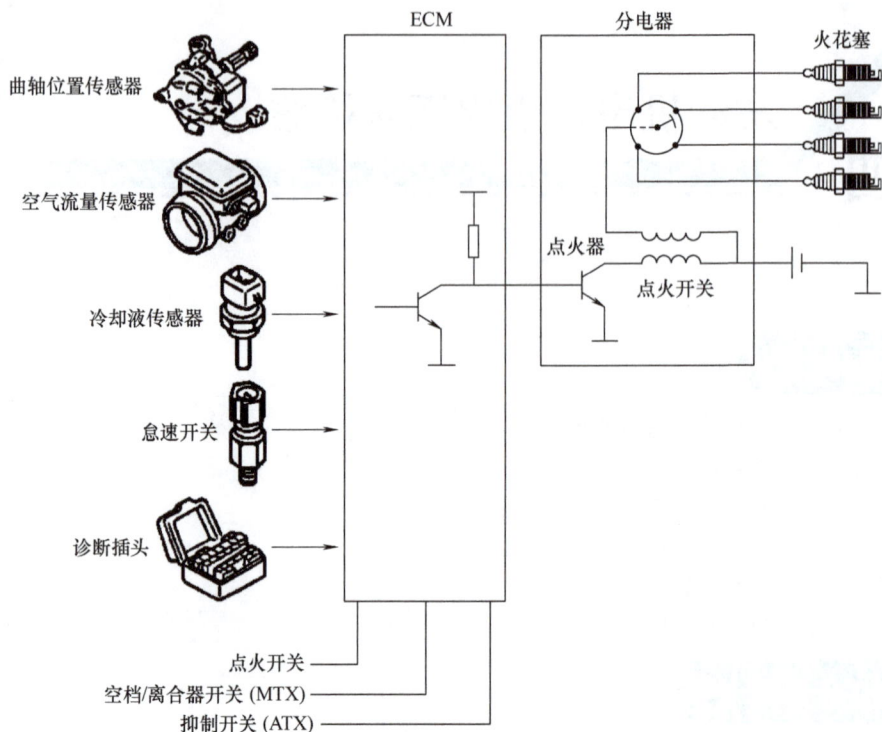

a) 有分电器式电控点火系统

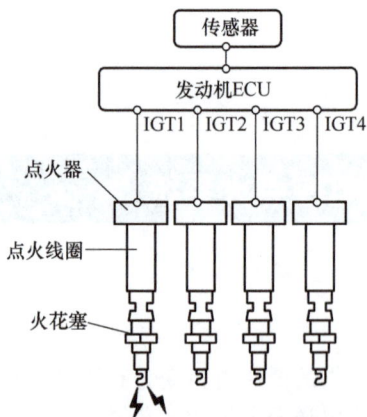

b) 无分电器式电控点火系统

图 4-1　电控点火系统的类型

来检测发动机工作状态，并将信号传给 ECU；ECU 负责对传感器传送的信号进行分析、比较和处理，向执行元件发出控制命令；执行元件（点火控制器）接收 ECU 发出的控制指令，并按指令对点火线圈一次绕组电流进行控制，以产生足够的点火高压电。电控点火系统各组成部分的功用见表 4-1。

2. 点火系统的工作原理

发动机工作时，ECU 根据接收到的各传感器信号，按存储器中存储的有关程序和相关数据，确定出该工况下最佳点火控制参数（点火时间和通电时间），并向点火器发出指令。点火器则根据

ECU 的指令，控制点火线圈一次电路的导通和截止。当电路导通时，有电流从点火线圈中的一次电路通过，点火线圈将点火能量以磁场的形式存储起来。当一次电路中的电流被切断时，在二次绕组中将产生很高的感应电动势（15~20kV）。对于有分电器的点火系统，此时，随分电器轴一同旋转的分火头正好对准分电器盖上某缸的旁电极，高压电由分缸高压线送给火花塞，点火能量经火花塞瞬间释放，使火花塞跳火，产生的电火花点燃气缸内的可燃混合气，使发动机完成做功过程。对于无分电器的点火系统，点火线圈产生的高压电直接作用在火花塞上，点火能量经火花塞瞬间释放，使火花塞跳火，点燃气缸内的可燃混合气。

表 4-1 电控点火系统各组成部分的功用

组 成		功 用
输入信号	空气流量传感器（L型）	检测进气量信号输入 ECU，点火系统的主控信号
	进气歧管绝对压力传感器	
	曲轴位置传感器（Ne）	检测曲轴转速（转角）信号输入 ECU，点火系统的主控信号
	凸轮轴位置传感器（G1、G2）	检测凸轮轴转角信号输入 ECU，点火系统的主控信号
	节气门位置传感器	检测节气门开度信号输入 ECU，点火系统的修正信号
	冷却液温度传感器	检测发动机冷却液信号输入 ECU，点火系统的修正信号
	进气温度传感器	检测进气温度信号输入 ECU，点火系统的修正信号
	爆燃传感器	检测发动机爆燃信号输入 ECU，点火系统的修正信号
	起动开关	向 ECU 输入起动信号，点火系统的修正信号
	空调（A/C）开关	向 ECU 输入空调工作信号，点火系统的修正信号
	空档起动开关	向 ECU 输入 P 位和 N 位信号，点火系统的修正信号
执行器	点火控制器	根据 ECU 输出的控制指令，控制点火线圈一次电路的通断，以产生二次高压，并向 ECU 反馈点火确认信号
	点火线圈	利用变压器的原理可将汽车电源提供的 12V 低压电转变成能击穿火花塞电极间隙 15~20kV 的高压直流电
ECU		根据各输入信号输入的信息，计算出最佳的控制参数，并向执行元件发出控制指令
分电器		按照发动机的工作顺序将产生的高压电送至各缸火花塞
火花塞		火花塞的作用是将高压电引入气缸燃烧室，产生电火花点燃可燃混合气

根据以上分析，点火系统的工作过程可分成三个阶段，即一次电路导通，点火能量存储；一次电路截止，二次电路产生高压电；火花塞电极产生电火花，点燃可燃混合气。

三、电控点火系统的控制功能

发动机电控点火系统的控制功能主要包括点火时间控制、通电时间控制及爆燃控制三个方面。

（一）点火时间控制

1. 点火时间对发动机性能的影响

点火时间主要用点火提前角来表示，点火提前角是从火花塞发出电火花到该缸活塞运行至压缩行程上止点时，曲轴转过的角度。对应于发动机每一工况都存在一个"最佳"点火提前角，对于现代汽车而言，最佳的点火提前角不仅保证发动机的动力性和燃油经济性都达到最佳值，还必须保证排放污染最小。

点火提前角过大（点火过早），大部分混合气在压缩行程中燃烧，活塞所消耗的压缩功增加，且缸内最高压力升高，末端可燃混合气自燃所需的时间缩短，爆燃倾向增大。点火提前角过小（点火过迟），则燃烧延长到膨胀行程，燃烧最高压力和温度下降，传热损失增多，排气温度升高，功率、热效率降低，但爆燃倾向减小，NO_x 排放量减少。试验证明，最佳的点火提前角应使发动机气缸内的最高压力出现在上止点后 $10° \sim 15°$。

2. 最佳点火提前角确定的依据

最佳点火提前角的数值需要根据转速、负荷、燃料性质和可燃混合气浓度等很多因素而定。

（1）发动机转速　发动机转速的提高，以秒计的燃烧行程所需时间缩短，但燃烧行程所占曲轴转角增大，为了保证发动机气缸内的最高压力出现在上止点后 $10° \sim 15°$ 的最佳位置，就必须适当提前点火。

（2）负荷　发动机的负荷调节是通过气门进行的量调节，随着负荷减小，进气管真空度增大，进气量减少，气缸内的温度和压力均降低，燃烧速度变慢，燃烧行程所占的曲轴转角增大，应适当增大点火提前角。

（3）燃料的性质　汽油的辛烷值越高，抗爆性越好，点火提前角可适当增大，以提高发动机的性能；辛烷值较低的汽油，抗爆性差，点火提前角则应减小。

3. 点火时间的确定方法

点火时间控制可分为两个阶段控制，第一阶段是起动时点火时间控制，第二阶段是起动后点火时间控制。

（1）起动时点火时间控制　起动时发动机转速通常都低于 $500r/min$，由于进气量或进气歧管压力信号不稳定，ECU 无法正确计算点火时间。通常由 ECU 内的备用 IC 直接设定固定点火时间，一般为上止点前 $10°$ 左右（因发动机型号而异）。

（2）起动后点火时间控制　起动后的点火时间 = 固定时间 + 基本点火时间 + 修正点火时间。急速工况时基本点火时间由 ECU 根据节气门位置传感器信号（IDL 信号）、发动机转速传感器信号（Ne 信号）和空调开关信号（A/C 信号）来确定，如图 4-2a 所示。其他工况下基本点火时间由 ECU 根据发动机的转速和负荷对照存储器中存储的基本点火时间控制模型来确定，如图 4-2b 所示。

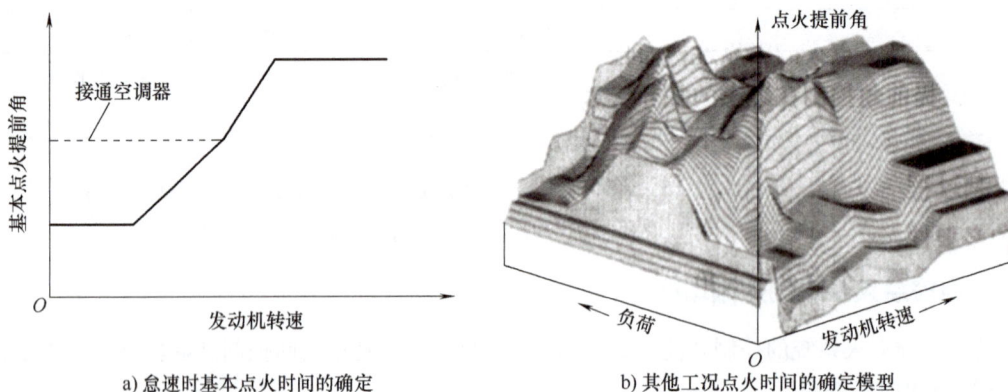

a) 急速时基本点火时间的确定　　b) 其他工况点火时间的确定模型

图 4-2　点火时间的确定

4. 点火时间的修正

ECU 可根据各传感器的输入信号对点火时间进行修正，修正内容如下：

（1）低温修正　根据冷却液温度传感器等信号，在低温时，ECU 使点火提前，以保持低温运转性能。

（2）暖车修正　根据冷却液温度传感器等信号，当发动机冷却液温度低时，ECU 使点火提前，以改善驾驶性能。有些形式发动机在暖车修正时，会根据空气流量传感器信号，以适当提前点火角度。

（3）怠速稳定修正　怠速运转时，转速因空调等的发动机负荷改变而变化时，ECU 会改变点火时间，使怠速转速稳定。ECU 不断地计算发动机转速平均值，若转速低于目标转速时，ECU 使点火提前；若转速高于目标转速时，ECU 使点火延后。

（4）高温修正　根据冷却液温度传感器信号，当冷却液温度过高时，为了避免发动机过热与爆燃，ECU 会使点火时滞。

（5）空燃比回馈修正　发动机的空燃比回馈系统作用时，转速会随燃油喷射量的增加或减少而变化，而怠速对空燃比的改变特别敏感。因此，根据氧传感器、节气门位置传感器、车速传感器等信号，配合空燃比回馈修正的喷油量，ECU 将点火提前，以确保怠速稳定。

（6）转矩控制修正　配备电子控制自动变速器的车辆，在换档时，行星齿轮组的离合器或制动器接合时会产生某种程度的振动。因此，根据曲轴位置传感器、节气门位置传感器、冷却液温度传感器等信号，在档位开始变化时，ECU 使点火时滞，减小发动机转矩，减少向上或向下换档产生的振动。当冷却液温度或蓄电池电压低于预设值时，转矩控制修正不起作用。

（7）爆燃修正　当发动机产生爆燃时，ECU 根据信号的程度，分成强、中、弱三种，爆燃较强时，点火时滞较多；爆燃较弱时，点火时滞较少。当爆燃停止时，ECU 停止点火延迟，并开始提前点火，每次提前一个固定角度。

（二）通电时间控制

通电时间控制也称为闭合角控制。对于电感储能式电控点火系统，当点火线圈的一次绕组被接通后，通过线圈的电流是按指数规律增大的。一次绕组被断开瞬间所能达到的断开电流值与一次绕组接通时间长短有关。只有通电时间达到一定值时，一次电流才可能达到饱和。二次绕组高压的最大值与一次断开电流成正比，而二次电压的高低又直接影响点火系统工作的可靠性，所以在发动机工作时，必须保证点火线圈的一次电路有足够的通电时间。但如果通电时间过长，点火线圈又会发热并增大电能消耗。要兼顾上述两方面的要求，就必须对点火线圈一次电路的通电时间进行精确控制。

影响一次绕组通过电流的主要因素有发动机转速和蓄电池电压。为了保证在不同的蓄电池供电电压和不同的转速下都具有相同的一次断开电流，ECU 根据蓄电池电压和发动机转速信号，从预置的通电时间数据表中查出相应的数值，对通电时间进行控制，如图 4-3 所示。

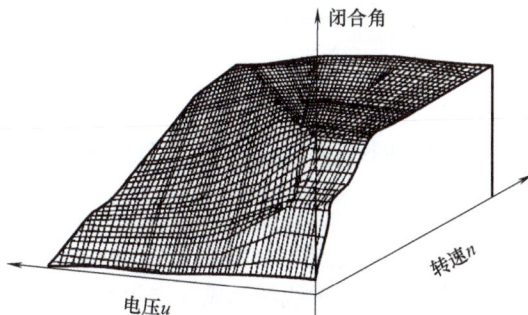

图 4-3　闭合角控制模型

当发动机转速高时，适当增大闭合角，以防止一次绕组通过的电流值下降，造成二次高压下降，点火困难；当蓄电池电压下降时，基于相同的理由，也应适当增大闭合角。

通过对通电时间的准确调节，不但改善了点火系统的点火性能，而且还可以防止一次绕组发热和电能的无效损耗。

在电控点火系统中，为了减少转速对二次电压的影响，提高点火能量，采用了一次绕组电阻很小的高能点火线圈，其一次电流最高可达30A以上。为了防止一次电流过大烧坏点火线圈，在电控点火系统的点火控制电路中增加了恒流控制电路，保证在任何转速下一次电流均为规定值（7A），既改善了点火性能，又能防止一次电流过大而烧坏点火线圈。

（三）爆燃控制

爆燃是发动机工作时的一种不正常燃烧现象，是发动机运行中最有害的一种故障现象。轻微的爆燃，可使发动机功率上升，油耗下降，但爆燃严重时，气缸内发出特别尖锐的金属敲击声，且会导致冷却液过热、火花塞或活塞产生过热及熔损等，造成发动机严重损坏，因此必须防止爆燃的发生。

点火提前角是影响爆燃的主要因素之一，减小点火提前角（即推迟点火）是消除爆燃最有效的措施。从最佳点火提前角的分析中可知，为了最大限度地发挥发动机的潜能，应把点火提前角控制接近临界爆燃点，同时又不能使发动机发生爆燃。要使点火系统达到这样的性能要求，就必须对点火提前角采用爆燃反馈控制。

电控点火系统对爆燃的控制过程如图4-4所示，ECU首先把来自爆燃传感器的输入信号进行滤波处理，滤波电路只允许特定范围频率的爆燃信号通过滤波电路，由此达到将爆燃信号与其他振动信号分离的作用。然后，ECU将此信号的最大值与爆燃强度基准值进行比较，对是否发生爆燃及爆燃的强弱程度做出判断，如信号最大值大于基准值，则表示发生爆燃，ECU逐渐减小点火提前角，直到爆燃消失为止。无爆燃时则逐渐增大点火提前角，当再次出现爆燃时，ECU又开始逐渐减小点火提前角。可见，爆燃控制过程就是对点火时刻进行反复调整的过程，爆燃控制可以使实际的点火提前角始终保持最佳，使发动机的动力性、经济性和控制有害物的排放都达到较佳的水平。

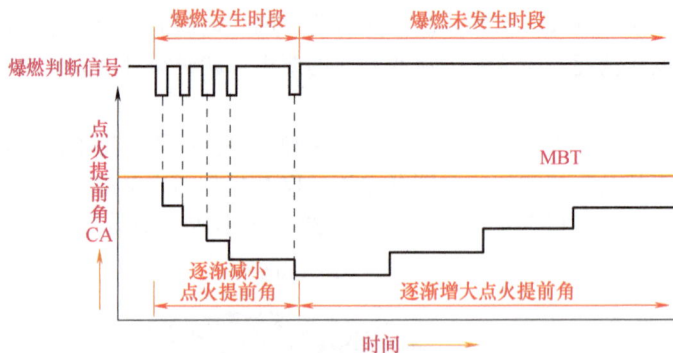

图4-4　电控点火系统对爆燃的控制过程

（四）点火系统控制电路

各车型点火系统控制电路基本相同，卡罗拉1.6L乘用车无分电器独立点火系统控制电路图如图4-5所示。点火开关接通后，由蓄电池向点火线圈总成（点火线圈和点火控制器）+B端子供电，点火线圈总成GND端子搭铁，点火线圈总成IGT端子接收来自发动机ECU的信号，控制点火线圈一次绕组的通断，点火线圈总成的IGF端子向发动机ECU反馈点火确认信号。

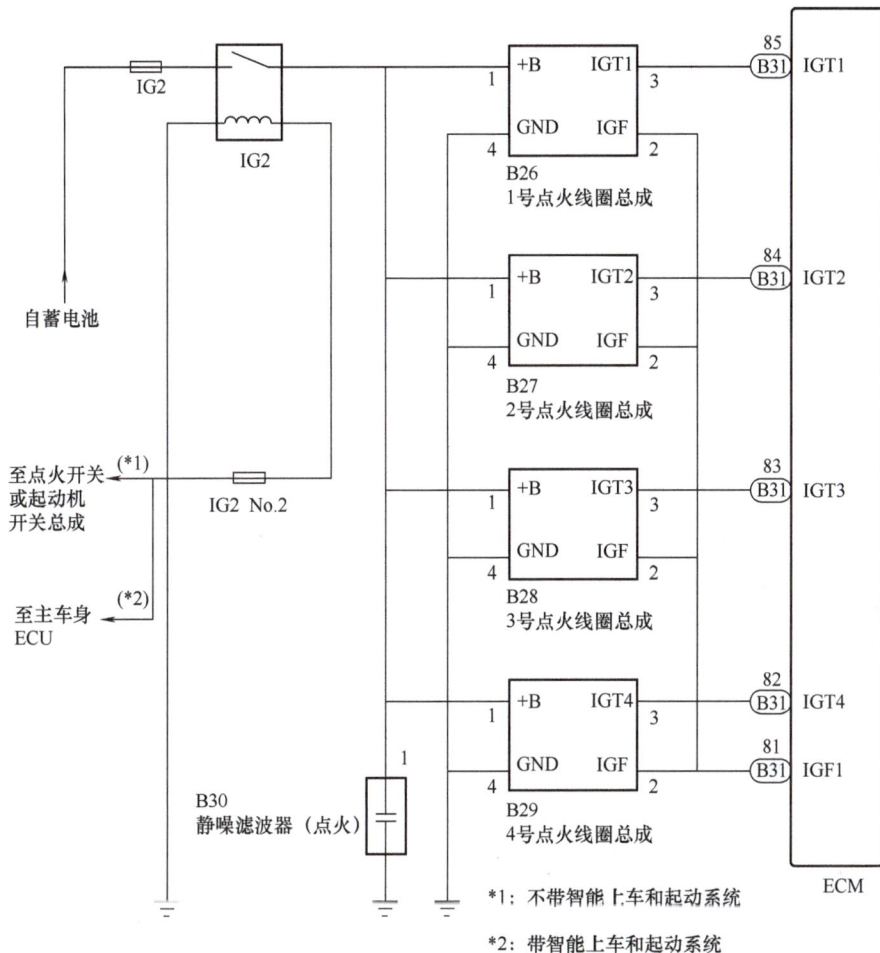

图 4-5　卡罗拉 1.6L 乘用车无分电器独立点火系统控制电路图

第二课　电控点火系统主要部件的结构和工作原理

一、爆燃传感器

电控点火系统与电控燃油喷射系统共用输入信号，输入信号的作用是检测发动机各种运行参数，为 ECU 提供点火控制所需的各种信号，主要包括各种传感器（曲轴位置传感器、凸轮轴位置传感器、爆燃传感器、进气歧管绝对压力传感器、节气门位置传感器、冷却液温度传感器等）和开关（A/C 开关、空档起动开关等）等信号。爆燃传感器是电控点火系统实现点火时刻闭环控制的重要元件，通常安装在发动机缸体侧面，其功用是将发动机爆燃信号转换为电信号传递给 ECU，ECU 根据爆燃信号对点火提前角进行修正，从而使点火提前角保持最佳。

1. 发动机爆燃检测方法

检测发动机爆燃的方法有三种：一是检测发动机燃烧室压力的变化，二是检测发动机缸体振动频率，三是检测混合气燃烧噪声。现今，广泛采用检测发动机缸体振动频率来检测。爆燃传感器按检测缸体振动频率方式的不同可分为共振型与非共振型两种，按结构形式可分为压电式和磁电式两种。

2. 磁电共振型爆燃传感器的结构和工作原理

磁电共振型爆燃传感器主要由感应线圈、铁心、永久磁铁和壳体组成，如图4-6所示。铁心用高镍合金制成，在其一端设置有永久磁铁，另一端安放在弹性部件上。感应线圈绕制在铁心的周围，线圈两端引出电极与控制电路连接。

当发动机缸体产生振动时，铁心就会随之产生振动，感应线圈中的磁通量就会发生变化。由电磁感应原理可知，线圈中就会感应产生交变电动势，即传感器就有信号电压输出，输出电压的高低取决于发动机的振动强度和振动频率。当发动机缸体振动频率达到与传感器固有频率相同时，传感器产生共振，振动强度最大，线圈中产生的电压最高，传感器输出的信号电压最大，如图4-7所示。

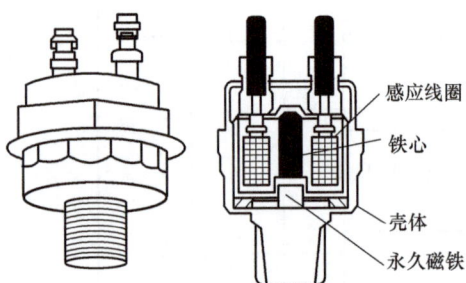

图4-6 磁电共振型爆燃传感器的结构

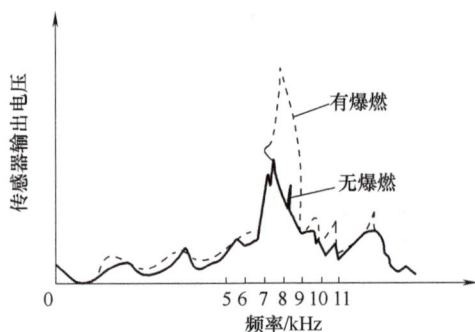

图4-7 磁电共振型爆燃传感器的信号波形

3. 压电共振型爆燃传感器的结构和工作原理

压电共振型爆燃传感器利用压电效应原理检测发动机爆燃。这种传感器具有测量精度高、安装方便且输出电压较高等优点，但通用性差。

压电共振型爆燃传感器主要由压电元件、振子、基座和壳体等组成，如图4-8所示。压电元件紧贴在振子上，振子则固定在基座上。压电元件检测振子的振动压力，并转换成电信号输送给ECU。

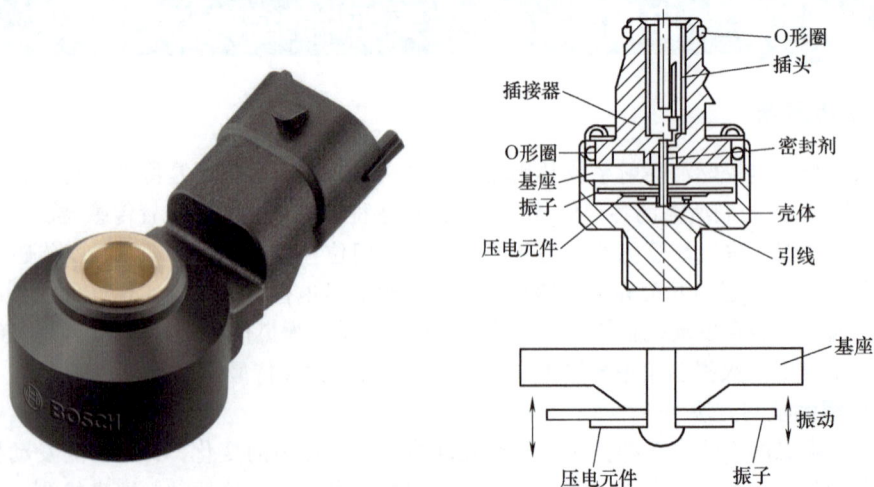

图4-8 压电共振型爆燃传感器的结构

4. 压电非共振型爆燃传感器的结构和工作原理

压电非共振型爆燃传感器是以接收加速度信号的形式来检测爆燃的，压电非共振型爆燃传感器主要由套筒、压电元件、惯性配重、塑料壳体和信号输出线等组成，如图4-9所示。

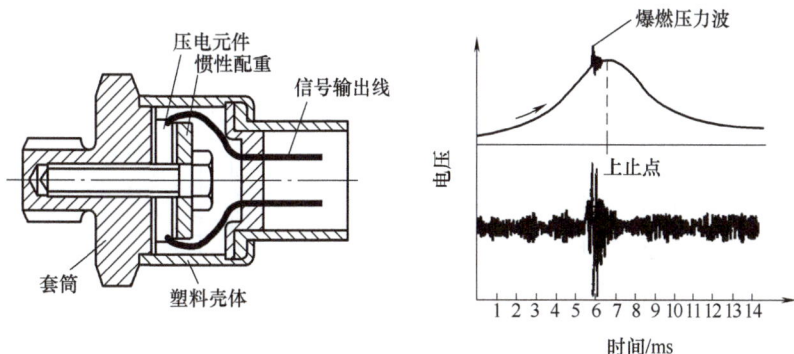

图4-9　压电非共振型爆燃传感器的结构及信号波形

压电元件制成垫圈形状，在其两个侧面上制作有金属垫圈作为电极，并用导线引到接线插座上。惯性配重与压电元件以及压电元件与传感器套筒之间安放有绝缘垫圈，套筒中心制作有螺孔，传感器用螺栓固定在发动机缸体上，调整螺栓的拧紧力矩可方便地调整传感器的输出电压。

压电非共振型爆燃传感器检测频率范围设计成零至数千赫兹，可检测具有较宽频带的发动机振动频率。用于不同发动机上时，只需调整滤波器的过滤频率就可使用，而不需更换传感器，这是压电非共振型爆燃传感器最突出的优点。

二、ECU

ECU是电控点火系统的控制中枢。在发动机工作时，它不断接收各输入信号输入的信息，并进行运算、分析和比较，按内部存储的程序计算出最佳的控制参数，并向执行元件发出控制指令。同时，ECU还具有自诊断功能，当各传感器的输入信号和执行元件的工作情况出现异常时，会记录相应的故障信息，以便于诊断时读取。

三、点火线圈

点火线圈利用变压器的原理可将汽车电源提供的12V低压电转变成能击穿火花塞电极间隙15～20kV的高压直流电。按其磁路结构形式的不同，点火线圈一般分为开磁路式和闭磁路式两种。

1. 开磁路点火线圈

开磁路点火线圈的结构如图4-10所示，点火线圈中心是用硅钢片叠成的条形铁心，由于铁心没有构成闭合回路，所以称为开磁路点火线圈。铁心外部套有绝缘的纸板套管，套管上绕有二次绕组，直径为0.06～0.10mm的漆包线，二次绕组一般约为2万匝。一次绕组是直径为0.5～1.0mm的高强漆包线，绕在二次绕组的外面，一次绕组一般约为200匝，绕组和外壳之间装有导磁钢套。为了加强绝缘与防潮，条形铁心底部装有瓷绝缘支座，外壳内充满沥青或变压器油等绝缘物。点火线圈的顶部是胶木盖，并加以密封。

在早期的点火系统中，开磁路点火线圈应用较多。但由于开磁路点火线圈磁路磁阻大，磁通量泄漏多，能量转换效率低，现已很少应用。

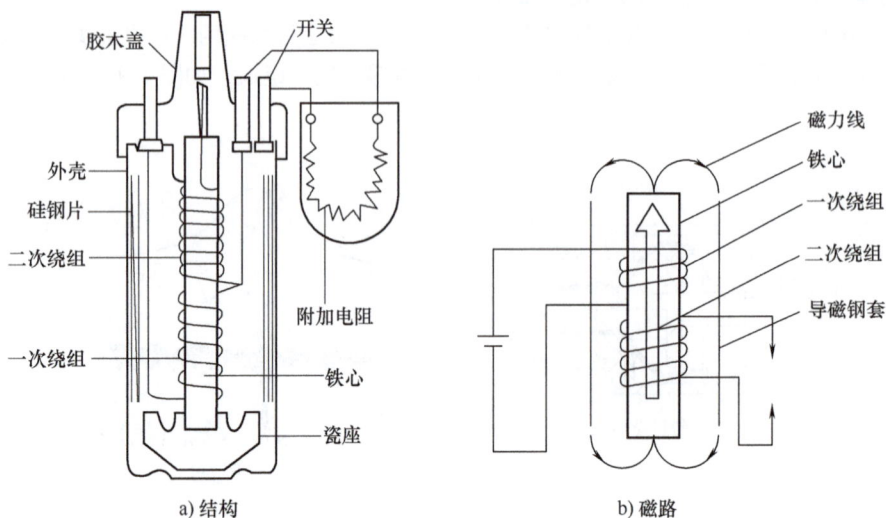

图 4-10　开磁路点火线圈的结构和磁路

2. 闭磁路点火线圈

　　闭磁路点火线圈也称为高能点火线圈，其结构和磁路如图 4-11 所示。在"口"字形铁心内绕有二次绕组，在二次绕组外面绕有一次绕组，一次绕组产生的磁通量通过铁心构成闭合磁路。与开磁路点火线圈相比，闭磁路点火线圈具有漏磁少、能量损失小、转换效率高、体积小、重量轻和易散热等优点，因此在点火系统中广泛应用。

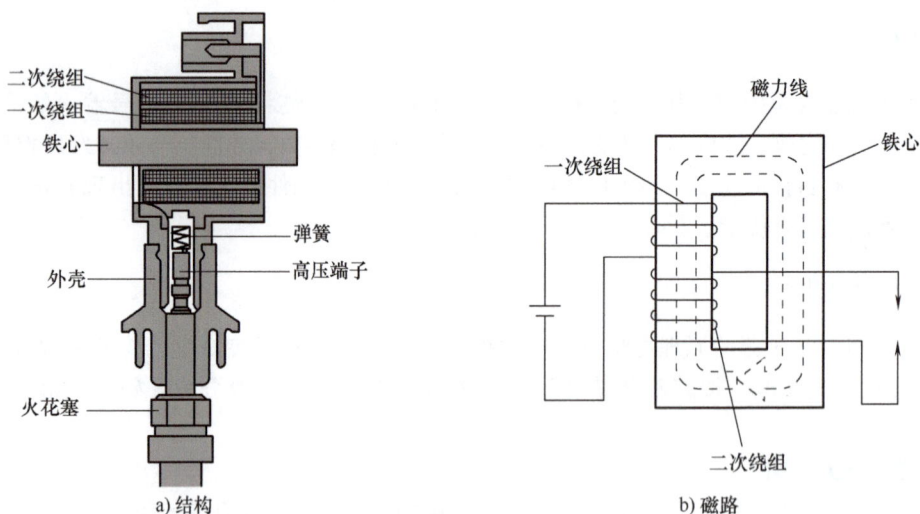

图 4-11　闭磁路点火线圈的结构和磁路

四、分电器

　　分电器的结构如图 4-12 所示，其主要由配电器和信号发生器组成。配电器（分火头、分电器盖等）的作用是将点火线圈产生的高压电按照发动机的工作顺序送至各缸火花塞；信号发生器的作用是产生脉冲信号，送给点火控制器，由点火控制器控制一次电路的通断。

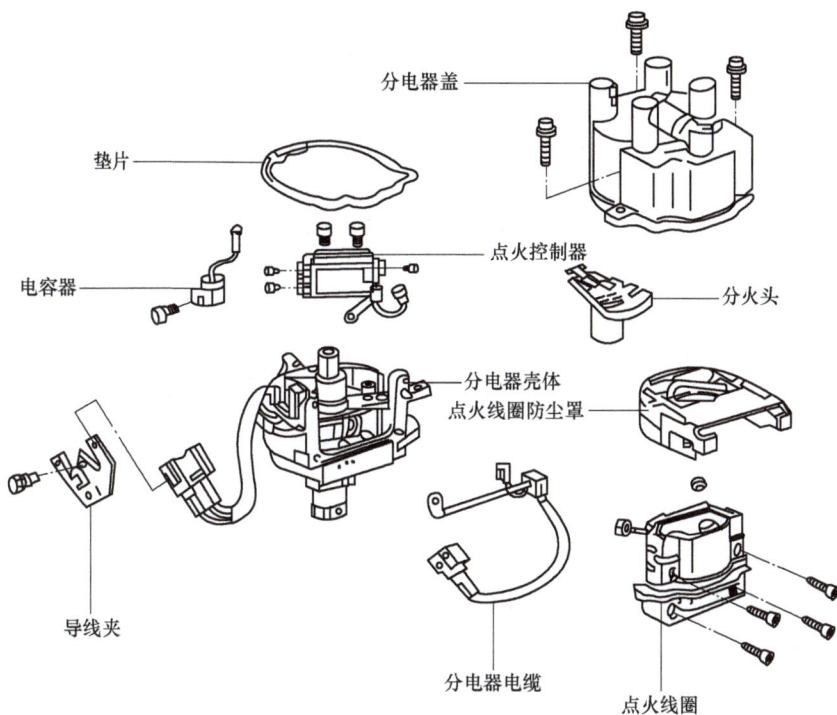

图 4-12　分电器的结构

五、点火控制器

如图 4-13 所示，点火控制器也称为点火模块，是电控点火系统的执行元件，其主要功用是根据 ECU 的指令来控制点火线圈一次电路的导通与截止。点火控制器内部为集成电路，全密封结构。

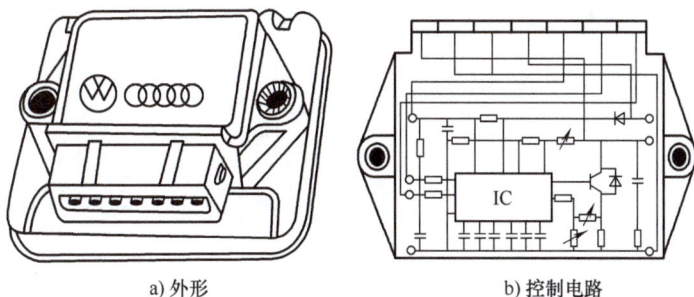

a) 外形　　　　　　　　　　　b) 控制电路

图 4-13　点火控制器

六、高压导线

高压导线（图 4-14）用以连接点火线圈与分电器中心插孔以及分电器旁电极和各缸火花塞。由于工作电压很高（一般在 15kV 以上），电流强度较小，因此高压导线的绝缘包层很厚，耐压性能好，但线芯截面面积很小。汽车用高压导线有铜芯线和阻尼线两种，其电阻值因车型的不同而不同。

七、火花塞

1. 火花塞的结构

　　火花塞的作用是将高压电引入气缸燃烧室，产生电火花点燃可燃混合气。由于火花塞的工作条件十分恶劣，它要承受高压、高温及燃烧产物的强烈腐蚀。因此，火花塞必须具有足够的强度，能承受温度的强烈变化，应有良好的热特性。火花塞的电极一般采用耐高温、耐腐蚀的镍锰合金钢或铬锰氮、钨、镍锰硅等合金制成，也有采用镍包铜材料制成，以提高散热性能。火花塞的结构如图4-15所

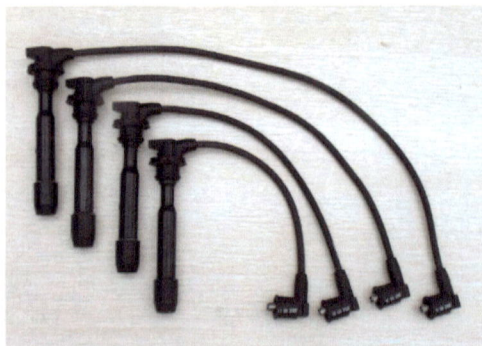

图4-14　高压导线

示，其主要由接线帽、陶瓷体、中心电极、侧电极和壳体等组成。中心电极用镍铬合金制成，具有良好的耐高温、耐蚀性，中心电极做成两段，中间加有导电玻璃，由于导电玻璃和陶瓷体的膨胀系数相近，因此，导电玻璃主要是起密封作用。火花塞的间隙一般为1.0～1.2mm。

2. 火花塞的热特性

　　火花塞按热传导性能可分为冷型和热型两种，如图4-16所示。绝缘体裙部长的火花塞，其受热面积大、传热距离长、散热困难、裙部温度高，称为热型火花塞；反之，裙部短的火花塞，吸热面积小、传热距离短、散热容易、裙部温度低，称为冷型火花塞。大功率，高转速，高压缩比的发动机应选用冷型火花塞；功率小，转速和压缩比低的发动机应采用热型火花塞。

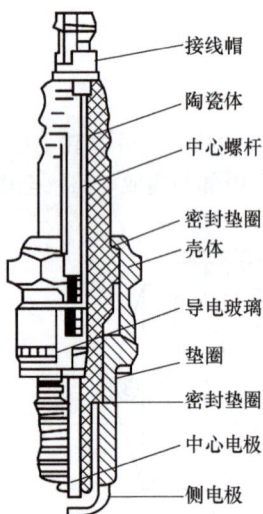

图4-15　火花塞的结构

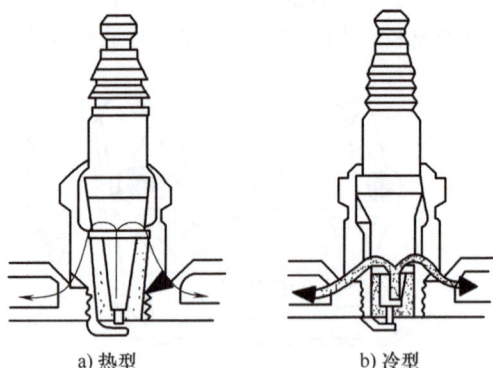

a) 热型　　　　b) 冷型

图4-16　火花塞的热特性

　　目前，各国对火花塞热特性的表示方法不完全相同，一般常用"热值"表示。所谓热值，是指火花塞散掉所吸热量的程度。它是一个相对概念，国产火花塞分别用1、2、3、4、5、6、7、8、9、10等数字表示。热值数越高，表示散热性能越好。因而，小数字为热型火花塞，大数字为冷型火花塞。热值数字越大，越趋向于冷型火花塞。

3. 火花塞的型号

　　火花塞的型号由三部分组成，如F5T型火花塞。

　　第一部分为汉语拼音字母，表示火花塞的结构类型及主要尺寸，字母的含义见表4-2。

表4-2　火花塞的结构类型代号

代表字母	螺纹规格	安装座形式	螺纹旋合长度/mm	壳体六角对边/mm
A	M10×1	平座	12.7	16
C	M12×1.25	平座	12.7	17.5
D		平座	19	17.5
E	M14×1.25	平座	12.7	20.8
F		平座	19	20.8
G		平座	9.5	20.8
H		平座	11	20.8
Z		平座	11	19
J		平座	12.7	16
K		平座	19	16
L		矮型平座	9.5	19
M		矮型平座	11	19
N		矮型平座	7.8	19
P		锥座	11.2	16
Q		锥座	17.5	16
R	M18×1.5	平座	12	20.8
S		平座	19	22
T		锥座	10.9	20.8

第二部分为阿拉伯数字，表示火花塞的热值。

第三部分为汉语拼音字母，表示火花塞派生产品结构、结构特征、材料特性及特殊技术要求，字母的含义见表4-3。

表4-3　火花塞派生产品的特征与特性排列顺序

顺序	字母	特征与特性	顺序	字母	特征与特性
1	P	屏蔽型火花塞	7	H	环状电极火花塞
2	R	电阻型火花塞	8	U	电极缩入型火花塞
3	B	半导体型火花塞	9	V	V型电极火花塞
4	T	绝缘体突出型火花塞	10	C	镍铜复合电极火花塞
5	Y	沿面跳火型火花塞	11	G	贵金属火花塞
6	J	多电极型火花塞	12	F	非标准火花塞

因此"F5T型火花塞"的含义为：螺纹旋合长度为19mm，壳体六角对边为20.8mm，热值为5，螺纹规格为M14×1.25mm，绝缘体突出型平座火花塞。

第三课　电控点火系统故障诊断

一、故障诊断基本方法

1. 直观诊断

直观诊断是对与故障现象相关的部位、部件及连接电路进行外观检查。由于电控点火系统控制部件结构复杂，工作可靠性也比较高，除了控制部件元件本身损坏外，很多故障是因为电路短路、断路或插接器接触不良造成的。通过询问用户故障发生的过程及现象，结合经验诊断方法，可以容易且直观地发现故障，达到事半功倍的效果。直观诊断主要检查项目如下：

1）查找各个插接器是否有污损、插接不到位而引起的接触不良。

2）检查电线是否断路，是否有因磨损而引起导线间或导线与车身间的短路现象。

3）检查各个元器件连接是否有零件松动、变形和卡死等机械故障。

4）检查发动机工作时是否有高压漏电异响，点火器、点火线圈温度是否正常。

5）检查高压线是否老化、电阻是否超差等。

2. 车载自诊断系统诊断

汽车 ECU 控制系统几乎都具有自诊断功能，ECU 控制点火系统也不例外，因此，当 ECU 控制点火系统出现故障时，应首先利用汽车诊断功能调取存储在 ECU 内的故障码，根据故障码可快速对故障部位做出判断，并进一步排除故障。因此，利用自诊断系统诊断电控点火系统故障，也是最主要的诊断手段。

3. 仪器诊断

仪器诊断是利用一些简单的通用仪器（万用表、示波器等）或一些专用的诊断仪器设备（如发动机综合分析仪、烟雾测试仪、尾气分析仪等），对电控系统故障进行检测、分析和诊断。它可以检测故障元器件性能参数、电路故障、电路信号、整个点火系统性能及点火波形，可以为维修人员提供重要的诊断信息。

二、故障诊断步骤

电控点火系统故障形式多样，故障现象也多样，总结起来可分为单缸点火故障和多缸点火故障。如果单缸点火系统出现故障，会造成发动机抖动，如果多缸点火系统同时出现故障，则可会造成发动机无法起动。电控点火系统的故障诊断可按下面流程进行：

（1）ECU 自诊断　利用自诊断系统调取故障码，读取相关数据流，确定故障范围。

（2）确定故障在低压电路还是在高压电路部分　可用示波器或试灯在发动机起动时检查点火线圈一次电路是否有通断触发信号。如信号正常，则检查火花塞、点火线圈、高压线；如信号不正常，则检查点火控制 ECU 及相关电路。

（3）确定 ECU 提供的点火脉冲信号是否正常　用示波器或试灯在发动机起动时检查是否有点火触发信号。如信号正常，则检查点火器或点火线圈及其电路；如信号不正常，则检查点火控制 ECU 及相关电路。

（4）确定相关元件是否正常　对于可检测的元件，可用相关仪器检测；对于无法检测的元件，如 ECU、点火控制器等，在以上检查都正常的情况下，可采用换件方法来进一步判断元件是否正常。

三、点火波形分析

1. 点火初级波形分析

电控点火系统点火初级波形如图 4-17 所示，当电流开始流入一次绕组时，点火线圈电流波形会以一定的斜率上升，如果在其左侧几乎垂直上升，这就说明点火线圈的电阻太小了（短路），可能造成点火控制器损坏。大多数新式点火一次电路先提供 5～6A 电流给点火线圈，当到达允许最大电流时，点火控制器中的限流电路开始起作用。这使初级波形顶部（闭合时间）变得平直，在点火线圈电流波形的顶部保持平直。当点火控制器关断电流时，电流波形几乎是垂直下降的，点火线圈的电流将下降为 0A。在每一个点火循环中，这个过程重复着。

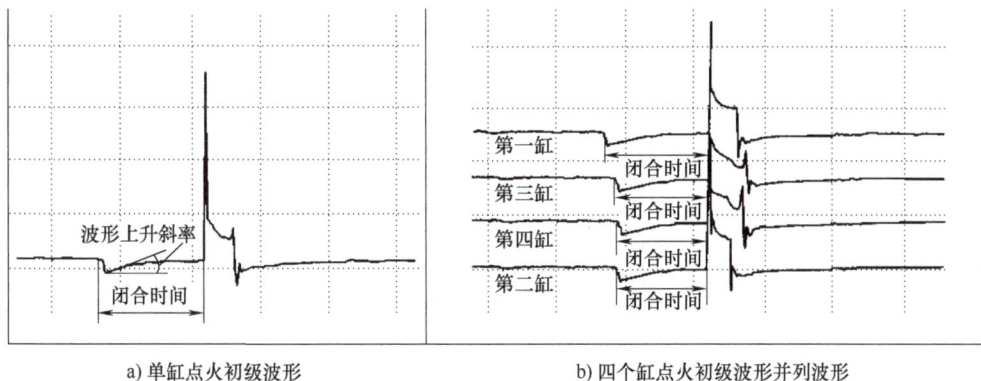

a) 单缸点火初级波形　　　　b) 四个缸点火初级波形并列波形

图 4-17　电控点火系统点火初级波形

可利用四个缸点火初级波形并列波形检测，对比一次电流流入点火一次绕组的时间，如果电控点火系统各缸的闭合时间相差很大，要检查发动机 ECU。

2. 点火次级波形分析

（1）点火次级单缸波形　点火次级单缸波形测试对于每个气缸的燃烧质量非常有价值，点火次级波形明显受发动机气缸压力、供油系统和点火系统工作状态影响，它对检测发动机机械部分和燃油系统部件及点火系统部件的故障非常有用。波形的不同部分能指明一特定气缸的某些部件和系统的故障。参照波形各部分的指示看波形特定段的相关部件运行状况。二次电路正常波形及含义如图 4-18 所示。

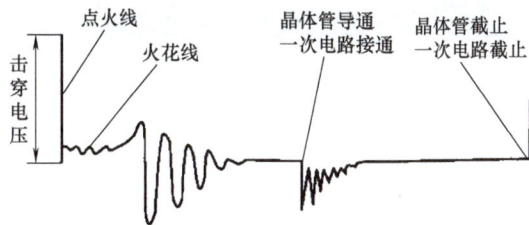

图 4-18　二次电路正常波形及含义

1）点火线。点火线是一条垂直线，表示开始点火所需的电压，一般约为 7～13kV，各缸之间相差不高于 3kV。观察跳火电压的高度，跳火电压太高表明在点火二次电路中存在着高电阻，跳火电压太低表明点火二次电路电阻低于正常值。

2）火花线。火花线的长度即火花持续时间（ms），是计量火花塞持续跳火的时间，火花线保持相对一致，这表明火花塞工作的一致性和各缸空燃比的均衡性，二次电路电阻的增加，会加大点火电压的需求，点火线圈的能量维持火花塞跳火的时间变短，通过观察火花线可以判断火花塞间隙、高压线阻值等方面的故障。

3）燃烧线。燃烧线的持续时间长度表明汽车缸内异常稀或异常浓的混合比。过长的燃烧线（通常超过 2ms）表示可燃混合气浓，过短的燃烧线（通常少于 0.75ms）表示可燃混合气稀。以此可以判断单缸喷油器滴漏、阻塞、喷油器密封圈泄漏等故障。

（2）点火次级并列波形　点火系统次级并列波形是把所有气缸的次级电压波形平行显示。对于正常的发动机，其点火波形的幅值、频率、形状和脉冲宽度等判定性尺度，在各缸上都是基本一致的，各缸的点火峰值电压幅值应该相对一致、基本相等，任何峰值高度相互之间的差都表明有故障。如果某缸峰值电压高出很多，表明在该气缸点火系统中存在着高的电阻，这可能意味着点火高压断路或电阻太大，如果某缸峰值电压低很多，表明点火高压线短路或火花塞间隙过小，火花塞污损或破裂。图 4-19 所示为一台故障发动机次级并列波形，该发动机加速发抖，经检测发动机气缸压力正常、电控系统正常，经过对点火波形及万用表检测，三缸击穿电压为 31.3kV，高压线阻值为 90kΩ，检测结果与故障现象相符，更换高压线后，故障排除。

次级
电压：5.0kV/格
时间：2.0ms/格
击穿电压(V)：

缸号	当前值	最大	最小
1	9.0	9.9	6.6
3	28.7	31.3	7.2
4	7.8	24.3	6.0
2	9.0	15.7	6.6

转速：846r/min

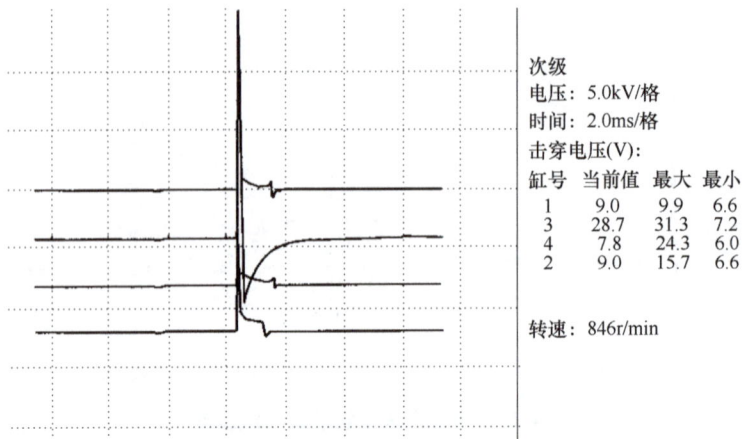

图4-19　故障发动机次级并列波形

任务实施

任务一　更换与检查火花塞

一、任务目的

1）能够在实训车上认识点火系统各部件及安装位置。

2）能够在40min内独立规范完成火花塞更换及检查作业项目。

3）操作过程中各部件摆放应干净整齐，符合5S要求。

二、任务准备

1）准备组合工具、扭力扳手、塞尺和气枪等。

2）准备相关车辆及车辆维修手册。

3）拉紧驻车制动器操纵杆，并将变速杆置于空档或驻车档（P位）位置。

4）套上转向盘护套、变速杆手柄套和座位套，铺设脚垫。

5）在车内拉动发动机舱盖手柄，在车外打开并支撑发动机舱盖，粘贴翼子板和前脸磁力护裙。

三、任务步骤

下面以卡罗拉1.6L乘用车为例进行介绍，此部分可根据实际实训条件参照维修手册进行。

1. 火花塞的更换

更换火花塞的具体步骤如下：

1）拆卸发动机防护罩。

2）拆卸点火线圈总成。

① 如图4-20所示，断开4个点火线圈插接器。

② 如图4-21所示，拆下4个螺栓和4个点火线圈。注意：拆下点火线圈时，不要损坏发动机缸盖罩开口上的火花塞盖或火花塞套管顶部边缘。

3）用压缩空气吹净火花塞座孔。注意：使用压缩空气时要戴防护镜。

4）拆卸火花塞如图4-22所示，用14mm火花塞扳手和100mm加长杆拆下4个火花塞。

5）火花塞的安装用14mm火花塞扳手和100mm加长杆用手轻轻安装4个火花塞，直到火花塞螺纹顺利安装到缸盖上，然后用扭力扳手将火花塞按规定力矩拧紧。

6）安装高压线及其他附件。

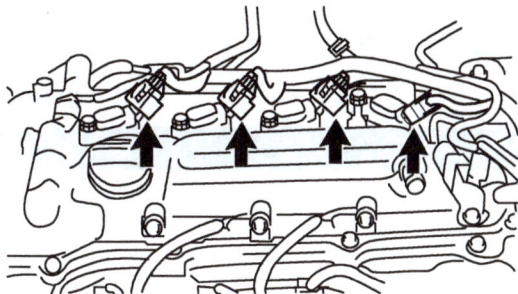

图4-20 断开4个点火线圈插接器

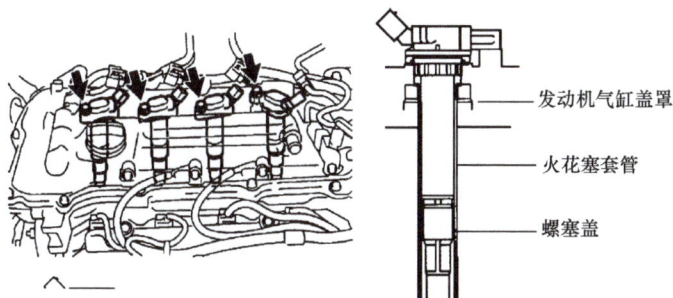

图4-21 拆下4个螺栓和4个点火线圈

发动机气缸盖罩
火花塞套管
螺塞盖

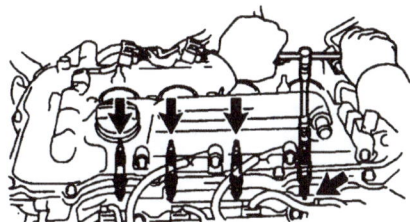

图4-22 拆卸火花塞

7）注意事项。火花塞拆装时要注意以下事项：

① 拆下火花塞之前要用压缩空气吹净火花塞座孔内的杂物，防止杂物掉入气缸造成发动机严重损坏。

② 如果热车时拆下火花塞会很烫，不要用手触摸，防止烫伤。

③ 安装火花塞时一定要注意对正火花塞螺纹与缸盖螺纹，否则可能造成缸盖损坏。

④ 一定要按规定力矩拧紧火花塞，否则可能造成点火系统工作不良。

2. 火花塞的检查

（1）火花塞外观检查 检查火花塞的型号、中央电极、搭铁电极、螺纹、垫片及瓷体等，并将积炭清除，如图4-23所示。

（2）火花塞间隙检查 如图4-24所示，使用间隙量规检查火花塞间隙，应为1.0～1.1mm。

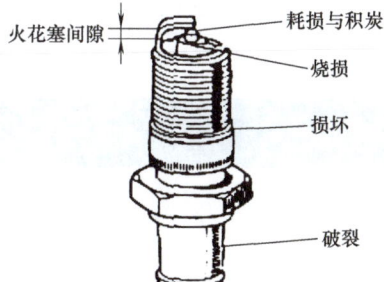

火花塞间隙
耗损与积炭
烧损
损坏
破裂

图4-23 检查火花塞

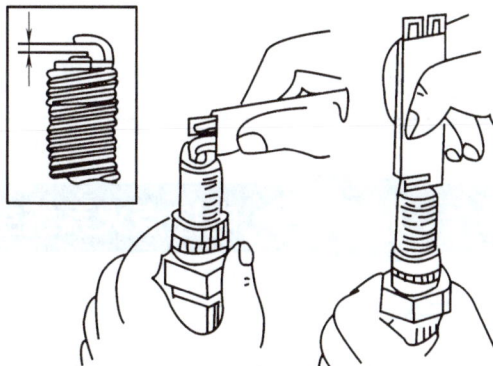

图4-24 检查火花塞间隙

四、任务评价

实训任务单 4-4

实训任务：更换与检查火花塞		
姓名：	班级：	学号：
实训车型：	VIN：	

1. 火花塞的更换（55 分）

记录火花塞更换所需的专用工具、流程及注意事项。

1）专用工具：

2）更换流程：

3）注意事项：

2. 火花塞的检查（35 分）

记录火花塞型号并检查。

1）火花塞型号及含义：

2）火花塞外观检查：

3）火花塞间隙检查：

4）检查结果分析：

操作过程 5S 要求（10 分）：

问题留言：

实训成绩：	指导老师签名：

任务二   电控点火系统主要部件检修

一、任务目的

1）能够在 40min 内规范独立完成点火系统主要部件检修作业项目。

2）操作中各部件摆放应干净整齐，符合 5S 要求。

二、任务准备

1）准备发动机解码器、万用表、示波器和组合工具等。

2）准备相关车辆及车辆维修手册。

3）拉紧驻车制动器操纵杆，并将变速杆置于空档或驻车档（P位）位置。

4）套上转向盘护套、变速杆手柄套和座位套，铺设脚垫。

5）在车内拉动发动机舱盖手柄，在车外打开并支撑发动机舱盖，粘贴翼子板和前脸磁力护裙。

三、任务步骤

1. 分电器盖的检测

（1）外观检查　检查分电器盖是否有积炭、裂纹、破损和腐蚀。

（2）测量分电器盖插孔的绝缘电阻　用万用表测量分电器盖各插孔之间的绝缘电阻，正常值应高于50MΩ，低于规定值应更换。

2. 高压导线的检查

（1）外观检查　检查各分缸高压线有无锈蚀、弯曲（两端头）和破裂现象，并视情予以更换。

（2）检测分缸高压导线的电阻值　用万用表欧姆档检测各分缸高压导线的电阻值。电阻值应在该车型规定范围内，否则应更换分缸高压导线。

3. 点火线圈的检查

（1）外观检查　检查点火线圈是否有裂纹，点火线圈盖的凸台内是否有漏电的迹象，检查点火线圈壳体是否漏油。

（2）测量点火线圈的电阻值　将万用表的两只表笔分别跨接到点火线圈一次绕组（＋）和（－）接线柱上，一次绕组的阻值一般在0.5~2Ω范围内。若发生断路、短路或者高电阻时，应更换点火线圈。将万用表的两只表笔分别跨接到点火线圈二次绕组两端接线柱上，二次绕组的阻值一般在8~20kΩ范围内。

4. 爆燃传感器的检测

以卡罗拉1.6L乘用车为例，其电路连接如图4-25所示。端子1是传感器信号输入线，端子2是传感器负极线，外面是屏蔽线。

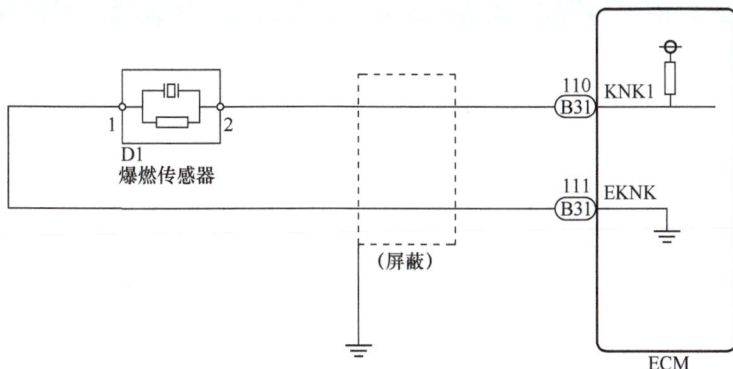

图4-25　卡罗拉1.6L乘用车爆燃传感器控制电路

（1）万用表检测　一般可通过测量电阻的方法对爆燃传感器进行粗略的检测。对于磁带伸缩式爆燃传感器，由于其传感器内部采用了感应线圈，故用万用表检测时应有一定的电阻值，电阻值为 0 或 ∞ 均表示感应线圈有短路或断路故障；对于压电式爆燃传感器，由于传感器是用压电材料制作的，故用万用表检测时，其电阻值应为 ∞，若电阻值为 0，表示有短路故障。

用万用表测量传感器电阻时，断开点火开关，拔下传感器线束插头，端子 1 与 2 之间阻值应大于 $120 \sim 280\text{k}\Omega$。用万用表测量信号电压时，断开传感器插接器，测量 1 与 2 之间的电压，正常时应为 2.5V 左右，有故障时应为 5V 左右。

（2）读取故障码和数据流　当爆燃传感器发生故障时，发动机 ECU 能够检测到有关信息，并使发动机进入故障应急状态下运行。利用发动机解码器，通过诊断插座可以读取相关故障码和数据流。以 70km/h 的速度行驶时，爆燃反馈值的正常值应为 $-20° \sim 0°$ 曲轴转角。

（3）波形检测　首先连接示波器，起动发动机并怠速运转，可对发动机加载，再查看波形显示，与标准爆燃传感器标准波形（图 4-26）进行比较，可以判定传感器工作性能好坏。波形的峰值电压和频率将随发动机的负荷和转速的增加而增加。若发动机点火过早、燃烧温度不正常、废气再循环不正常时，其幅度和频率也会增加。打开点火开关，不起动发动机，用金属物敲击爆燃传感器附近的缸体。在敲击发动机缸体后，示波器上应有一突变波形。敲击越大，幅值也越大，如果波形显示只是一条直线说明爆燃传感器没有信号输出，应检查电路和爆燃传感器。

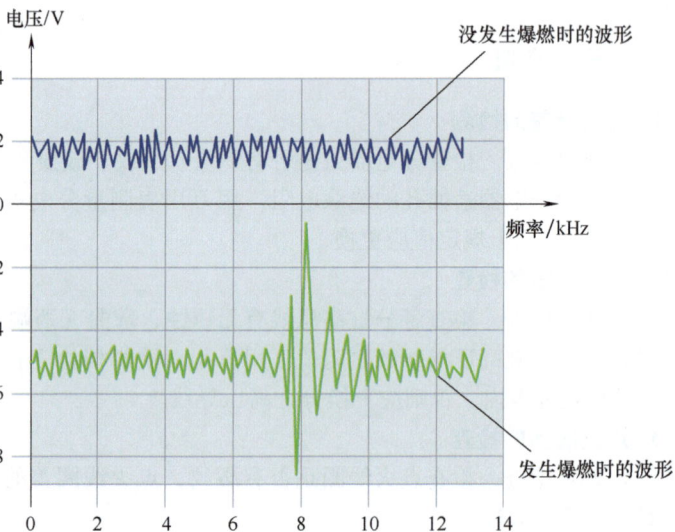

图 4-26　爆燃传感器的波形

四、任务评价

实训任务单 4-5

实训任务：电控点火系统主要部件检修		
姓名：	班级：	学号：
实训车型：	VIN：	

1. 点火线圈的检查（20 分）

1）外观检查：

外观检查结果：

2）电阻检查：

一次绕组电阻：

二次绕组电阻：

2. 高压导线的检查（20 分）

1）外观检查：

外观检查结果：

2）电阻检查：

电阻值：

（续）

3. 爆燃传感器的检查（30分）

1）万用表检查：

电阻值：

电压值：

2）解码器检查：

故障码：

数据流：

3）示波器检查：

画出所测量波形：

4. 分电器盖的检查（10分）

1）外观检查：

外观检查结果：

2）绝缘电阻检查：

电阻值：

检查结果分析（10分）：

操作过程5S要求（10分）：

问题留言：

实训成绩：　　　　　　　　　　　　　　　　　　　指导老师签名：

任务三　电控点火系统故障诊断

一、任务目的

1）能够在40min内规范独立完成点火系统故障诊断项目。

2）操作中各部件摆放应干净整齐，符合5S要求。

二、任务准备

1）准备发动机解码器、示波器、万用表、组合工具和扭力扳手等。

2）准备磁力护裙、座椅套、转向盘套、变速杆手柄套和脚垫。

3）准备相关车辆及车辆维修手册。

4）拉紧驻车制动器操纵杆，并将变速杆置于空档或驻车档（P位）位置。

5）套上转向盘护套、变速杆手柄套和座位套，铺设脚垫。

6）在车内拉动发动机舱盖手柄，在车外打开并支撑发动机舱盖，粘贴翼子板和前脸磁力护裙。

三、任务步骤

以下任务以卡罗拉1.6L乘用车为例进行介绍，其他车辆可参阅相关资料。

1. 电控点火系统自诊断

电控点火系统ECU具有自诊断功能，通过发动机解码器可对其进行自诊断，读取故障码，故障码见表4-6。

表4-6　故障码表

故 障 码	故 障 部 位
P0301	检测到1号气缸缺火
P0302	检测到2号气缸缺火
P0303	检测到3号气缸缺火
P0304	检测到4号气缸缺火
P0327	爆燃传感器1电路低输入
P0328	爆燃传感器1电路高输入
P0335	曲轴位置传感器"A"电路故障
P0339	曲轴位置传感器"A"电路间歇性故障
P0340	凸轮轴位置传感器"A"电路故障
P0351	点火线圈"A"一次/二次电路故障
P0352	点火线圈"B"一次/二次电路故障
P0353	点火线圈"C"一次/二次电路故障
P0354	点火线圈"D"一次/二次电路故障
P0365	凸轮轴位置传感器"B"电路故障

2. 读取数据流

起动发动机，并使发动机暖机。将解码器连接到诊断插口读取数据流，并记录下来，相关数据流见表4-7。

表4-7　点火系统数据流表

测 量 项 目	数 据 范 围	正 常 值
气缸点火正时提前角	最小：-64° 最大：63.5°	急速：3°~13°
ECU计算的负载	最小：0% 最大：100%	急速：10%~40%
爆燃校正学习值	最小：-64°曲轴转角 最大：1984°曲轴转角	以70km/h的速度行驶 -20°~0°曲轴转角
发动机冷却液温度	最小：-40℃ 最大：140℃	暖机后：80~95℃
进气温度	最小：-40℃ 最大：140℃	等于环境气温
1号节气门位置传感器输出电压	最小：0V 最大：5V	节气门全关：0.5~1.1V 节气门全开：3.2~4.9V
点火计数器	最小：0 最大：800	0~400

（续）

测量项目	数据范围	正常值
1～4号气缸缺火率	最小：0 最大：255	0

3. 电控点火系统工作测试（试火）

可通过对电控点火系统工作测试检查其是否正常工作，具体的检查方法如下：

1）拆下火花塞。

2）断开喷油器线束插接器。

3）将火花塞安装到高压线上，并将火花塞搭铁，如图4-27所示。

4）起动发动机，检查火花塞是否出现火花。测试结果如果出现正常火花，说明点火系统控制电路及该气缸高压线、火花塞工作正常；如果没有出现火花或出现的火花不正常，说明点火系统有故障，则进行相应电路检查。

4. 电控点火系统波形的测量

首先连接示波器，根据卡罗拉1.6L乘用车点火系统控制电路图（图4-5），采用双通道同时测量IGT与E及IGF与E之间的波形，起动发动机，通过示波器上显示的波形与图4-28所示的标准波形进行比较，从而可判断点火系统是否有故障。

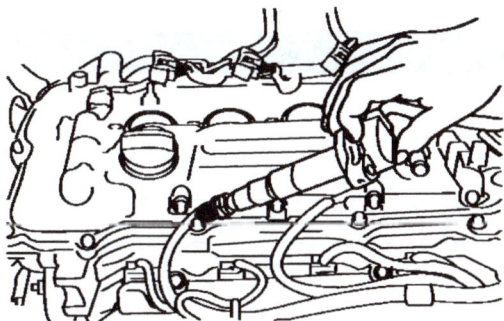

图 4-27　点火系统工作测试

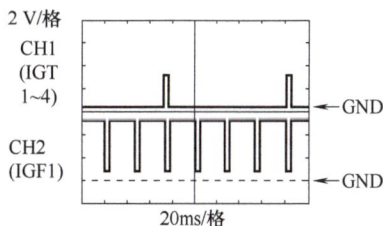

图 4-28　卡罗拉 1.6L 乘用车点火信号波形

5. 电控点火系统控制电路的检查

当进行点火系统功能测试火花塞不跳火或某缸点火信号波形不正常时，可对点火系统控制电路进行检查。测量项目及标准值见表4-8。

表 4-8　电控点火系统控制电路的检查

测量项目	标准值	测量条件
点火线圈1端子与搭铁电压	12V	点火开关接通
点火线圈4端子与搭铁电压	0V	点火开关接通
点火线圈2端子与IGT端子间电阻	小于1Ω	断开电路
点火线圈3端子与IGF端子间电阻	小于1Ω	断开电路
点火线圈端子1与端子2、3、4间电阻	∞	断开电路
点火线圈端子2与端子3、4间电阻	∞	断开电路
点火线圈端子3与端子4间电阻	∞	断开电路

四、任务评价

实训任务单4-9

实训任务：电控点火系统故障诊断		
姓名：	班级：	学号：
实训车型：	VIN：	

1. 电控点火系统工作测试（15分）

电控点火系统工作测试结果：

2. 读取故障码（10分）

记录读取到的故障码：

3. 读取数据流（15分）

记录相关数据流：

4. 电控点火系统波形的测量（20分）

画出所测量波形：

5. 电控点火系统控制电路的检查（20分）

记录测量项目及测量值，并对结果进行判断。

测量项目	测量值	测量结果分析

检查结果分析（10分）

操作过程5S要求（10分）：

问题留言：

实训成绩：   指导老师签名：

巩固与提高

一、填空题

1. 电控点火系统主要由_____、_____及_____组成。

2. 按点火方式的不同，点火系统可分为_____、_____和_____。

3. _____是电控点火系统实现点火时刻闭环控制的重要元件。

4. 按火花塞的热传导性能可分为_____和_____两种。绝缘体裙部长的火花塞，称为热型火花塞；裙部短的火花塞，称为冷型火花塞。

5. 点火线圈可将_____低压电转变成能击穿火花塞电极间隙_____的高压直流

电。点火线圈根据磁路结构形式的不同，一般分为_____和_____两种。

6. _____的作用是将点火线圈产生的高压电，按照发动机的工作顺序送至各缸火花塞；_____的作用是产生脉冲信号，送给点火控制器，由点火控制器控制一次电路的通断。

7. 最佳点火提前角的数值需要根据_____、_____、_____和可燃混合气浓度等很多因素而定。

8. 点火时间控制可分为_____和_____两个阶段。

9. 电控点火系统故障形式多样，故障现象也多样，总结起来可分为_____和_____。

二、选择题

1. 在（　　）工况下将点火时间固定在一定值。

A. 急速　　　　　B. 起动　　　　　C. 加速　　　　　D. 暖车

2. 点火时间修正控制不包括（　　）。

A. 低温修正　　　B. 暖机修正　　　C. 起动修正　　　D. 爆燃修正

3. 急速稳定修正时，最大点火时间修正值为（　　）。

A. ±5°　　　　　B. ±10°　　　　　C. ±15°　　　　　D. ±20°

4. 下列不属于电控点火系统输入信号的是（　　）。

A. 空气流量传感器　　　　　　　B. 进气温度传感器

C. 节气门位置传感器　　　　　　D. 点火线圈

5. 在电控点火系统中，用于产生高压的部件是（　　）。

A. ECU　　　　　B. 分电器　　　　C. 高压线　　　　D. 点火线圈

三、简答题

1. 简述电控点火系统的作用、类型和组成。
2. 简述电控点火系统的工作原理。
3. 简述电控点火系统的控制功能。
4. 简述火花塞型号的特点。
5. 简述火花塞更换的注意事项。
6. 简述爆燃传感器的检测方法。
7. 简述点火线圈的类型、特点及检修方法。
8. 简述电控点火系统故障的诊断方法。

发动机辅助控制系统检修

项目五

学习目标

1. 了解怠速控制系统的作用和类型。

2. 了解燃油蒸气控制系统、三元催化转化控制系统、废气再循环控制系统、二次空气喷射系统及曲轴箱强制通风系统的作用。

3. 了解热量管理系统及特性曲线调节式润滑压力控制系统的功用。

4. 掌握怠速控制系统的工作原理、主要部件的结构及检修方法。

5. 掌握燃油蒸气控制系统、三元催化转化控制系统、废气再循环控制系统、二次空气喷射系统及曲轴箱强制通风系统的工作原理、主要部件结构及检修方法。

6. 掌握热量管理系统及特性曲线调节式润滑压力控制系统的工作原理、主要部件结构及检修方法。

典型工作任务

1. 怠速控制系统检修。
2. 排放控制系统检修。

知识准备

第一课 怠速控制系统的结构和工作原理

在汽车使用中，怠速转速的高低直接影响燃油消耗和排放污染。怠速转速过高，燃油消耗增加，但怠速转速过低，由于运行条件较差或负载增加容易导致发动机运转不稳甚至熄火，同时又会增加排放污染。因此，电控发动机需要根据发动机怠速时工作条件及负荷的变化来控制怠速运转时的最低稳定转速。

一、怠速控制系统的作用及组成

1. 怠速控制系统的作用

怠速是指节气门关闭，加速踏板完全松开，且发动机对外无功率输出并保持最低转速稳定运转的工况。电控燃油喷射式发动机在怠速工况时，空气通过节气门缝隙或旁通的怠速空气道进入发动机，并由空气流量传感器（或进气歧管绝对压力传感器）对进气量进行检测，电控燃油喷射系统则根据传感器信号控制喷油量，保证发动机以最佳的怠速转速运转。此时，驾驶人无法进行怠速进气量的调节与控制。

在怠速控制系统中，ECU 根据节气门位置传感器信号和车速信号确认怠速工况，只有在节气门全关、车速为零时，才进行上述的怠速控制。

2. 怠速控制系统的组成

　　怠速控制系统主要由传感器、ECU和执行元件三部分组成，如图5-1所示，各组成部件的功用见表5-1。首先ECU根据各传感器的检测信号进行判断发动机是否处于怠速工况及发动机负荷的变化，并根据存储在ECU的怠速控制程序确定一个怠速运转的目标转速，并与实

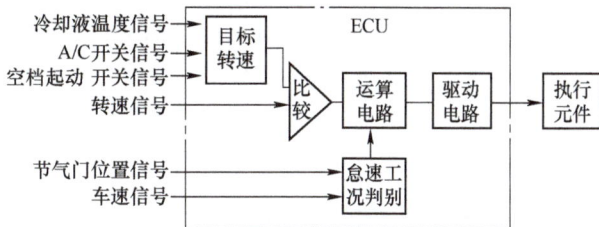

图5-1　怠速控制系统的组成

际怠速转速进行比较，根据比较结果控制执行元件工作，以调节进气量，使发动机的怠速转速达到所确定的目标值。

表5-1　怠速控制系统各组成部件的功用

组　件		功　用
传感器	发动机转速传感器	检测发动机转速
	节气门位置传感器	检测发动机怠速状态
	车速传感器	检测汽车行驶速度
	冷却液温度传感器	检测发动机冷却液温度
	起动开关信号	检测发动机的起动工况
	空调开关（A/C）信号	检测空调的工作状态
	空档起动开关（P/N）信号	检测变速杆位置
	动力转向开关信号	检测动力转向装置的工作状态
	发电机负荷信号	检测发电机负荷的变化
	液力变矩器负荷信号	检测液力变矩器负荷的变化
执行元件	怠速控制阀	控制怠速进气量
发动机ECU		根据各传感器的输入信号，把发动机的实际转速与各传感器信号所确定的目标转速进行比较。根据比较结果，确定相当于目标转速的控制量，驱动执行机构，使怠速保持在目标转速范围内

3. 怠速控制系统的类型

　　（1）按进气量控制方式分类　怠速控制就是对怠速工况下的进气量进行控制，根据进气量控制方式的不同，怠速控制可分为节气门直动式和旁通空气式两种控制类型，如图5-2所示。

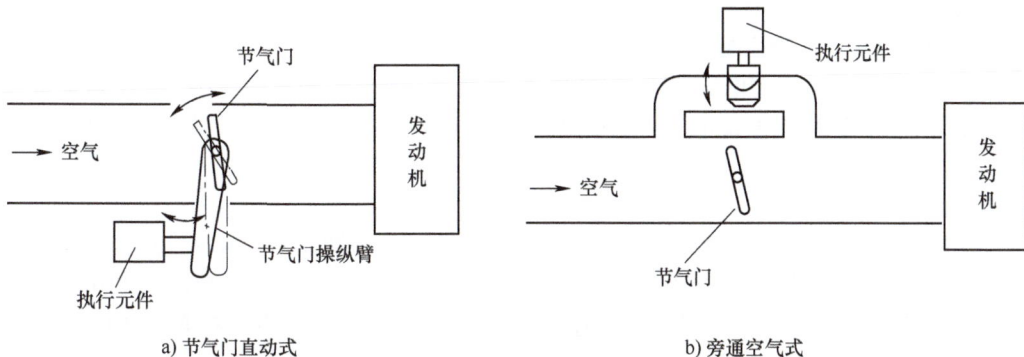

a) 节气门直动式　　　　　　　　　　b) 旁通空气式

图5-2　怠速控制系统的控制类型

节气门直动式通过执行元件改变节气门的最小开度来控制怠速进气量，而在旁通空气式怠速控制系统中，设有旁通节气门的怠速空气道，由执行元件控制流经怠速空气道的空气量。

（2）按执行元件分类　根据执行元件的不同分为直流电机式、步进电机式和电磁阀式。直流电机主要用于节气门直动式的驱动机构，步进电机式和电磁阀式主要用于旁通气道式驱动机构。

目前广泛采用的是通过直流电机驱动节气门的直动式控制方式，有少部分车型采用步进电机控制的旁通气道式。

二、怠速控制系统的控制内容

为了实现发动机在目标怠速转速下稳定运转，怠速控制系统主要完成起动初始位置的设定、起动控制、暖机控制、怠速稳定控制、怠速预测控制、电器负荷增多时的怠速控制等控制内容。

1. 起动初始位置设定

为了改善发动机的起动性能，关闭点火开关使发动机熄火后，ECU 继续给怠速控制执行机构供电约 2～3s，使怠速控制执行机构回到起动初始（全开）位置。待怠速控制执行机构回到起动初始位置后，ECU 停止给怠速控制执行机构供电，怠速控制执行机构保持全开不变，为下次起动做好准备。

2. 起动控制

发动机起动时，由于怠速控制执行机构预先设定在全开位置，在起动期间经怠速空气道可供给最大的空气量，有利于发动机起动。但怠速控制阀如果始终保持在全开位置，发动机起动后的怠速转速就会过高，所以在起动期间，ECU 根据冷却液温度的高低控制怠速控制执行机构，调节怠速控制阀的开度，使之达到起动后暖机控制的最佳位置，此位置随冷却液温度的升高而减小，控制特性存储在 ECU 内。

3. 暖机控制

暖机控制又称为快怠速控制，在暖机过程中，ECU 根据冷却液温度信号按内存的控制特性控制怠速控制阀开度，随着温度上升，怠速控制阀开度逐渐减小。当冷却液温度达到设定温度时，暖机控制过程结束。

4. 怠速稳定控制

怠速稳定控制又称为反馈控制，在怠速运转时，ECU 将接收到的转速信号与确定的目标转速进行比较，其差值超过一定值（一般为 20r/min）时，ECU 将通过怠速控制执行机构控制怠速控制阀，调节怠速空气供给量，使发动机的实际转速与目标转速相同。

5. 怠速预测控制

发动机在怠速运转时，变速器档位、动力转向、空调等工作状态的变化都将使发动机的转速发生可以预见的变化。为了避免发动机怠速转速波动或熄火，在发动机负荷出现变化时，不待发动机转速变化，ECU 就会根据各负载设备开关信号（A/C 开关等），通过怠速控制执行机构提前调节怠速控制阀的开度。

6. 电器负荷增多时怠速控制

在怠速运转时，如使用的电器负载增大到一定程度，蓄电池电压就会减小。为了保证电控系统正常的供电电压，ECU 根据蓄电池电压信号，通过怠速控制执行机构调节怠速控制阀的开度，提高发动机的怠速转速，以提高发电机的输出功率。

7. 学习控制

在发动机使用过程中，由于磨损等原因会导致怠速控制阀的性能发生改变，怠速控制阀的位置相同时，但实际的怠速转速会与设定的目标转速略有不同。在此情况下，ECU 在利用反馈控制使怠速转速回归到目标值的同时，还可将怠速控制执行机构的运行情况存储在 ROM 中，以便在此后的怠速控制过程中使用。

三、怠速控制执行机构的结构和工作原理

1. 节气门直动式怠速控制执行机构的结构和工作原理

（1）结构　节气门直动式怠速控制执行机构是通过节气门体怠速稳定控制器控制节气门的开启来实现怠速稳定控制的。它没有怠速空气旁通道，怠速稳定控制器由一个直流电机通过齿轮传动，控制节气门的开启。图 5-3 所示为捷达乘用车采用的节气门直动式怠速控制执行机构，节气门体主要由节气门和怠速稳定控制器组成，怠速稳定控制器主要由怠速电机、齿轮减速机构、应急弹簧、节气门电位计、怠速节气门电位计和怠速开关等构成。怠速电机可正反两方向旋转，通过减速机构直接驱动节气门转动，使节气门开度增大或减小。节气门电位计相当于电喷发动机的节气门位置传感器，怠速节气门电位计相当于一个高灵敏度的仅用于检测节气门怠速开度的节气门位置传感器，怠速开关则用来判定节气门是否进入怠速状态。

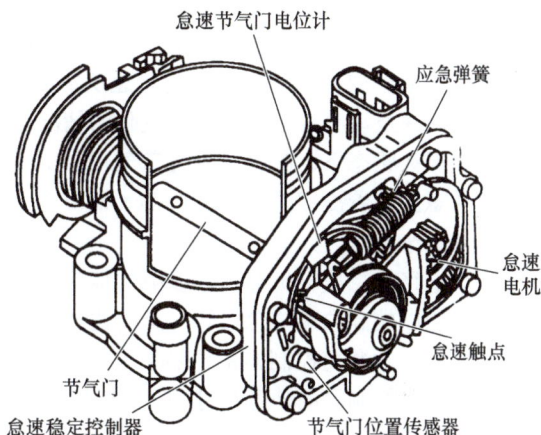

图 5-3　捷达乘用车采用的节气门直动式怠速控制执行机构

（2）工作原理　节气门直动式怠速控制执行机构的控制电路如图 5-4 所示，节气门体上的怠速稳定控制器通过一个 8 端子插接器与 ECU 相连，各端子排列如图 5-5 所示。ECU 的 62 端子向节气门电位计和怠速节气门电位计提供 5V 工作电压，67 端子则通过 ECU 内部搭铁，65 端子和 74 端子分别接收来自节气门电位计和怠速节气门电位计的信号，69 端子与怠速开关相连，用来判定节气门是否进入怠速状态，怠速开关闭合，在 69 端子电位为 0 的情况下，ECU 通过 66 端子和 59 端子向怠速电机输出止向或反向的工作电流，使怠速电机驱动节气门开大或关小，达到稳定和调节怠速的目的。当需要锁定怠速电机从而锁定节气门开度时，ECU 通过内部将 66 端子与 59 端子短接，即将怠速电机的两个输入端子短接，利用电机电枢感应电流所产生的磁场，形成电机的转动阻力，从而产生制动效果。

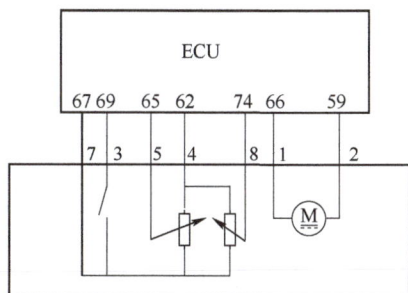

图 5-4　节气门直动式怠速控制执行机构的控制电路

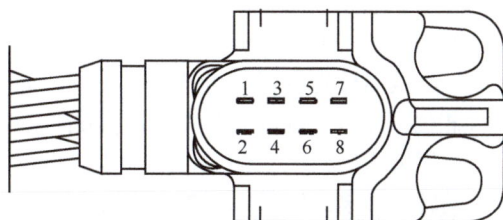

图 5-5　怠速稳定控制器端子排列顺序

1—怠速电机正极端子　2—怠速电机负极端子　3—怠速开关正极端子　4—电位计正极端子　5—节气门电位计信号端子　6—空端子　7—怠速开关和电位计负极端子　8—怠速节气门电位计信号端子

当 ECU 根据转速、冷却液温度和空调开关等信号判定需要调节节气门开度来稳定或控制发动

机的怠速转速时，就会向怠速电机提供正向或反向的工作电流，使怠速电机正向或反向运转，并通过齿轮减速机构驱动节气门开度增大或减小，怠速节气门电位计将节气门怠速开度的变化情况随时反馈给 ECU。当发动机转速或节气门开度达到理想值时，ECU 又会将怠速电机锁定，从而使节气门开度锁定。当节气门由大开度突然关闭时，怠速电机还可以减缓节气门的关闭速度，起到节气门缓冲器的作用。

此外，ECU 具有自适应学习功能。在稳定的怠速工况下，ECU 可将对应的怠速节气门开度位置存储记忆，以便下次启动后在稳定怠速控制过程中参考。当发动机技术状况发生变化（如磨损、积炭等情况）时，要维持同样的怠速转速所需要的节气门开度可能会发生变化，这种自适应学习功能则可保证在发动机技术状态发生变化的情况下，其怠速转速基本维持不变。

在断电熄火状态下，应急弹簧将节气门拉开至某特定开度，保证下次起动后，发动机处于高怠速运转状态。随着冷却液温度的升高，ECU 通过怠速电机将节气门开度逐渐减小，发动机逐渐恢复到正常怠速状态。

在控制电路或怠速电机等发生故障的情况下，应急弹簧还可将节气门拉开到某一预定的开度，保证发动机能以较高怠速应急运转，从而避免了熄火。

节气门直动式怠速控制器的结构比较简单，但采用齿轮减速机构后，会导致执行速度变慢，动态响应性差，控制器的外形尺寸也比较大，安装时受到一定的限制，其主要应用在大众、奥迪等欧洲车系上。

2. 步进电动机型怠速控制执行机构的结构和工作原理

（1）怠速控制阀的结构　步进电动机型怠速控制阀安装在节气门体上，其的结构如图 5-6 所示，步进电动机主要由转子和定子组成，丝杠机构将步进电动机的旋转运动转变为阀杆的直线运动，控制阀与阀杆制成一体，使阀芯进行轴向移动，改变阀芯与阀座之间的间隙。

（2）步进电动机的结构　步进电动机的结构如图 5-7 所示，其主要由用永久磁铁制成的有 16 个（8对）磁极的转子和两个定子（定子 A 和定子 B）组成。每个定子都由两个带 16 个爪极的铁心交错装配在一起，每对爪极（N 极与 S 极）之间的间距为一个爪极的宽度，A、B 两定子相差一个爪极的位差（图 5-8），两个定子上分别绕有 1、3 相和 2、4 相两组线圈，每个定子上两线圈的绕制方向相反。ECU 控制步进电动机工作时，给线圈输送的是脉冲电压，4 个线圈的通电顺序（相位）不同，步进电动机的转动方向就不同，当按一定顺序输入一定数量的脉冲时，步进电动机就

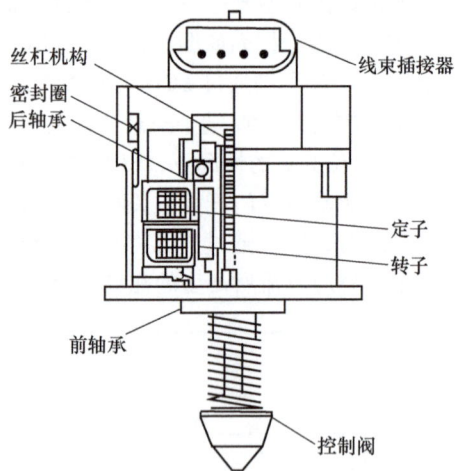

图 5-6　步进电动机型怠速控制阀的结构

向某一方向转过一定的角度，步进电动机的转动量取决于输入脉冲的数量。因此，ECU 通过对定子线圈通电顺序和输入脉冲数量的控制，即可改变步进电动机式怠速控制阀的位置（即开度），从而控制怠速空气量。由于给步进电动机每输入一定量的脉冲只转过一定的角度，其转动是不连续的，所以称为步进电动机。

（3）步进电动机的工作原理　步进电动机的工作原理图如图 5-9 所示，当 ECU 控制使步进电动机的线圈按 1—2—3—4 顺序依次搭铁时，定子磁场顺时针转动，由于与转子磁场间的相互作用（同性相斥，异性相吸），使转子随定子磁场同步转动。同理，步进电动机的线圈按相反的顺序通电时，转子则随定子磁场同步反转。转子每转一步与定子错开一个爪极的位置，由于定子有 32 个

爪极（上、下两个铁心各16个），所以步进电动机每转一步为1/32圈（约11°转角），步进电动机的工作范围为0～125个步进级。

　　图5-10所示为步进电动机型怠速控制执行机构电路图，主继电器触点闭合后，蓄电池电源经主继电器到达怠速控制阀的B1和B2端子、ECU的 + B和 + B1端子，B1端子向步进电动机的1、3相两个线圈供电，B2端子向2、4相两个线圈供电。4个线圈分别通过端子S1、S2、S3和S4与ECU端子ISC1、ISC2、ISC3和ISC4相连，ECU控制各线圈的搭铁回路，以控制怠速控制阀的工作。

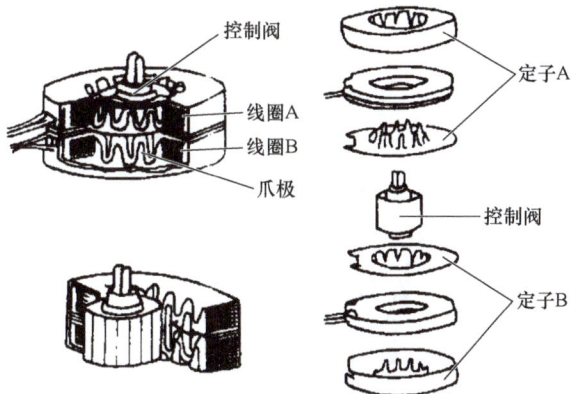

图5-7　步进电动机的结构

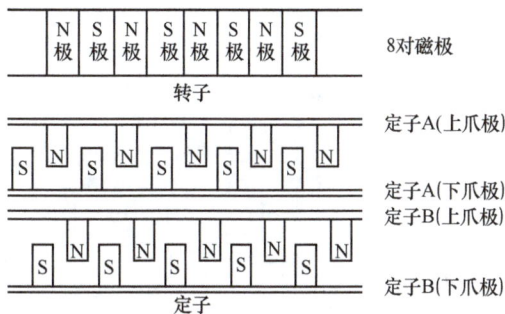

图5-8　定子爪极的位置

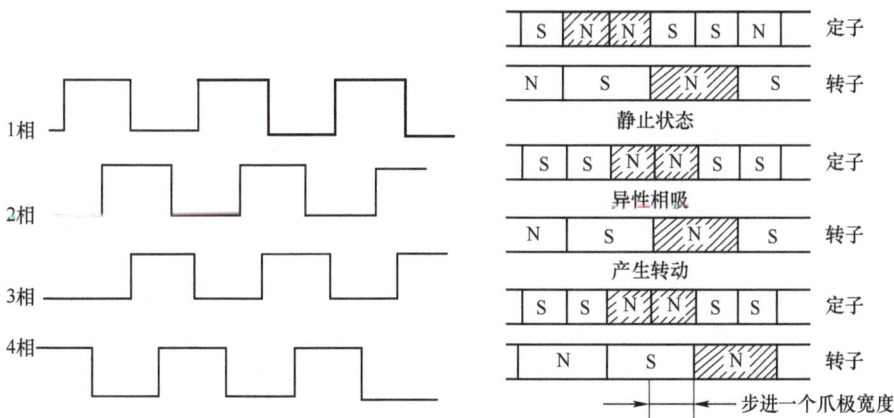

图5-9　步进电动机的工作原理图

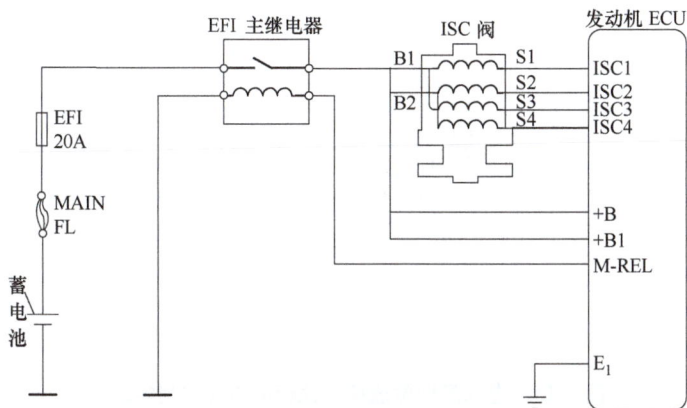

图5-10　步进电动机型怠速控制执行机构电路图

3. 电磁阀型怠速控制执行机构的结构和工作原理

（1）电磁阀型怠速控制执行机构的结构　电磁阀型怠速控制执行机构按照驱动控制阀开启的方向可分为旋转电磁阀型怠速控制执行机构（图 5-11）和滑阀电磁阀型怠速控制执行机构（图 5-12）。旋转电磁阀型怠速控制执行机构是通过电磁阀驱动怠速控制阀转动，从而改变怠速空气旁通气道的大小来调节怠速进气量，实现怠速转速调节。滑阀电磁阀型怠速控制执行机构是通过电磁阀驱动控制阀沿轴向移动，从而改变怠速空气旁通气道的大小来调节怠速进气量，实现怠速转速调节。

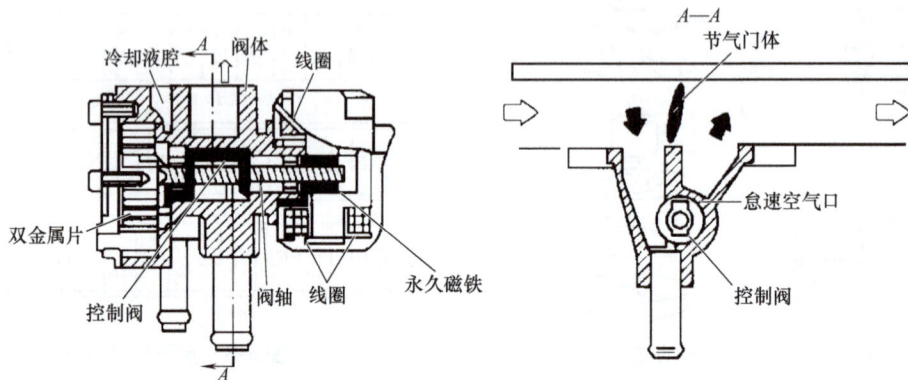

图 5-11　旋转电磁阀型怠速控制阀的结构

（2）工作原理　图 5-13 所示为电磁阀型怠速控制执行机构的控制电路，ECU 通过控制电磁阀型怠速控制执行机构线圈的平均通电时间（占空比）来实现对怠速控制阀开度的控制。占空比是指脉冲信号的通电时间与通电周期之比，通电周期一般是固定的，所以占空比增大，即是延长通电时间。ECU 通过控制输入线圈脉冲信号的占空比来控制磁场强度，以调节控制阀的开度，从而实现怠速空气量的控制。

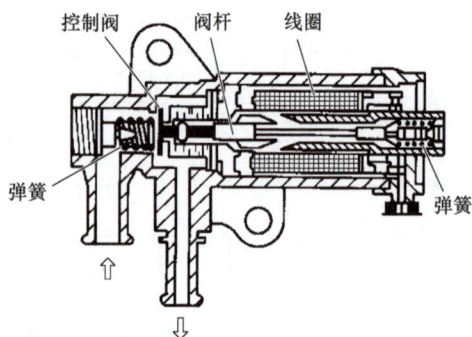

图 5-12　滑阀电磁阀型怠速控制阀的结构

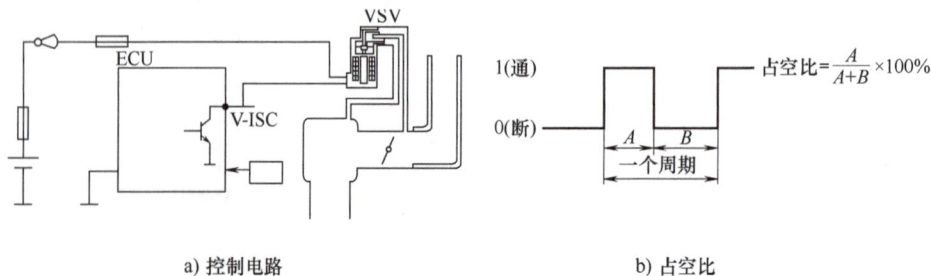

$$占空比 = \frac{A}{A+B} \times 100\%$$

a) 控制电路　　　　　　b) 占空比

图 5-13　电磁阀型怠速控制执行机构的控制电路

第二课　排放控制系统的结构和工作原理

随着汽车保有量的不断增加，汽车所造成的环境污染，已越来越引起人们的重视。汽车所产生的有害气体主要来自发动机燃烧后所排放的废气、曲轴箱的废气和燃油蒸发形成的废气。各国的废气排放标准越来越严格，各汽车制造厂为了能够顺利达到汽车废气检验标准，便研究开发出控制废气排放的各种方法，应用在汽车上的主要有三元催化转化（TWC）系统、燃油蒸气排放（EVAP）控制系统、曲轴箱强制通风（PCV）系统、废气再循环（EGR）系统和二次空气喷射系统等。

一、燃油蒸气控制系统

1. 燃油蒸气控制系统的功能

为了防止燃油箱内的燃油蒸气排入大气造成污染，在发动机电控系统中采用了由发动机 ECU 控制的活性炭罐燃油蒸气控制系统，用来收集燃油箱内蒸发的燃油蒸气，并根据发动机工况，将适量的燃油蒸气导入气缸参加燃烧，从而防止燃油蒸气直接排入大气而造成污染。

2. 燃油蒸气控制系统的组成和工作原理

在装有燃油蒸气控制系统的汽车上，油箱盖上只有空气阀，而不设燃油蒸气放出阀。燃油蒸气控制系统的组成如图 5-14 所示，其主要由单向阀、进气管、电磁阀、真空控制阀、定量排放孔和活性炭罐等组成。

在活性炭罐与燃油箱之间设有排气管和单向阀，当燃油箱内的燃油蒸气超过一定压力时，顶开单向阀经排气管进入活性炭罐，活性炭罐内的活性炭将燃油蒸气吸附在炭罐内。发动机工作时，ECU 根据发动机转速、温度和空气流量等信号，控制炭罐电磁阀的开闭来控制排放控制阀上部的真空度，从而控制排放控制阀的开度。当排放控制阀打开时，燃油蒸气通过排放控制阀被吸入进气歧管。活性炭罐下方设有进气滤芯并与大气相通，使部分清洁空气与活性炭罐内的燃油蒸气一起被吸入进气管，从而防止可燃混合气变浓。

在部分电控燃油蒸气排放控制系统中，活性炭罐上不设真空控制阀，而将受 ECU 控制的电磁阀直接装在活性炭罐与进气管之间的吸气管中，如图 5-15 所示。ECU 根据节气门位置传感器、冷却液温度传感器和进气温度传感器信号控制电磁阀通电或断电，电磁阀直接控制活性炭罐与进气管之间的吸气通道。当发动机怠速（进气量较少）或温度较低时，ECU 使电磁阀断电，关闭吸气通道，活性炭罐内的燃油蒸气不能被吸入进气管。

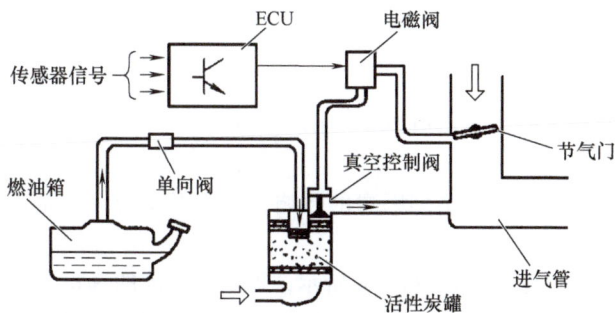

图 5-14　燃油蒸气控制系统的组成

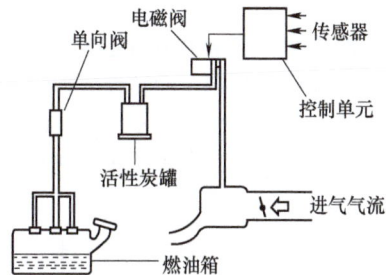

图 5-15　电磁阀直接控制的燃油蒸气控制系统

二、三元催化转化控制系统

1. 三元催化转化控制系统的功能

三元催化转化控制系统的功用主要是通过三元催化转化器和氧传感器来实现的。三元催化转化器安装在排气管中部，其功能是利用转化器中三元催化剂的作用，将发动机排出废气中的有害气体，如碳氢化合物（HC）、一氧化碳（CO）、氮氧化合物（NO_x）转变为无害二氧化碳（CO_2）、水（H_2O）及氮气（N_2）。

2. 三元催化转化器的结构和工作原理

（1）结构　三元催化转化器一般由壳体、减振层、载体和催化剂涂层部分组成，如图5-16所示。三元催化转化器壳体由不锈钢材料制成，以防氧化皮脱落造成载体堵塞。载体一般由氧化铝制成，是承载催化剂的一种支撑体。催化剂又称为触媒，常用贵重金属（如铂、钯、铑）制成，可以促进废气中CO、HC氧化反应及NO_x还原反应的速度，而其本身不被消耗和改变。减振层一般采用膨胀垫片或钢丝网垫，起密封、保温和固定载体的作用，防止三元催化转化器壳体受热变形等对载体造成损害。

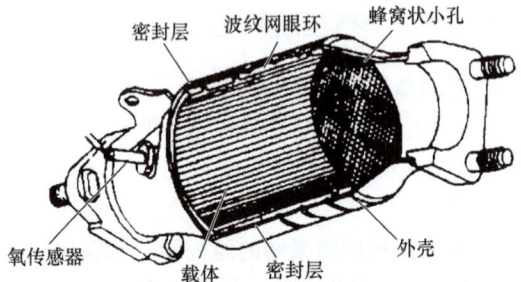

图5-16　三元催化转化器的结构

三元催化转化器一般为整体不可拆卸式。根据催化剂载体的结构特点，三元催化转化器可分为颗粒型和蜂巢型两种类型，前者将催化剂沉积在颗粒状氧化铝载体表面，后者将催化剂沉积在蜂巢状氧化铝载体表面，氧化铝表面有形状复杂的表层，可增大催化剂与废气的实际接触面积。

（2）工作原理　当发动机排出的废气经过三元催化转化器时，三元催化转化器中的铂催化剂就会促使HC与CO氧化生成水蒸气和CO_2，铑催化剂会促使NO_x还原为氮气和氧气，如图5-17所示。

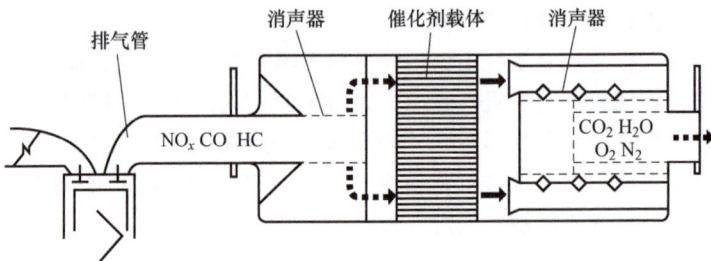

图5-17　三元催化转化器的工作原理图

3. 影响三元催化转化器转换效率的因素

三元催化转化器的转换效率是指废气经过三元催化转化器后，催化剂使HC、CO和NO_x氧化还原成水蒸气、CO_2和N_2的程度。

三元催化转化器将有害气体转变成无害气体的效率受诸多因素的影响，其中影响最大的是可燃混合气的浓度和排气温度。

三元催化转化器的转换效率与可燃混合气浓度的关系如图5-18所示，可见在标准的理论空燃比14.7附近，对废气中三种有害气体（HC、CO、NO_x）的转换效率均比较高。可燃混合气过浓或过稀时，都将使三元催化转化器的转换效率降低。在发动机工作中，为了将实际空燃比精确控制在标准的理论空燃比附近，在装用三元催化转化装置的汽车上，一般在三元催化转化器与发动机之间的排气管或排气歧管上都装有氧传感器，用来检测废气中的氧浓度，氧传感器信号输送给ECU，ECU根据此信号对喷油器的喷油量进行修正，使实际的空燃比更接近理论空燃比。同时，在三元催化转化器的后面还装有一个氧传感器，用来监测三元催化转化器的转换效率。

此外，发动机的排气温度过高（815℃以上）时，三元催化转化器的转换效率将明显下降。有些三元催化转化装置中装有排气温度报警装置，当ECU收到排气温度传感器高温信号后，发出报警信号，当报警装置发出报警信号时，应停机熄火，查明排气温度过高的原因，予以排除。在使用中，排气温度过高一般是由于发动机长时间在大负荷下工作或因故障而燃烧不完全所致。

另外，铅和硫等元素对三元催化转化器会造成

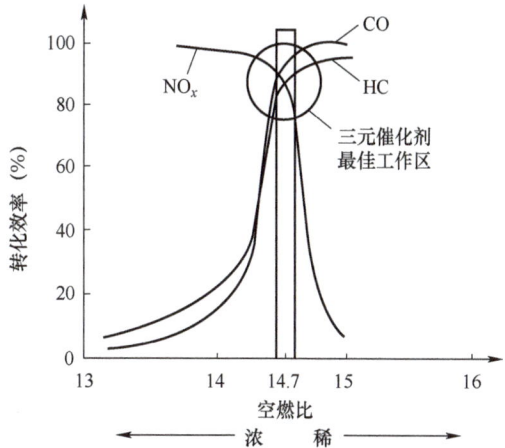

图 5-18　三元催化转化器的转换效率与可燃混合气浓度的关系

不利的影响，因为铅和硫等会与催化剂作用形成新的结晶体结构沉积在催化剂上面，从而破坏催化剂的表面活性，这就是所谓的催化剂中毒，它是影响三元催化转化器寿命最为严重的物理现象。因此，使用三元催化转化器的前提是燃油的无铅化。硫主要对稀土类催化剂的寿命有较大影响。

三、EGR 系统

1. EGR 系统的功能

NO_x是空气中的氮气与氧气在高温、高压条件下形成的。发动机排出的NO_x量主要与气缸内的最高温度有关，气缸内最高温度越高，排出的NO_x量越多。

EGR系统的功能是将适量的废气重新引入气缸参加燃烧，由于废气中含有大量的不能燃烧的惰性气体CO_2，能够吸收燃烧时的热量，从而可降低气缸内的最高温度，减少NO_x的排放量。但是，采用EGR会使混合气着火性能及发动机输出功率下降，因此，应在发动机NO_x排放量多的运行工况范围进行适量的废气再循环。

过量的废气再循环会影响发动机的正常运行，特别是在怠速、低转速小负荷及发动机处于冷车运行时，再循环的废气将会使发动机的性能明显降低。EGR的控制量指标大多采用EGR率表示，其定义为

EGR 率 = EGR 气体流量/（吸入空气量 + EGR 气体流量）×100%

为了保证发动机正常工作和性能不受过多影响，必须根据发动机工况的变化，控制EGR气体流量。进入进气歧管的废气量一般控制在6% ~15%范围内。

目前采用ECU控制的EGR系统主要有开环控制EGR系统和闭环控制EGR系统两种类型。

2. EGR 控制系统的组成和工作原理

EGR系统的组成如图5-19所示，其主要由各种传感器、EGR阀、EGR阀开度传感器、EGR电磁阀和ECU等组成。EGR系统通过检测实际的EGR阀开度作为反馈控制信号，实现闭环控制其控制精度更高。

EGR阀安装在废气再循环通道中，用以控制EGR气体流量。ECU根据发动机冷却液温度、节气门开度、转速和起动等信号来控制电磁阀的通电或断电。ECU给EGR电磁阀通电时，EGR阀开启，进行废气再循环；ECU不给EGR电磁阀通电时，EGR阀关闭，停止废气再循环。现在多数EGR系统的EGR电磁阀多采用占空比控制型电磁阀，ECU通过占空比控制电磁阀的开度，调节作

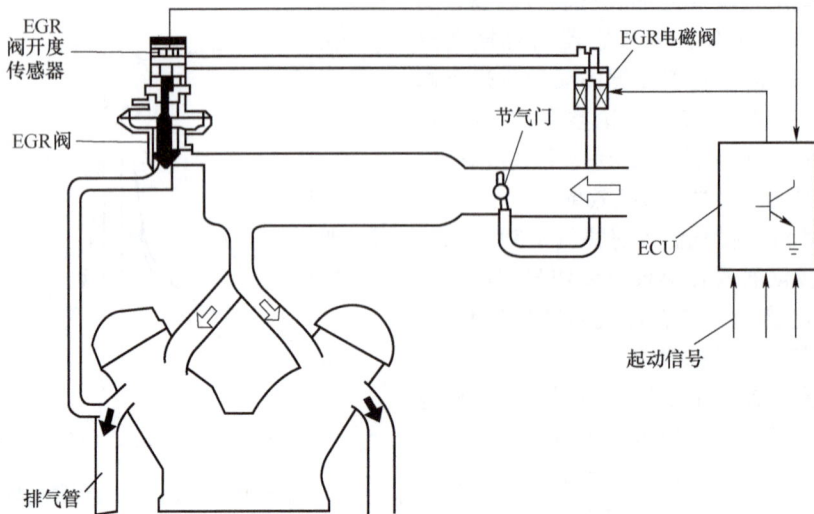

图 5-19　EGR 系统的组成

用在 EGR 阀上的真空度，控制 EGR 阀的开度，以实现对 EGR 气体流量的控制。

当发动机处于起动工况（起动开关信号）、怠速工况（节气门位置传感器怠速触点闭合信号）、暖机工况（冷却液温度信号）、转速过低或过高（一般低于 900r/min 或高于 3200r/min）时，ECU 不给 EGR 电磁阀通电停止废气再循环。在除上述以外的其他工况，ECU 均给电磁阀通电，都进行废气再循环。EGR 气体流量取决于 EGR 阀的开度，ECU 可根据 EGR 阀开度传感器的反馈信号修正电磁阀的开度，使 EGR 率保持在最佳值。

3. EGR 阀的结构

EGR 阀的结构如图 5-20 所示。当发动机不工作时，EGR 阀关闭；当发动机低速运转时，ECU 断开作用于膜片上方的真空源，EGR 阀关闭；当发动机高速运转时，排气背压减小，ECU 接通作用于膜片上方的真空源，EGR 阀打开。

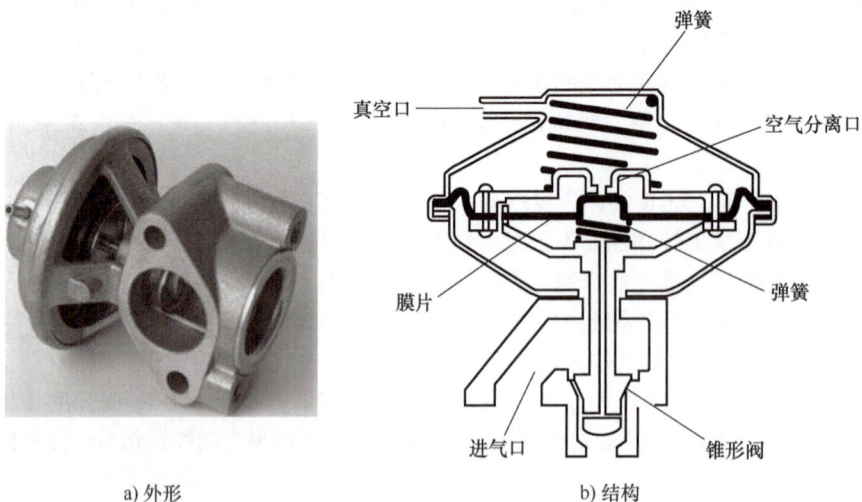

a) 外形　　　　　　　b) 结构

图 5-20　EGR 阀的结构

随着可变配气正时控制系统在发动机电控系统中的应用，EGR 阀的功能逐渐通过可变配气正时控制系统实现气缸内废气再循环，因此好多车上取消了 EGR 阀控制系统。

四、二次空气喷射系统

1. 二次空气喷射系统的功能

二次空气喷射系统是在一定工况下，将新鲜空气送入排气管，促使废气中的 CO 和 HC 进一步氧化，从而降低 CO 和 HC 的排放量，同时加快三元催化转化器的升温。

二次空气喷射系统根据控制原理的不同，可分为空气喷射式和空气吸气式两种。

2. 二次空气喷射系统的组成和工作原理

二次空气喷射系统的组成如图 5-21 所示，它主要由二次空气电磁阀、空气泵、二次空气控制阀和 ECU 等组成。二次空气电磁阀控制二次空气控制阀的工作；空气泵为电动式，提供一定压力的空气；ECU 控制二次空气电磁阀工作，当 ECU 给电磁阀通电时，二次空气控制阀打开，空气泵将新鲜空气通过单向阀强制泵入排气管。

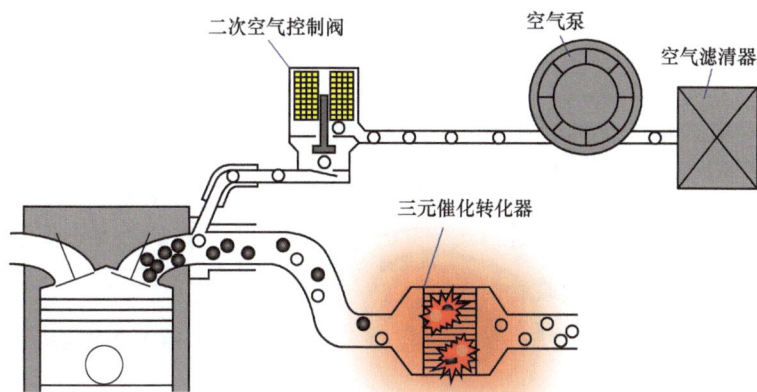

图 5-21　二次空气喷射系统的组成

在下列情况下 ECU 不给二次空气电磁阀通电：

1）电控燃油喷射系统进入闭环控制。

2）冷却液温度超过规定范围。

3）发动机转速和负荷超过规定值。

4）ECU 发现有故障。

五、曲轴箱强制通风系统

1. 曲轴箱强制通风系统的作用

当发动机工作时，不可避免地会有一定量的可燃混合气与废气从燃烧室窜入曲轴箱。因此，曲轴箱内的机油在高温废气中的热量、水分以及燃油等的影响下，将被稀释和发生变质。同时，曲轴箱窜气直接排入大气，将导致 HC 等排放污染物的增加。

曲轴箱强制通风系统的作用就是将窜入曲轴箱内的气体导入发动机进气系统，使之重新回到燃烧室参加燃烧，从而降低发动机的排放污染。

2. 曲轴箱强制通风系统的组成和工作原理

（1）自然吸气式发动机曲轴箱通风系统　自然吸气式发动机曲轴箱强制通风系统的组成如图 5-22 所示，其主要由 PCV 阀、PCV 软管和平衡管组成。发动机工作时，利用进气歧管内的真空度将窜入曲轴箱的气体经 PCV 阀和 PCV 软管吸入进气歧管，随着新鲜空气一起进入气缸参加燃烧。采用 PCV 装置的发动机曲轴箱是密封的，为了防止曲轴箱内产生负压或压力过高，设有平衡管。

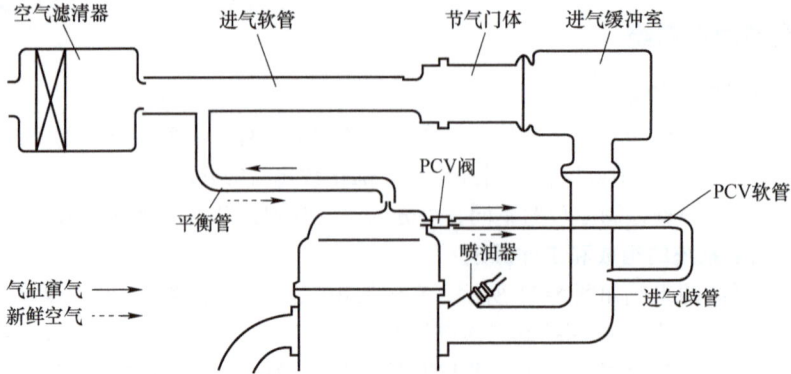

图 5-22　自然吸气式发动机曲轴箱强制通风系统的组成

PCV 阀是一个单向阀，其结构如图 5-23 所示。由于单向阀进气歧管侧为锥形，所以随单向阀位置的不同可改变 PCV 阀的开度，从而实现对吸入窜气量的自动调节。发动机工况不同，进气歧管真空度也不同。当作用在单向阀上的吸力与 PCV 阀弹簧的弹力平衡时，单向阀的位置不变。在急速小负荷或减速时，进气歧管内的真空度较大，PCV 阀开度减小；在大负荷或加速时，PCV 阀开度则增大。

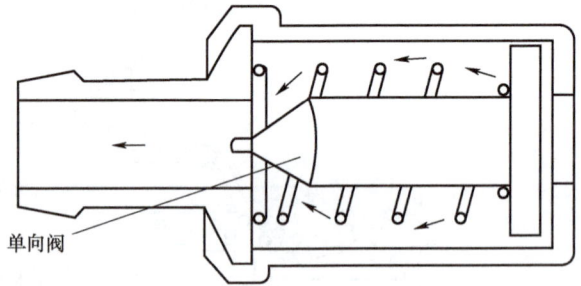

图 5-23　PCV 阀的结构

（2）增压发动机曲轴箱通风系统　对增压发动机来说，其曲轴箱的通风分为增压器工作和增压器不工作两种模式，如图 5-24 所示。在自然吸气模式下，由于节气门后方能够提供真空，因此

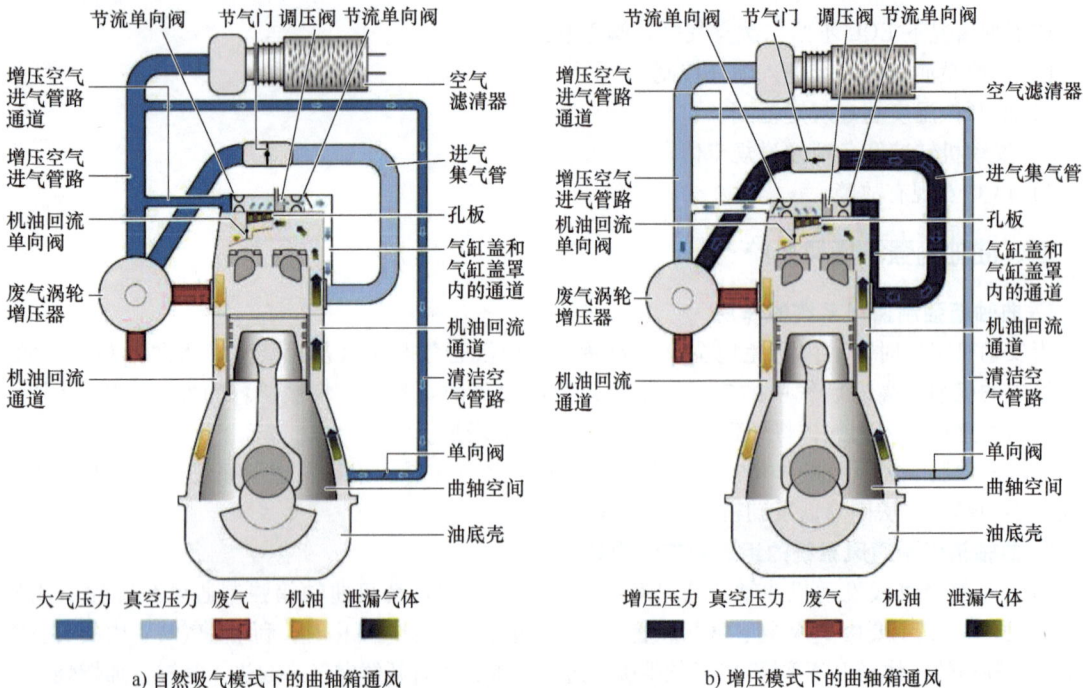

a) 自然吸气模式下的曲轴箱通风

b) 增压模式下的曲轴箱通风

图 5-24　增压发动机曲轴箱通风系统

其通风路径为：泄漏气体→孔板（油气分离）→调压阀→节流单向阀→气缸盖和气缸盖罩内的通道→进气门；在增压器工作后，节气门后方不再有真空，而增压器前方的进气管内由于空气流速较快会产生较小的真空，其通风路径为：泄漏气体→孔板（油气分离）→调压阀→节流单向阀→增压空气进气管路通道→废气涡轮增压器→节气门→进气集气管→进气门。

为了保证曲轴箱内压力的相对稳定，发动机上多采用调压阀对曲轴箱内的压力进行调节，其结构和工作原理图如图5-25所示。调压阀的塑料壳体内有一个隔膜，该隔膜一方面承受待调真空度的压力和一个弹簧的作用力，另一方面承受大气压力。此隔膜与一个带有球阀的阀盘固定连接在一起，根据隔膜位置将波动较大的进气装置压力降低到几乎恒定的曲轴箱内压力。

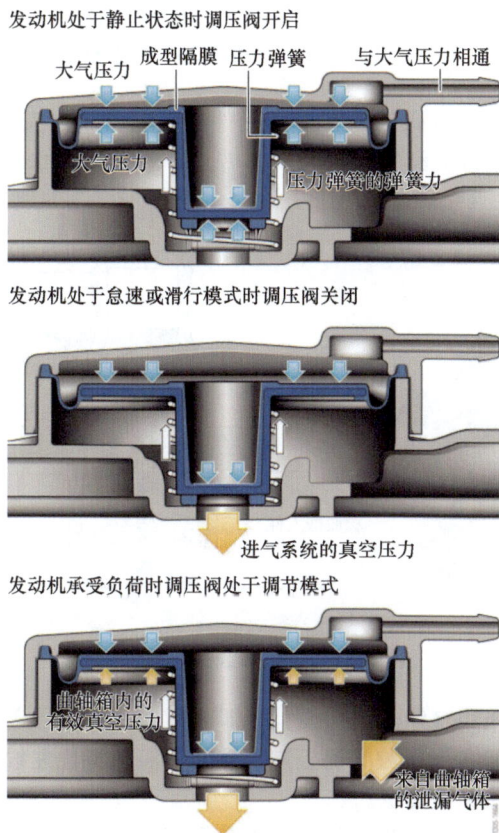

图 5-25　调压阀的结构和工作原理图

第三课　热量管理系统与特性曲线调节式润滑压力控制系统的结构和工作原理

一、热量管理系统

为了满足发动机对排放及功率损耗的要求，现在许多发动机电控系统中采用了智能型发动机热量管理系统对发动机冷却系统进行控制。

1. 热量管理系统的组成

传统冷却系统的温度控制主要是通过节温器和电动风扇来实现的，虽然电动风扇可以实现转速调节来控制冷却气流，但是节温器的开启由发动机冷却液的温度决定，属机械控制部件。与传统冷却系统相比，热量管理系统除了增加控制系统外，主要增加了特性曲线节温器和电动冷却液泵，其组成如图 5-26 所示。

2. 特性曲线式节温器

由于智能型热量管理系统需要根据发动机温度影响耗油量、污染物排放量、动力能和舒适性，因此针对该系统研发了这种特性曲线式节温器，如图 5-27 所示。该特性曲线式节温器成功集成了现代发动机

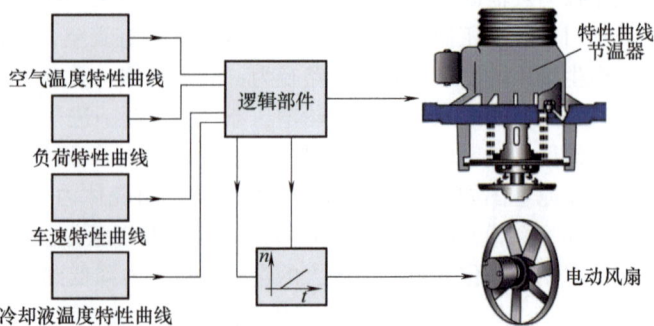

图 5-26　特性曲线节温器控制原理图

管理系统的电子装置，这种组合方式就是在工作元件的膨胀材料内安装了一个电热式加热电阻。这样，膨胀材料就不再仅仅通过流经的冷却液来加热，而是可以通过"人工方式"加热并在以前不会做出响应的温度下启用。

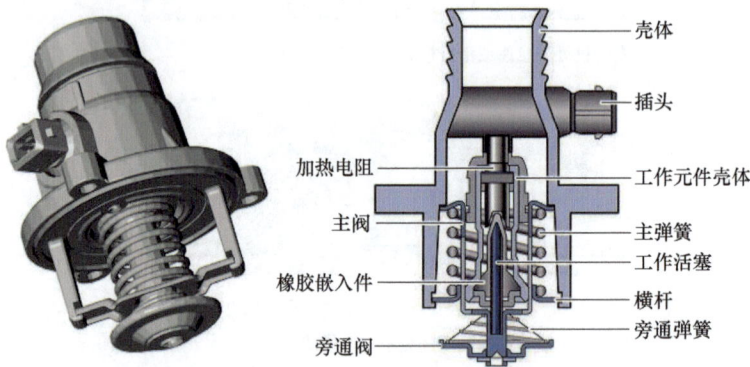

图 5-27　特性曲线式节温器

这种特性曲线式节温器采用整体式结构设计，即节温器和节温器盖板为一个部件。发动机管理系统根据存储的特性曲线和实际行驶状况控制加热元件。该特性曲线由发动机负荷、发动机转速、车速、进气温度和冷却液温度决定。

通过这种"智能型"控制方式可以在发动机部分负荷范围内设置为较高的冷却液温度。部分范围内的运行温度较高时，可达到更好的燃烧效果（配置了相应的发动机管理系统），从而降低耗油量和尾气排放量。发动机满负荷运行时，较高的运行温度会带来不利影响（如因爆燃趋势造成点火延迟）。因此，满负荷运行时将通过特性曲线式节温器有效降低冷却液温度。

3. 电动冷却液泵

采用热量管理系统的前提是冷却循环回路的有效部件（如泵、节温器和风扇）可通过电动方式进行调节。电动调式式特性曲线节温器和电动风扇很早以前就已在发动机冷却系统中使用。因此开发了电动冷却液泵，这种冷却液泵可确保热量管理系统要求的冷却液流量不受当前发动机转速的影响。电动冷却液泵必须满足运行安全性较高、结构体积较小、功率消耗较小（约 200W）、无泄漏、实现最小体积流量和能够承受较高的环境温度等要求。因此，选择了带有 EC 电机（电子整流）和集成式电子装置且根据湿转子原理工作的电动冷却液泵。泵内集成的电子装置执行两个基本任务：一是调节并提供电压和电流，从而使 EC 电机和冷却液泵运转；二是按照发动机管理系统的要求，以调节泵转速并向发动机管理系统反馈相关信息的方式，调节冷却液流量。电动冷却

液泵的模块化设计如图 5-28 所示，采用了非常紧凑且减轻重量的结构方式，且效率比传统机械式冷却液泵高得多。

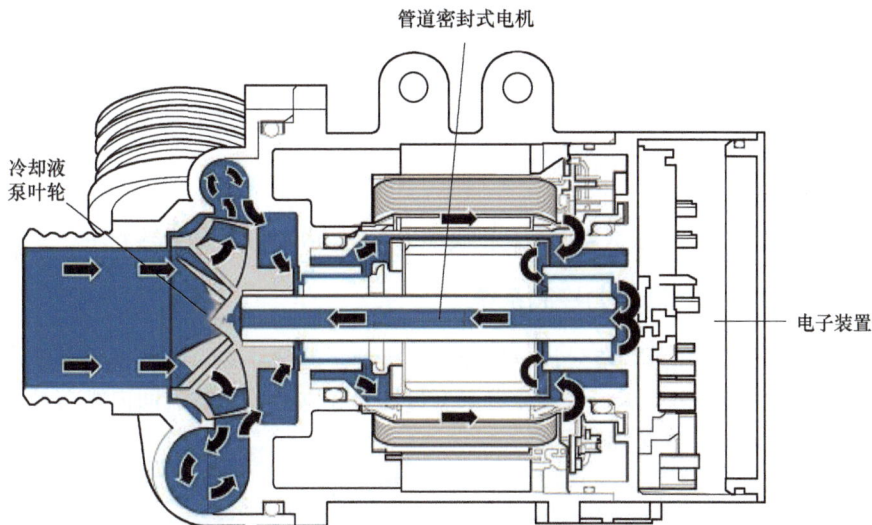

图 5-28　电动冷却液泵的模块化设计

（1）冷却液泵叶轮　由于车载网络提供的电功率有限，因此设计针对所需液压功率的冷却液泵时选择了可以确保效率较高的转速。为了在效率较高的同时显著改善耐气蚀性，在此叶轮上采用了非常复杂的 3D 叶片结构。

（2）管道密封式电机　根据使用寿命较长、结构体积较小、重量较轻且符合湿转子原理的要求，电动冷却液泵需采用"无电刷电机"方案，因此选择了 EC 电机。这种电机工作原理可以通过使用功率密度较高的磁铁达到较高效率。由于没有端面密封及其产生的摩擦力矩，因此湿转子电机可以在很低的转速下运行。由此得到的最小冷却液体积流量大约为 28L/h，这样可以大大缩短冷起动后内燃机的暖机阶段，从而减少耗油量和尾气排放量。

（3）电子装置　电动冷却液泵通过一个集成在泵内的专用电子装置进行调节，调节冷却液泵转速时不使用传感器（即不进行监控）。电动冷却液泵的安装位置离发动机很近，因此也会承受相对较高的温度（最高至 150℃）。为了确保冷却液泵有较长的使用寿命和较高的可靠性，其电子模块采用了高温技术。这种电子装置采用组合式结构，由一个带有高导电性铜导轨的供电部件和一个采用厚膜技术的控制部件组成。

4. 热量管理系统的工作原理

发动机 ECU 根据需要控制冷却液泵，当冷却需求较低且车外温度较低时功率较小，当冷却需求较高车外温度较高时功率较大。热量管理系统确定当前冷却需求并相应调节冷却系统。在某些情况下甚至可以完全关闭冷却液泵，如在暖机阶段让冷却液迅速加热时。在发动机停止运转且温度较高时或冷却废气涡轮增压器时冷却液泵在发动机静止状态下仍可继续输送冷却液。除特性曲线式节温器外，热量管理系统还能根据不同的特性曲线控制冷却液泵。因此，发动机管理系统可以根据行驶情况调节冷却液温度可分为四种模式：109℃为经济模式、106℃为正常模式、95℃为高级模式、80℃为高功率运行模式。

发动机 ECU 根据行驶情况识别到节省能量的"经济"运行范围时发动机管理系统就会调节到较高温度 109℃，在这个温度范围内发动机以相对较低的燃油需求量运行。温度较高时发动机内部摩擦减少，温度升高还有助于降低负荷较低情况下的耗油量。处于"高功率和特性曲线式节温器供电"运行模式时驾驶人希望利用最佳发动机功率利用率，为此需将气缸盖内的温度降至80℃。温度降低可以提高容积效率，从而提高发动机转矩。发动机ECU现在可根据相应行驶状况调节到特定运行范围，从而能够通过冷却系统影响耗油量和功率。

5. 发动机热量管理系统的优点

与普通发动机冷却系统相比，发动机热量管理系统具有如下优点：

1）发动机耗油量低，功率损失小。部件冷却与转速无关，根据需要调节冷却液泵功率，避免功率损失，由于冷却液未进行循环因此可以更快暖机。

2）发动机污染物排放更低。

3）发动机舒适性更高。可根据需要提高供暖能力，发动机静止时的余热利用。

二、特性曲线调节式润滑压力控制系统

传统润滑系统采用流量不可调节设计，这种系统机油泵的设计必须满足在所有可能情况下提供充足的机油体积流量和压力要求，这意味着泵有可能会在大部分运行时间内输送过多机油，从而消耗过多的发动机能量。因此越来越多的润滑系统采用特性曲线调节式可变设计，特性曲线调节式润滑压力控制系统采用流量可变式机油泵和特性曲线电磁阀，可根据需要供给机油并减小机油回路内的平均压力，这样可以减小机油泵的能量需求。

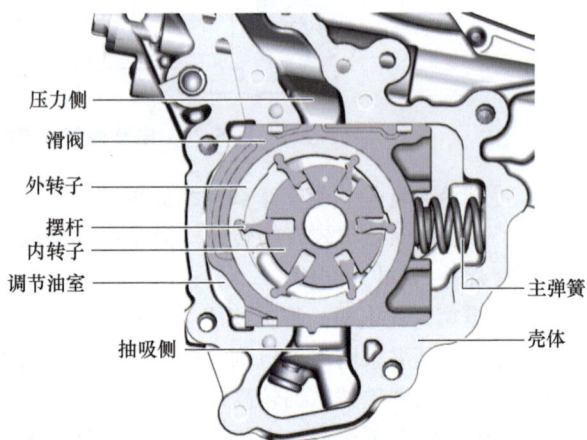

图 5-29 流量可变式机油泵的结构

1. 流量可变式机油泵

流量可变式机油泵可以根据润滑系统的需要改变体积流量，流量可变式机油泵采用叶片泵，流量调节功能主要由滑阀的移动来实现，其结构如图5-29所示。

流量可变式机油泵的核心部分是滑阀，滑阀可沿泵的轴线移动，其工作过程如图5-30所示。处于输送设置时，滑阀位于偏离泵轴线中心的位置，通过这种方式可使抽吸侧体积流量显著增加并使压力侧体积流量显著减少，这样可以提高泵功率。滑阀朝泵轴线方向移动时，体积流量变化减小直至几乎不再产生任何体积流量变化，泵功率也会随之减小，直至最后调节至最小输送功率。

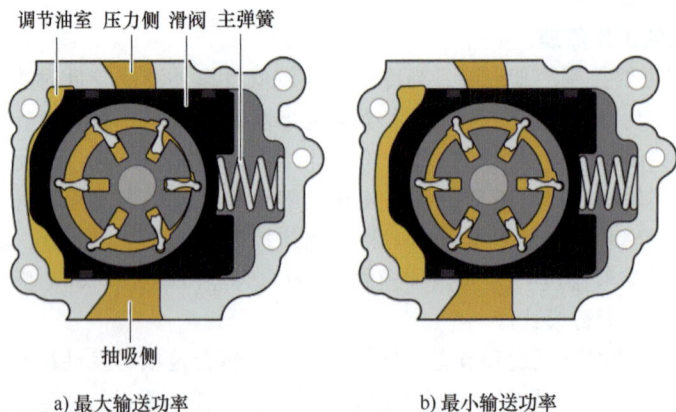

a) 最大输送功率   b) 最小输送功率

图 5-30 流量可变式机油泵的工作过程

　　滑阀的位置取决于调节油室内的机油压力，该压力可使滑阀克服弹簧力移动。如果该压力较小，滑阀就会偏离中心且输送功率较高；如果该压力较大，滑阀就会逐渐压向中心且输送功率减小。调节油室内的压力与主机油通道内的压力相同。通过这种方式可以实现纯液压/机械体积流量调节，在此过程中可调节足够的工作压力，该压力由机油泵内作用于滑阀的主弹簧硬度决定。

2. 特性曲线调节电磁阀

　　采用流量可变式机油泵时，机油系统内的调节压力取决于克服调节油室内压力的弹簧力。弹簧较软时，更容易通过较小压力使滑阀朝中心方向移动。弹簧较硬时则需要更大压力来减少泵的供给量。特性曲线调节方式是通过特性曲线调节电磁阀以无级方式减小在调节油室内产生影响的机油压力。减小的压力越多，机油泵输送的体积流量就越大。因此，机油泵内作用于滑阀的主弹簧要比纯体积流量调节式系统所用弹簧更软。也就是说更容易使滑阀朝中心位置移动，从而在调节油室内压力较小的情况下，机油泵实现最小输送功率。这样可使润滑系统内的压力比较小，从而减小机油泵驱动能量，能够进一步减少发动机功率损耗。特性曲线调节电磁阀是二位三通电磁阀，能够控制机油泵调节油室内的主机油压力。特性曲线调节电磁阀的外形和控制原理图如图5-31所示。

图 5-31　特性曲线调节电磁阀的外形和控制原理图

3. 机油压力传感器

　　机油压力传感器用于探测主机油通道内的机油压力，用于特性曲线调节式润滑压力控制系统的闭环监控，ECU通过压力传感器信号与目标压力对比，更加精确地控制特性曲线调节电磁阀，以达到目标压力控制。机油压力传感器多采用压电式或压敏电阻式。

4. 机油状态传感器

　　有些发动机取消了机油尺，发动机油位由一个机油状态传感器测量并在显示屏上显示出来。通过测定机油状态，可准确判断出何时需要更换发动机机油，其结构如图5-32所示。

　　机油状态传感器由两个上下叠加安装在一起的柱状电容器构成，机油状态通过底部较小的电容器来测量。发动机机油的电气特性随着损耗的加剧和燃油添加剂的分解而发生变化，机油状态传感器的电容

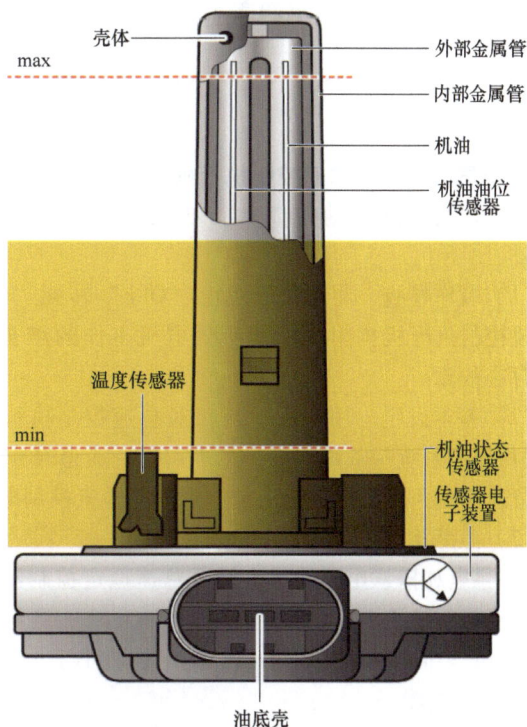

图 5-32　机油状态传感器

随发动机机油电气特性的变化而变化。电容值经过传感器内集成的电子分析装置处理后转化为一个数字信号，该数字传感器信号作为机油状态信息发送至发动机 ECU，发动机 ECU 对该实际值进行处理，以便计算出下次换油保养周期。传感器的中间部分负责测量油位，传感器的该部分与油底壳内的油位高度处于同一位置。因此，电容器电容随油位降低而发生变化。该电容值经过传感器电子装置处理后转化为一个数字信号并发送至发动机 ECU。该传感器底座上装有一个铂金温度传感器，用于测量机油温度。

任务实施

任务一　　怠速控制系统检修

一、任务目的

1）能够独立完成怠速控制系统检修。

2）操作中工具仪器使用规范，各部件摆放应干净整齐，符合 5S 要求。

二、任务准备

1）准备发动机解码器、示波器、万用表、组合工具和扭力扳手等。

2）准备磁力护裙、座椅套、转向盘套、变速杆手柄套和脚垫。

3）准备相关车辆及车辆维修手册。

4）拉紧驻车制动器操纵杆，并将变速杆置于空档或驻车档（P 位）位置。

5）套上转向盘护套、变速杆手柄套和座位套，铺设脚垫。

6）在车内拉动发动机舱盖手柄，在车外打开并支撑发动机舱盖，粘贴翼子板和前脸磁力护裙。

三、任务步骤

1. 节气门直动式怠速控制执行机构的检修

节气门直动式怠速控制执行机构的控制电路如图 5-4 所示，可按如下方法和步骤进行检修：

（1）就车检查　将点火开关由"OFF"转到"ON"的瞬间，怠速控制执行机构会进行自检。在怠速控制执行机构附近应能听到电机工作的声音，否则说明怠速控制执行机构、控制电路或 ECU 存在故障。

（2）基本设定　用专用检测仪对怠速控制执行机构进行基本设定，根据检测仪的屏幕提示"发动机电控系统→故障诊断→基本调整→通道号 060"操作检测仪，如果能够完成基本设定，则说明怠速控制执行机构系统正常，否则应检查控制电路、ECU 或怠速稳定控制器。

（3）电路检查

1）供电和搭铁电路检查。拔下怠速稳定控制器插接器，将点火开关置于"ON"位置，测量线束插接器 4 端子搭铁电压，应为 4.5～5.5V；测量线束插接器 3 端子的搭铁电压，应为蓄电池电压，测量线束插接器 7 端子的搭铁电阻，应小于 1Ω。如果测量结果与上述不符，则说明控制电路或 ECU 存在故障。

2）电路短路和断路检查。节气门体与 ECU 之间的电路短路和断路的检查见表 5-2。

表 5-2　节气门体与 ECU 之间的电路短路和断路的检查

测量端子	标准值	测量条件
端子 1 与端子 66	小于 1Ω	断电、断开两端插接器
端子 2 与端子 59	小于 1Ω	断电、断开两端插接器
端子 3 与端子 69	小于 1Ω	断电、断开两端插接器
端子 4 与端子 62	小于 1Ω	断电、断开两端插接器
端子 5 与端子 65	小于 1Ω	断电、断开两端插接器
端子 7 与端子 67	小于 1Ω	断电、断开两端插接器
端子 8 与端子 74	小于 1Ω	断电、断开两端插接器
端子 1 与端子 2、3、5、7、8	∞	断电、断开两端插接器
端子 2 与端子 3、5、7、8	∞	断电、断开两端插接器
端子 3 与端子 5、7、8	∞	断电、断开两端插接器
端子 5 与端子 7、8	∞	断电、断开两端插接器
端子 7 与端子 8	∞	断电、断开两端插接器

（4）怠速稳定控制器的检查　拔下怠速稳定控制器插接器，测量怠速稳定控制器 1 端子与 2 端子间的电阻应为 5Ω；4 端子与 5 端子之间的电阻，在节气门开度变化时，阻值连续变化；测 3 端子与 7 端子之间的电阻，在节气门打开和关闭的情况下，应通断变化；将 1 端子与 2 端子分别与蓄电池正极和负极连接，电机应转动。如果检查结果与上述不相符，则更换怠速稳定控制器。

2. 步进电动机型怠速控制执行机构的检修

步进电动机型怠速控制执行机构的控制电路如图 5-10 所示，可按如下方法和步骤进行检修：

（1）就车检查　起动发动机后在熄火 2～3s 内，在怠速控制阀附近应能听到内部发出的"嗡嗡"响声，否则说明怠速控制执行机构、控制电路或 ECU 存在故障。

（2）电路检查　拆下怠速控制执行机构线束插接器，将点火开关置于"ON"位置，不起动发动机，分别检测 B1 和 B2 与搭铁间的电压，均应为蓄电池电压，否则说明怠速控制执行机构电源电路存在故障。

（3）电阻检查　拆下控制执行机构线束插接器，测量 B1 与 S1 和 S3、B2 与 S2 和 S4 之间的电阻，均应为 10～30Ω，否则更换怠速控制执行机构。

（4）动作测试　拆下怠速控制执行机构，将蓄电池正极接至 B1 和 B2 端子，负极按顺序依次接通 S1—S2—S3—S4 端子时，随步进电动机的旋转，控制阀应向外伸出；若负极按反方向接通 S4—S3—S2—S1 端子，则控制阀应向内缩回，如图 5-33 所示。

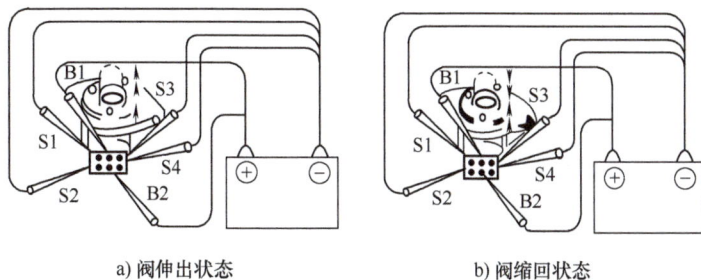

a）阀伸出状态　　　　b）阀缩回状态

图 5-33　步进电动机型怠速控制执行机构的控制电路

（5）解码器检测　步进电动机显示的步级数应在 0～125 范围内，怠速控制阀全部伸出时步级数为 0，旁通空气道全关闭；怠速控制阀全部缩回时步级数为 125，旁通空气道全部开启；冷车时步级数为 55；热车时步级数为 52；空调开关（A/C 开关）接通时步级数为 63。

3. 电磁阀型怠速控制执行机构的检修

占空比控制电磁阀型怠速控制执行机构可按下述方法和步骤对其进行检修：

（1）就车检查　起动发动机，使发动机怠速运转，拔下怠速控制执行机构的线束插接器，观察发动机转速是否发生变化。若发动机转速发生变化，则说明怠速控制执行机构工作性能良好，否则检查怠速控制执行机构、控制电路和 ECU。

（2）电路检查　拆下怠速控制执行机构的线束插接器，将点火开关置于"ON"档，不起动发动机，分别检测电源端子与搭铁间的电压，应为蓄电池电压，否则说明怠速控制执行机构电源电路有故障。

（3）电阻检查　拆下怠速控制执行机构上的两端子线束插接器，在怠速控制执行机构阀侧测量两端子之间的电阻，滑阀电磁阀执行机构正常应为 $10 \sim 15\Omega$，旋转电磁阀型怠速控制执行机构的电阻应为 $18.8 \sim 22.8\Omega$，否则应更换怠速控制阀。

（4）动作测试　拆下怠速控制执行机构，用导线将执行机构的两个端子分别与蓄电池的正极和负极相连时，应能听到电磁阀工作的"咔嗒"声。否则，更换怠速控制执行机构。

四、任务评价

实训任务单 5-3

实训任务：怠速控制系统检修		
姓名：	班级：	学号：
实训车型：	VIN：	

1. 记录怠速控制执行机构的结构形式及安装位置（10 分）

2. 就车检查（10 分）
记录就车检查结果：
3. 用解码器读取故障码和数据流（10 分）
故障码：
数据流：
4. 基本设定（10 分）
记录基本设定流程：

5. 电路检查（10 分）
将测量结果填入下表：

测 量 项 目	测 量 值	结 果 判 断

6. 电阻检查（10 分）
记录测量电阻值：
7. 动作测试（10 分）
记录动作测试结果：

8. 波形检查（10 分）
将示波器连接到怠速控制执行机构的控制电路上，记录其波形：

检查结果分析（10 分）：

操作过程 5S 要求（10 分）：

问题留言：

实训成绩：　　　　　　　　　　　　　　　　　指导老师签名：

任务二　排放控制系统检修

一、任务目的

1）能够独立完成排放控制系统检修。
2）操作中工具仪器使用规范，各部件摆放应干净整齐，符合 5S 要求。

二、任务准备

1）准备发动机解码器、示波器、万用表、尾气分析仪、组合工具和扭力扳手等。
2）准备磁力护裙、座椅套、转向盘套、变速杆手柄套和脚垫。
3）准备相关车辆及车辆维修手册。
4）拉紧驻车制动器操纵杆，并将变速杆置于空档或驻车档（P 位）位置。
5）套上转向盘护套、变速杆手柄套和座位套，铺设脚垫。
6）在车内拉动发动机舱盖手柄，在车外打开并支撑发动机舱盖，粘贴翼子板和前脸磁力护裙。

三、任务步骤

1. 燃油蒸气控制系统的检修

（1）一般检查　检查各连接管路有无破损或漏气，必要时更换连接软管；检查活性炭罐壳体有无裂纹、底部进气滤芯是否脏污，必要时更换炭罐或滤芯。

（2）解码器检查　用解码器读取故障码及燃油蒸气控制系统当前数据流。用解码器执行元件测试功能驱动电磁阀，检查电磁阀是否能正常工作。如果电磁阀不能正常工作，检查电磁阀及电路。

（3）控制管路检查　将发动机热车至正常工作温度，并使之怠速运转。拔下炭罐上的真空软管，检查软管内有无真空吸力。若控制装置工作正常，在发动机怠速运转中电磁阀应不通，软管内应无真空吸力。踩下加速踏板，使发动机转速高于 2000r/min，同时检查上述软管内有无真空吸力。若控制装置工作正常，此时应有吸力。如果检查结果与上述不符，应检查电磁阀及控制电路。

（4）真空控制阀检查　从活性炭罐上拆下真空控制阀，用手动真空泵由真空管接头给真空控制阀施加约 5kPa 真空度时，从活性炭罐侧孔吹入空气应畅通；不施加真空度时，吹入空气则不通。若不符合上述要求，应更换真空控制阀。

（5）电磁阀检查　用万用表测量电磁阀两端子间的电阻应为 36 ~ 44Ω。给电磁阀两端施加蓄电池电压，电磁阀应能发出"咔嗒"的工作声；若不符合上述要求，应更换电磁阀。

2. 三元催化转化器的检修

可用以下方法对三元催化转化器进行检修：

（1）外观检查　观察三元催化转化器表面是否有凹陷，如有明显的凹痕和刮痕，则说明三元催化转化器的载体可能受到损伤。观察三元催化转化器外壳上是否有严重的褪色斑点或略有呈青色和紫色的痕迹，在三元催化转化器防护罩的中央是否有非常明显的暗灰斑点，如有，则说明三元催化转化器曾处于过热状态，需做进一步的检查。

（2）敲打法　用橡胶槌轻轻敲打三元催化转化器，听有无"咔啦"声，并伴随有散碎物体落下。如果有此异响，则说明三元催化转化器内部催化物质剥落或蜂窝陶瓷载体破碎，必须更换整个三元催化转化器。

（3）进气歧管真空度检测法 将真空表接到真空管上，让发动机缓慢加速到2500r/min；观察真空表，若真空表读数瞬间又回到原有水平并能维持15s，则说明三元催化转化器没有堵塞，否则应该是三元催化转化器或排气管堵塞。

（4）内窥镜检查法 拆卸后氧传感器，用内窥镜观察三元催化转化器是否损坏、脱落或堵塞。

（5）尾气分析法 急速尾气分析法是让发动机急速运转，使用尾气分析仪测量排气中的CO含量。当发动机正常工作时（空燃比为14.7:1），这时的CO含量为0.5%~1%，当使用二次空气喷射和催化转化技术可以使急速时的CO含量接近于0，最大不应超过0.3%，否则说明三元催化转化器损坏。另外，据经验分析，通常在急速时NO_x数值应不高于100×10^{-6}，而在稳定工况下，NO_x数值应该不高于1000×10^{-6}，在发动机一切正常的情况下，而NO_x过高就可能为三元催化转化器故障。

（6）排气背压法 在三元催化转化器前端排气管接出一个压力表，起动发动机，在急速和2500r/min时，分别测量排气背压，如果排气背压不超过发动机所规定的限值，则表明催化剂载体没有被阻塞。如果排气背压超过发动机所规定的限值，则需将三元催化转化器后端的排气系统拆掉，重复以上的试验，如果三元催化转化器阻塞，排气背压仍将超过发动机所规定的限值。如果排气背压下降，则说明消声器或三元催化转化器下游的排气系统出现问题，破碎的催化剂载体滞留在下游的排气系统中，所以首先进行外观检查确认催化剂载体是否完整。对有问题的排气管、消声器和三元催化转化器也可通过测量其前后的压力损失来判断。

（7）红外温度计测量法 红外温度计测量法是一种比较简单的测量方法。三元催化转化器在实际使用过程中，其出口管道温度比进口管道温度至少高出40℃左右，在急速时，其温度也相差10%。但是若出口与进口处的温度没有差别或出口温度低于进口温度，则说明三元催化转化器没有发生氧化反应，就说明三元催化转化器已经损坏。

（8）氧传感器信号电压波形分析法 在发动机燃油喷射反馈控制系统中，都安装两个氧传感器，分别装在三元催化转化器的前、后两端。这种结构在装有OBD-Ⅱ系统的汽车上，可以有效地检测三元催化转化器的性能。OBD-Ⅱ诊断系统改进了三元催化转化器的随车监视系统，由于三元催化转化器转化CO和HC时消耗氧气，因此安装在三元催化转化器后端的氧传感器电压波动要比安装在三元催化转化器前端的氧传感器电压波动少得多。若三元催化转化器损坏，其转换能力基本丧失，使前、后端的氧气值接近，此时氧传感器信号的电压波形和波动范围均趋于一致，此时需要更换三元催化转化器。

3. 曲轴箱强制通风系统的检修

曲轴箱强制通风系统的检修最直接的方法就是测量曲轴箱内的压力，根据曲轴箱内的压力来判断曲轴箱强制通风系统是否正常。如图5-34所示，打开机油加注盖并拆下，将专用工具安装到机油加注口处，安装压力测试适配器，连接压力测试软管，连接示波器（具有压力测量功能）。起动发动机使其急速运转稳定，从示波器上直接读出曲轴箱压力，与标准数据对比。如果压力值偏高，则说明曲轴箱通风管路堵塞；如果压力值偏低，则说明调压装置损坏或控制阀常开。

4. EGR系统的检修

可以用以下方法对EGR系统进行检修：

（1）工作情况检查 发动机起动后，让其急速运转，将手指伸入EGR阀，按在膜片上，检查EGR阀有无动作。在冷车状态下，踩下加速踏板，使发动机转速上升到2000r/min左右，此时阀应不开启，手指上应感觉不到膜片的动作。在热车状态（冷却液温度高于50℃）下，踩下加速踏板，使发动机转速上升到1000r/min左右，此时EGR阀应开启，手指应可感觉到膜片的动作，若此时拔下EGR阀上的真空软管，发动机转速应明显提高。否则，说明系统工作不正常，应进一步检查系统各部件。

（2）EGR 电磁阀的检查　用万用表测量电磁阀的电阻应为 33～39Ω。如图 5-35 所示，电磁阀不通电时，从进气管侧吹入空气应畅通，从滤网处吹入空气应不通；接上蓄电池电压时，应相反。

（3）检查 EGR 阀　用手动真空泵给 EGR 阀膜片上方施加约 15kPa 的真空度，EGR 阀应能开启，不施加真空度，EGR 阀应能完全关闭，否则应更换 EGR 阀。

图 5-34　曲轴箱压力的测量

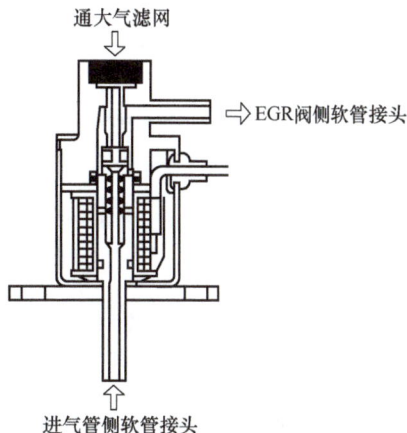

图 5-35　EGR 电磁阀的检查

四、任务评价

实训任务单 5-4

实训任务：排放控制系统检修		
姓名：	班级：	学号：
实训车型：	VIN：	

1. 燃油蒸气控制系统的检修（40 分）

（1）一般检查（10 分）

1）炭罐的安装位置：

2）检查各连接管路有无破损或漏气：

3）检查活性炭罐壳体有无裂纹：

4）检查炭罐进气滤芯是否脏污：

（2）解码器检查（10 分）

1）故障码：

2）相关数据流：

3）执行元件测量结果：

（3）控制管路检查（10 分）

1）将发动机热车至正常工作温度，并使之急速运转。拔下燃油蒸气回收罐上的真空软管，检查软管内有无真空吸力。

是否有吸力：

结果分析：

2）踩下加速踏板，使发动机转速高于 2000r/min，检查上述软管内有无真空吸力。

是否有吸力：

结果分析：

（4）真空控制阀检查（5 分）

1）用手动真空泵由真空管接头给真空控制阀施加约 5kPa 真空度时，从活性炭罐侧孔吹入空气检查是否畅通：

（续）

2）不施加真空度时，吹入空气检查是否畅通：

（5）电磁阀检查（5分）

1）电磁阀电阻：

2）给电磁阀两端加蓄电池电压，电磁阀是否工作：

2. 三元催化转化器的检修（25分）

（1）外观检查（5分）

1）检查三元催化转化器的表面是否有凹陷、凹痕和刮擦：

2）三元催化转化器外壳上是否有严重的褪色斑点或略有呈青色和紫色的痕迹：

（2）用橡胶槌轻轻敲打三元催化转化器（5分）

听有无"咔啦"声，并伴随有散碎物体落下：

（3）拆卸后氧传感器，用内窥镜观察三元催化转化器（5分）

观察结果：

（4）用红外温度计测量出口管道温度比进口管道温度（5分）

进口温度：　　　　　　　　　出口温度：

结果分析：

（5）用示波器测量前氧传感器和后氧传感器信号电压波形（5分）

前氧传感器波形：　　　　　　　　　　后氧传感器波形：

结果分析：

3. 曲轴箱强制通风系统的检查（15分）

1）急速时曲轴箱压力值：

2）2000r/min时曲轴箱压力值：

3）3000r/min时曲轴箱压力值：

检查结果分析：

排放系统检查结果分析（10分）：

操作过程5S要求（10分）：

问题留言：

实训成绩：　　　　　　　　　　　　　　　　指导老师签名：

📚 巩固与提高 ⚙

一、填空题

1. 急速是指_____关闭，_____完全松开，且发动机对外无功率输出并保持最低转速稳定运转的工况。电控燃油喷射式发动机在急速工况时，空气通过_____或

_____进入发动机。

2. 在急速控制系统中，ECU 根据_____信号和车速信号确认急速工况。根据进气量控制方式的不同，急速控制可分为_____和_____两种控制类型。根据执行元件的不同，可分为_____、_____和电磁阀式。

3. 活性炭罐燃油蒸气控制系统用来收集燃油箱内_____，并根据发动机工况导入气缸参加燃烧，从而防止造成污染。燃油蒸气控制系统主要由单向阀、进气管、_____、真空控制阀、定量排放孔和_____等组成。

4. 气缸内最高温度越高，排出的 NO_x 量_____。EGR 系统的功能是将适量的废气重新引入_____参加燃烧，从而可降低气缸内的最高温度，减少 NO_x 的排放量。

5. 二次空气喷射系统在一定工况下，将新鲜空气送入_____，促使废气中的_____和_____进一步氧化，同时加快三元催化转化器的升温。

6. 曲轴箱强制通风系统的作用就是将窜入_____导入_____，使之重新回到燃烧室参加燃烧，从而降低发动机的排放污染。

7. 对增压发动机来说，在自然吸气模式下，通风管路真空由节气门后方提供，在增压器工作后，通风管路真空由_____提供。

8. 与传统冷却系统相比，热量管理系统主要增加了_____和_____。

9. 特性曲线调节式润滑压力控制系统采用_____和_____，可根据需要供给机油并减小机油回路内的平均压力，这样可以减小机油泵的能量需求。

二、选择题

1. 下列不是发动机急速条件的是（　　　）。

A. 节气门关闭

B. 加速踏板完全松开

C. 发动机对外无功率输出并保持最低转速稳定运转的工况

D. 变速杆置于 P 位

2. 三元催化转化器的转换效率在空燃比（　　　）时的转换效率均比较高。

A. 2∶1　　　　　　B. 12∶1　　　　　　C. 14.7∶1　　　　　　D. 17∶1

3. 下列说法不正确的是（　　　）。

A. CO 是因氧气不足而生成的产物

B. HC 是燃料没有燃烧或不完全燃烧的产物

C. NO_x 是由空气中的氮和氧在燃烧室高温高压作用下反应生成的

D. 当 $\lambda = 1$ 时，CO、HC、NO_x 的排放含量最低

4. 适当降低气缸内最高温度，可以使（　　　）排放减少。

A. NO_x　　　　　　B. CO　　　　　　C. HC　　　　　　D. CO_2

5. 下列说法不正确的是（　　　）。

A. 二次空气喷射系统可降低排气中的 HC 和 CO 含量

B. 三元催化转化器可降低排气中的 CO、HC 和 NO_x 含量

C. 燃油蒸气控制系统可以有效防止燃油蒸气泄漏

D. 废气再循环可以降低排气中的 CO 含量

6. 下列（　　　）工况不会停止废气再循环。

A. 起动工况　　　　B. 急速工况　　　　C. 暖机工况　　　　D. 中等负荷工况

7. 有关机油状态传感器说法错误的是（　　　）。

A. 能够测量机油油位　　　　　　　　　B. 能够测量机油温度

C. 能够测量机油压力　　　　　　　D. 能够测量机油使用状况

三、简答题

1. 简述怠速控制系统的作用、类型和控制内容。
2. 简述节气门直动式怠速控制执行机构的结构和工作原理。
3. 简述步进电动机型怠速控制执行机构的结构、工作原理及检修方法。
4. 简述燃油蒸气控制系统的功能、组成、工作原理及检修方法。
5. 简述三元催化转化器的功能、结构、工作原理及检修方法。
6. 简述 EGR 系统的功能、组成、工作原理及检修方法。
7. 简述热量管理系统的组成、工作原理及优点。

发动机电控系统常见故障诊断

学习目标

1. 了解故障自诊断系统的组成及功能。
2. 了解故障自诊断系统的工作原理。
3. 了解随车诊断系统的形式。
4. 了解发动机电控系统的故障类型。
5. 掌握 OBD-II 系统的具体要求。
6. 掌握发动机电控系统维修的注意事项、诊断原则和诊断方法。
7. 掌握发动机电控系统故障诊断流程。

典型工作任务

发动机电控系统故障诊断。

知识准备

第一课　故障自诊断系统和随车诊断系统

一、故障自诊断系统

1. 故障自诊断系统的组成

故障自诊断系统主要由 ECU 中的部分软件和故障指示灯等组成，不需要专门的传感器。发动机电控系统工作时，故障自诊断系统对发动机电控系统各种输入信号、输出信号进行监测，并运用程序进行推理和判断，将结果迅速反馈到主控系统，改变控制状态；若故障自诊断系统检测到故障时，仪表板上的故障指示灯"CHECK ENGINE"点亮，以警告驾驶人。在车辆使用中，点火开关接通、发动机没有起动或起动后，故障指示灯（图6-1）应点亮 3～5s，然后应熄灭。

2. 故障自诊断系统的功能

1）在发动机工作过程中，当故障自诊断系统检测到故障时，则接通故障指示灯控制电路，点亮故障指示灯，发出报警信号，并将诊断结果以故障码的形式进行存储。

2）通过诊断仪能准确读取故障码，以便维修人员迅速、

图 6-1　仪表板的故障指示灯
"CHECK ENGINE"

准确地判定故障的性质和部位；故障排除后，还能将存储的故障码清除掉。

3）当某传感器或执行元件发生故障时，ECU 将无法得到准确信号而不能输出控制指令时，会自动启动保护系统，以预先设定的参数取代故障传感器或执行元件工作，以保证发动机能继续运转，或强制中断燃油喷射使发动机停止运转。

4）在发动机工作过程中，若某些重要传感器或 ECU 内部的微处理器发生故障，导致车辆无法继续行驶时，故障自诊断系统会自动启动 ECU 内部备用 IC 电路系统，以保证汽车能继续行驶，以便把汽车行驶到最近的维修站，所以此系统又称为回家系统。

3. 故障自诊断系统的工作原理

当发动机电控系统工作时，故障自诊断系统随时监测各个传感器、执行元件的工作情况，一旦监测系统发现某个传感器输入信号或执行元件反馈信号异常时，故障自诊断系统立即采取相应措施，以保证发动机继续工作或停止工作。

（1）传感器自诊断　当传感器或其电路接触不良、断路或短路时，会导致故障信号的产生。当故障自诊断系统监测某传感器输入 ECU 的信号超出正常范围，或在规定时间内 ECU 收不到该传感器信号，或传感器输入 ECU 的信号在一定时间内不发生变化，均判定为"故障信号"。若故障信号持续出现超过一定时间或多次出现，故障自诊断系统即判定有故障，并将此故障以故障码的形式输入 ECU 的存储器中，同时点亮故障指示灯警告驾驶人。

1）冷却液温度信号。当冷却液温度传感器或其电路发生故障时，ECU 可能会收到低于0.3V 或高于 4.7V 的信号，此时故障自诊断系统就会判定为故障信号，并按冷却液温度 80℃ 的状态控制发动机。同时，故障自诊断系统点亮故障指示灯，并将该故障信息以故障码的形式存储起来。

2）进气温度传感器信号。当进气温度传感器或其电路发生故障时，ECU 可能会收到超过正常范围的温度信号，此时故障自诊断系统就会判定为故障信号，并按进气温度为 20℃ 的状态控制发动机。同时，故障自诊断系统点亮故障指示灯，并将该故障信息以故障码的形式存储起来。

3）节气门位置传感器信号。当节气门位置传感器或其电路出现故障时，ECU 若始终收到节气门处于全开或全关状态信号，此时无法按实际的节气门位置对发动机进行控制，故障自诊断系统就会判定为故障信号，并按节气门开度为 0° 或 25° 的状态控制喷油。同时，故障自诊断系统点亮故障指示灯，并将该故障信息以故障码的形式存储起来。

4）爆燃传感器信号。爆燃传感器或其电路发生故障时，ECU 无法对点火提前角进行闭环控制，此时故障自诊断系统就会判定为故障信号，并将点火提前角固定在一个适当值。同时，故障自诊断系统点亮故障指示灯，并将该故障信息以故障码的形式存储起来。

5）氧传感器信号。氧传感器或其电路发生故障时，ECU 不能收到氧传感器电压信号或收到一个电压不变的信号时，故障自诊断系统就会判定为故障信号，则 ECU 取消喷油器闭环方式控制，并以开环方式控制喷油。

6）曲轴位置传感器/凸轮轴位置传感器信号。当 ECU 不能同时收到曲轴位置传感器和凸轮轴位置传感器信号时，会使发动机无法起动。如果发动机处于行驶状态，会使发动机立即熄火且无法再次起动。如果单个传感器有故障，发动机会参考正常传感器的信号对发动机进行控制，故障自诊断系统将故障信息以故障码的形式存储起来，同时点亮故障指示灯。

7）空气流量传感器信号。空气流量传感器或其电路发生故障时，ECU 不能收到空气流量传感器信号或收到一个电压不变的信号，故障自诊断系统就会判定为故障信号。此时，根据起动信号和节气门位置传感器信号对发动机进行控制。当起动开关断开、怠速触点闭合时，则以怠速喷油量喷油；当起动开关断开、节气门开度较小时，则以小负荷喷油量喷油；当起动开关断开、节气门接近全开时，则以大负荷喷油量喷油。同时，将该故障信息以故障码的形式存储起来。

8）进气歧管绝对压力传感器信号。对于 D 型电控燃油喷射系统，当进气歧管绝对压力传感器或其电路发生故障时，ECU 不能收到进气歧管绝对压力传感器信号或收到一个电压不变的信号，将引起发动机失速或不能起动，故障自诊断系统就会判定为故障信号。此时，ECU 按设定的固定值控制喷油量来起动发动机或维持发动机运转，并将该故障信息以故障码的形式存储起来。

（2）执行元件自诊断 执行元件由 ECU 输出指令信号控制工作，当执行元件电路接触不良、断路或短路时，也会导致故障信号的产生。在没有反馈信号的系统中，执行元件或其电路是否有故障，故障自诊断系统只能根据 ECU 输出的指令信号来判断。在有反馈信号的系统中，执行元件或其电路是否有故障，故障自诊断系统根据反馈信号来判断。当故障自诊断系统判定有故障时，将此故障以故障码的形式输入 ECU 的存储器中，同时点亮指示灯警告驾驶人。

1）点火确认信号。当 ECU 连续发出 3 ~ 5 个点火脉冲信号后，而接收不到点火反馈信号时，此时故障自诊断系统就会判定点火系统有故障，为避免燃油浪费和造成排放污染，会立即发出控制指令停止喷油器喷油。

2）喷油器电路确认信号。喷油器控制电路没有反馈信号，该电路是否出现断路和短路故障，故障自诊断系统对输出的信号电压进行监测，当判断该喷油器控制电路出现故障时，发出控制指令停止喷油器喷油，并将故障以故障码的形式存储起来。

二、随车诊断系统

OBD 是 On-Board Diagnostics 的英文缩写，OBD 系统即为随车诊断系统。

1. OBD 系统的形式

OBD-Ⅰ系统称为第一代随车诊断系统，OBD-Ⅰ系统以"发动机检查"灯来显示"闪烁代码"，主要特点是不同汽车制造商诊断插座的规格及故障码的含义不同，对于综合性维修厂来说，用通用型解码器来读取故障码是不可能的。

OBD-Ⅱ系统称为第二代随车诊断系统，是由美国汽车工程师协会（SAE）和加州环保组织（CARB）提出的，统一了汽车故障自诊断的各项技术指标。该规范有三种形式，即 SAE J-1850 PWM、SAE J-1850 VPW、ISO 9141-2。目前，OBD-Ⅱ系统的故障诊断规范已被全世界上的大多数国家接受，主要特点是能大范围地监测发动机电控系统的工作情况，几乎监控每个可能影响车辆排放性能的组件并将相关故障码及状况存储到存储器中。当 OBD-Ⅱ系统探测到问题同时在稍后的一个行驶循环不止一次探测到问题时，OBD-Ⅱ系统就会使仪表板上的"发动机检查"灯亮起，以警告驾驶人存在故障。

2. OBD-Ⅱ系统的具体要求

1）规范诊断插座。汽车按标准装用统一的 16 端子诊断插座，如图 6-2 所示，并将诊断插座安装在驾驶室仪表板下方。

2）数据传输功能。OBD 系统具有数据传输功能，并规定了两个传输线标准：欧洲统一标准（ISO-Ⅱ）规定数据传输用 7 端子和 15 端子，美国统一标准（SAE J-1850）规定数据传输用 2 端子和 10 端子。

3）行车记录功能。OBD 系统具有行车记录功能，能够记录车辆行驶过程的有关数据资料，能记忆和重新显示故障码，可利用解码器方便、快速地调取或清除故障码。

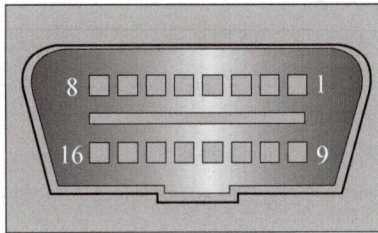

图 6-2 OBD-Ⅱ系统诊断插座

4）规范诊断端子。不同品牌汽车 OBD-Ⅱ系统诊断端子的选用各不相同，但电源和搭铁等重要端子选用是相同的。OBD-Ⅱ系统诊断插座各端子的功能见表6-1。

表6-1　OBD-Ⅱ系统诊断插座各端子的功能

端　子	含　义	端　子	含　义
1	供制造厂使用	9	供制造厂使用
2	SAE J-1850 数据传输	10	SAE J-1850 数据传输
3	供制造厂使用	11	
4	车身直接搭铁	12	
5	信号回路搭铁	13	供制造厂使用
6	供制造厂使用	14	
7	ISO-9141 数据传输	15	ISO-9141 数据传输
8	供制造厂使用	16	接蓄电池正极

5）采用相同的故障码。统一的故障码由一个英文字母和四个数字组成，其具体含义如图6-3所示。SAE指定与动力传动系统相关的故障码（DTC）以字母"P"开头，与底盘相关的故障码（DTC）以字母"C"开头，与车身相关的故障码（DTC）以字母"B"开头。

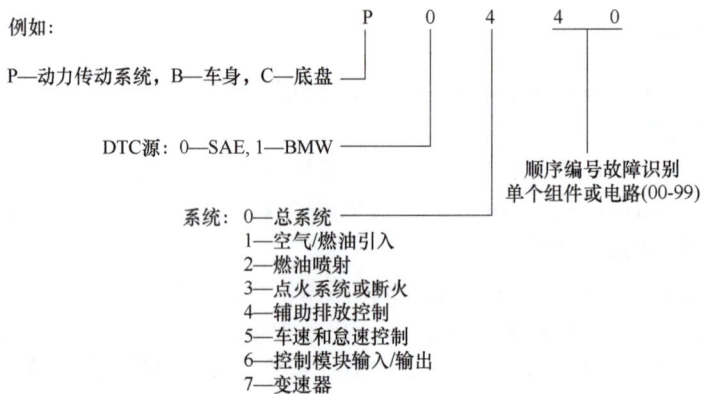

例如：　　　　　　　　　　　　P　0　4　　4　　0

P—动力传动系统，B—车身，C—底盘

DTC源：0—SAE，1—BMW

顺序编号故障识别
单个组件或电路(00-99)

系统：0—总系统
1—空气/燃油引入
2—燃油喷射
3—点火系统或断火
4—辅助排放控制
5—车速和怠速控制
6—控制模块输入/输出
7—变速器

图6-3　故障码的含义

3. OBD 系统的监控

OBD-Ⅱ系统在每个行驶循环内都必须监控一次某些组件/系统，而其他控制系统（如断火探测）必须永久监控。一个"行驶循环"包括发动机冷机起动、动态行驶、怠速、匀速行驶和发动机熄火等。

（1）永久监控　永久监控是指起动后根据温度立即进行系统监控，当出现故障时故障指示灯立即亮起。永久监控包括断火探测，燃油系统喷射持续时间及所有与排放相关的电路、组件和控制系统。

（2）周期性监控　周期性监控是指每个行驶循环内监控一次系统，这样只有在完成相应运行条件后才存储一个故障。因此，发动机短暂起动然后熄火时不可能进行检查。周期性监控包括氧传感器功能、二次空气喷射系统、三元催化转化器功能效率和燃油蒸气控制系统。

周期监控需要在完成一个行驶循环后才能起到监控作用，因此在发动机电控系统维修后要通过读取OBD就绪代码查询车辆是否已经成功完成了一个行驶循环。

第二课　发动机电控系统故障诊断

一、发动机电控系统故障类型及维修注意事项

1. 发动机电控系统的故障类型

（1）按故障存在的时间分类

1）间歇性故障。是指故障症状是间断性发生的，受故障条件的影响有时存在、有时又自动消失的故障，如插接器松动引起的故障，车辆在振动时故障会出现，当振动消失后故障也随着消失。

2）永久性故障。是指故障症状一直存在，不进行维修就无法恢复发动机正常运行的故障，如传感器或执行元件损坏等故障。

（2）按故障发生的快慢分类

1）突发性故障。突发性故障是指不能预测突然发生的故障，此类故障的特点是具有偶然性，如点火线圈损坏等。

2）渐发性故障。渐发性故障是指由于零部件的磨损、疲劳、变形和老化等现象逐渐发展而形成的故障，它的特点是发生的概率与使用时间有关，渐发性故障只在产品有效寿命的后期才明显地显示出来，并能通过早期的检测诊断来预测，如火花塞烧蚀等。

（3）按故障发生的原因分类

1）人为故障。人为故障是指由于制造或维修时使用了不合格的零件、装配调整不当、使用中违反操作规程等原因引起的故障。

2）自然故障。自然故障是指在使用期间，由于不可抗拒的自然原因而引起的故障，如正常情况下的磨损、腐蚀、变形和老化等造成的故障。

（4）按故障发生的部位分类　故障可分为传感器故障、执行元件故障、电路故障和 ECU 故障等。

2. 发动机电控系统的维修注意事项

维修发动机电控系统时，维修人员应注意以下几点：

1）发动机在发生故障时，切不可盲目拆检，首先要确定是机械故障还是电控系统故障，确定之后再进行下一步检修。

2）电路连接不良是导致发动机电控系统出现故障的常见原因，要仔细检查各线束插接器是否有油污、潮湿和松动等情况，特别检查是否存在电子元件的受潮、油污和剧烈振动。

3）不要随意断开蓄电池负极电缆，以免丢失已存的故障信息。

4）在点火开关接通时，不允许拆开任何 12V 电器装置（如蓄电池、怠速控制阀、喷油器和点火装置等）的连接电路，以防止电器装置中的线圈自感作用产生的瞬时电压损坏 ECU 或传感器。

5）在维修中，需拆开线束插接器时，应注意各车型线束插接器的锁扣形式，不可盲目用力硬拉。安装时应注意将插接器插接到位，并将锁扣锁住。

6）在对燃油供给系统拆卸作业前，应释放燃油供给系统残余压力，断开蓄电池负极电缆，准备好灭火器。

7）在对发动机电控系统的电路或元件进行检查时，要正确使用工具和检测仪器（必须使用高阻抗数字型万用表）。

二、发动机电控系统故障诊断原则和方法

1. 发动机电控系统的故障诊断原则

发动机是一个精密而又复杂的机器，其故障的诊断也较为困难，而造成发动机不工作或工作

不正常的原因可能是发动机电控系统，也有可能是发动机电控系统外其他部分的问题，故障检查的难易程度也不一样。如果能遵循故障诊断的一些基本原则，就可能以较为简单的方法快速而准确地找出故障所在，发动机故障诊断排除的基本原则可概括为以下几点：

1）先外后内。在发动机出现故障时，先对发动机电控系统以外的可能故障部位进行检查。这样可避免本来是一个与发动机电控系统无关的故障，却对发动机电控系统的传感器、ECU、执行元件及电路等进行复杂且又费时费力的检查，即真正的故障可能是较容易查找到却未能找到。

2）先简后繁。能以简单方法检查的可能故障部位优先检查，如直观检查最为简单，可以用看、摸、听等直观检查方法将一些较为明显的故障迅速地找出来。

3）先熟后生。针对发动机的某一故障现象，先对最可能出现故障的总成或部件进行检查，若没找到故障，再对其他不常见的总成或部件进行检查，这样做往往可以快速找到故障部位，省时省力。

4）故障码优先。发动机电控系统都具有故障自诊断功能，当发动机电控系统出现故障时，故障自诊断系统就会立刻监测到故障并通过报警指示灯向驾驶人发出报警，与此同时以故障码的方式存储该故障的信息。具有故障码的故障，应根据故障码指示的范围优先进行检查。

5）先思后行。在维修发动机电控系统时，切不可盲目地对故障进行检查，要先对故障现象进行分析，在故障分析的基础上再进行故障检查。这样，既不会对与故障现象无关的部位进行无效的检查，又可避免因对一些有关部位漏检而不能迅速排除故障的现象的发生。

6）先备后用。先备后用是指在检修车辆时，应准备好维修车型的有关检修数据资料。如果没有足够的资料，可以利用与维修车型相同的无故障车辆，对其相关系统的有关参数进行测量，作为检测比较标准参数，尽量避免采取新件替换的方法。

2. 发动机电控系统的故障诊断方法

故障诊断的方法很多，但要"快而准"地诊断汽车故障，专业人员需要具有丰富的经验和扎实的专业知识，同时还必须选择正确的诊断方法。故障诊断按采用手段的不同，可分为直观诊断、故障自诊断系统诊断、简单仪表诊断和专用诊断仪器诊断等。

（1）直观诊断　直观诊断是指通过人的感觉器官对汽车故障现象进行看、问、听、试、闻等，了解和掌握故障现象的特点，通过人的大脑直观进行分析、判断得出结论的诊断方法。直观诊断方法根据诊断者的经验和对诊断车辆的熟悉程度，在运用的范围上有很大的差别。经验丰富的诊断专家可以利用直观诊断方法可以诊断出发动机可能出现的绝大多数故障，包括对确定故障性质的初步诊断和确定具体故障原因的深入诊断。直观诊断的主要内容如下：

1）看。即目测检查，通过目测检查可以发现线束插头是否存在连接松动，管路松脱，总成部件外部损坏等直观故障。

2）问。为了迅速地检查故障源，首先必须了解故障现象出现时的情形、条件、如何发生及是否已检修过等与故障有关的情况和信息。为此，维修人员必须认真听取客户对故障现象的描述，然后能对车辆故障做出初步诊断。

3）听。主要是听发动机工作时的声音：有无爆燃、有无敲缸、有无漏气、有无排气管"放炮"等。

4）试。主要是维修人员根据前述检查，有针对性地试车，以便进一步确认故障。

5）闻。车辆中使用的液体如果发生泄漏，或多或少会有些气味，可通过闻气味发现是否存在泄漏故障。

（2）故障自诊断系统诊断　故障自诊断系统诊断是利用故障自诊断系统调取发动机电控系统的有关故障码，然后根据故障码表的提示，找到故障部位并查出故障原因。

（3）简单仪表诊断　简单仪表诊断就是利用常见的仪器仪表设备，对发动机电控系统的故障进行诊断的方法。这种诊断方法简单，但要求维修人员对发动机电控系统的结构、电路及其工作原理有相当详细的了解，才可能取得满意的诊断效果。常用的仪器仪表设备包括万用表、示波器、发动机综合分析仪、尾气分析仪、烟雾测试仪、油压表、真空表和气缸压力表等。

（4）专用诊断仪器诊断　由各品牌汽车制造厂家提供的专用诊断仪器对汽车故障的诊断十分有效，可根据故障码自动生成检测流程查找出故障，维修人员只需按诊断流程执行即可。

三、发动机电控系统故障诊断流程

1. 发动机无法起动故障诊断流程

（1）故障现象　发动机无法起动可分为起动机运转而发动机无法起动和起动机不运转而发动机无法起动两大类。

（2）故障原因　对于起动机不运转导致的发动机无法起动故障，主要应检查蓄电池、起动控制电路、起动机本身、起动条件、发动机 ECU 和起动授权相关 ECU。对于起动机运转而发动机无法起动故障，主要应检查发动机电控系统和发动机机械系统两个方面。发动机电控系统主要检查电控燃油喷射系统、电控点火系统、进气系统、与起动相关的传感器及电路等，发动机机械系统主要检查正时系统、进气系统和排气系统等。

（3）诊断流程　发动机无法起动故障可按图 6-4 所示诊断步骤进行排除。

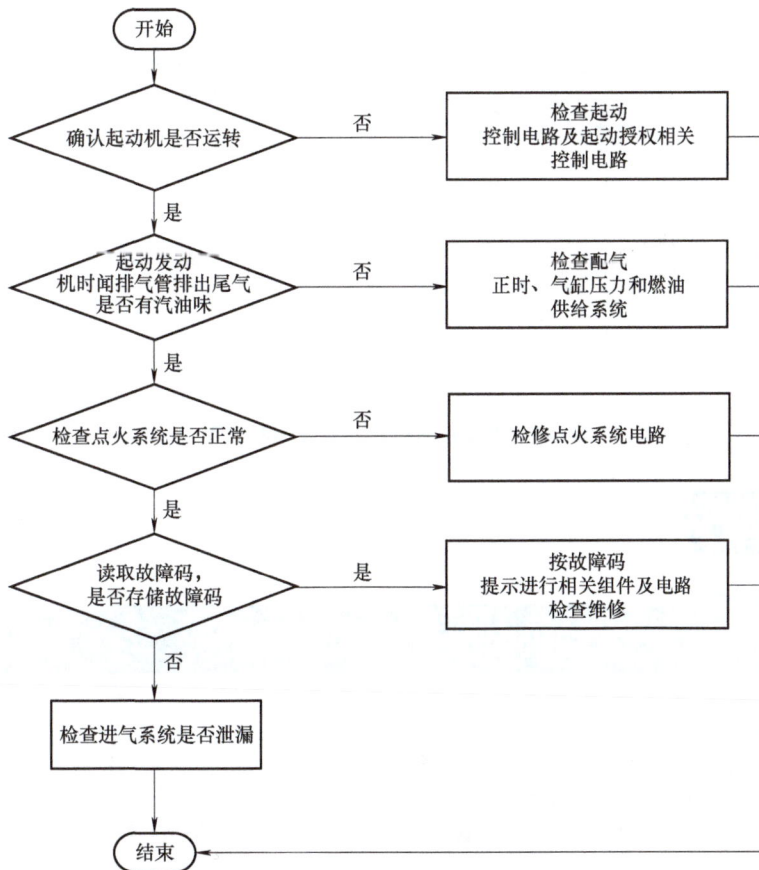

图 6-4　发动机无法起动故障诊断流程

2. 发动机运行不稳故障诊断流程

（1）故障现象　发动机运行不稳主要包括急速运转不稳、加速不良以及传感器信号故障引起的发动机故障灯点亮等。

（2）故障原因　此类故障归结起来主要由燃油供油系统故障、点火系统故障、进气系统泄漏、传感器损坏、ECU 软件问题、气缸压力不正常和排气系统不畅等所引起的。

（3）诊断流程　发动机运行不稳故障可按图 6-5 所示诊断步骤进行排除。

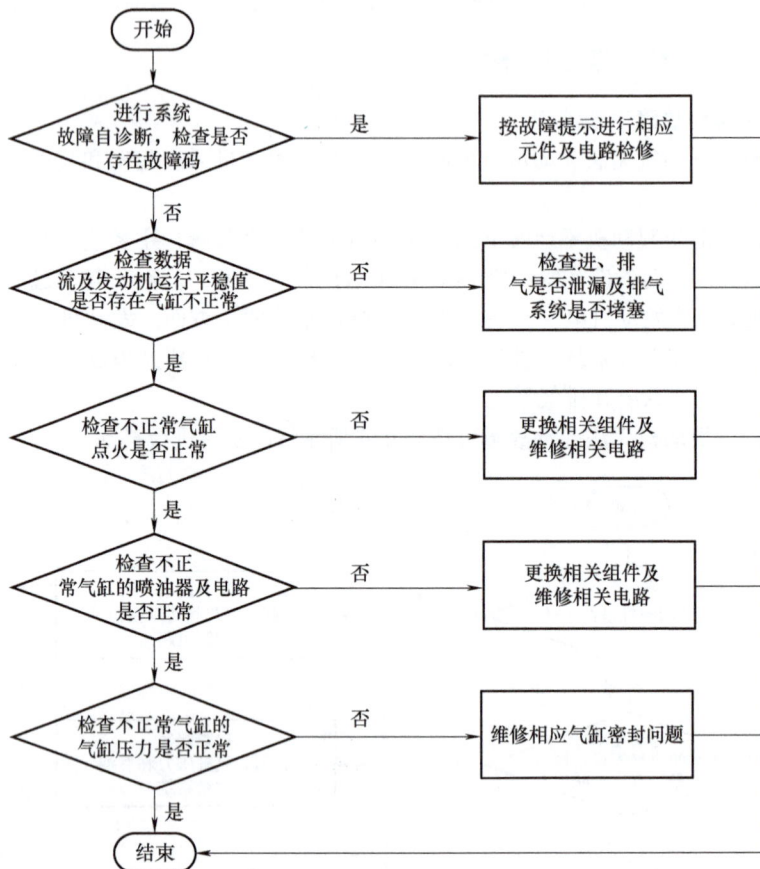

```
                    ┌──────────┐
                    │   开始    │
                    └──────────┘
                          │
              ┌────────────────────┐      是    ┌──────────────────┐
              │ 进行系统故障自诊断， │──────────→│ 按故障提示进行相应 │
              │ 检查是否存在故障码   │           │ 元件及电路检修    │
              └────────────────────┘           └──────────────────┘
                          │否
              ┌────────────────────┐      否    ┌──────────────────┐
              │ 检查数据流及发动机   │──────────→│ 检查进、排气是否   │
              │ 运行平稳值是否存在   │           │ 泄漏及排气系统是否 │
              │ 气缸不正常           │           │ 堵塞              │
              └────────────────────┘           └──────────────────┘
                          │是
              ┌────────────────────┐      否    ┌──────────────────┐
              │ 检查不正常气缸点火   │──────────→│ 更换相关组件及    │
              │ 是否正常             │           │ 维修相关电路      │
              └────────────────────┘           └──────────────────┘
                          │是
              ┌────────────────────┐      否    ┌──────────────────┐
              │ 检查不正常气缸的喷油 │──────────→│ 更换相关组件及    │
              │ 器及电路是否正常     │           │ 维修相关电路      │
              └────────────────────┘           └──────────────────┘
                          │是
              ┌────────────────────┐      否    ┌──────────────────┐
              │ 检查不正常气缸的气缸 │──────────→│ 维修相应气缸密封  │
              │ 压力是否正常         │           │ 问题              │
              └────────────────────┘           └──────────────────┘
                          │是
                    ┌──────────┐
                    │   结束    │
                    └──────────┘
```

图 6-5　发动机运行不稳故障诊断流程

任务实施

任务　发动机电控系统故障诊断

一、任务目的

1）能够小组合作排除发动机电控系统故障。

2）操作过程中仪器使用规范，各部件摆放应干净整齐，符合 5S 要求。

二、任务准备

1）准备解码器、示波器、烟雾测试仪、万用表、汽油压力表、气缸压力表、组合工具和扭力扳手等。

2）准备相关车辆及车辆维修手册。

3）拉紧驻车制动器操纵杆，并将变速杆置于空档或驻车档（P位）位置。

4）套上转向盘护套、变速杆手柄套和座位套，铺设脚垫。

5）在车内拉动发动机舱盖手柄，在车外打开并支撑发动机舱盖，粘贴翼子板和前脸磁力护裙。

三、任务步骤

1. 故障现象的确认

（1）核实客户抱怨　询问客户故障发生前后的情况，是否是偶发故障，故障出现的频率，是否已经进行过相关维修，是否是行驶性相关故障。如果是行驶性相关故障，需要进行路试核实客户描述的故障出现条件。

（2）检查控制信息　检查仪表内的故障警告灯点亮情况，显示屏上的检查控制信息，车辆功能的异常情况，这些对接下来的故障分析很有帮助。

2. 故障分析

故障分析实际上是根据对故障现象的确认，通过进一步分析故障产生的原因，为接下来的故障隔离找到突破方向。首先通过故障自诊断功能读取故障码，如果有故障码，仔细查询故障码产生的条件、时间、里程和频率等细节信息，根据故障码的提示进行诊断维修。如果没有故障码，可通过ECU的诊断查询读取相关数据流作为故障分析参考，根据故障现象制订相应的检测计划。

3. 故障隔离

故障隔离的过程实际上是根据制订的检测计划进行故障排除的过程，在故障隔离的过程中，尽量做到先进行系统隔离，再进行部件隔离，最后通过测量检测的方法确定故障部位。

（1）系统隔离　系统隔离就是通过简单的检查和测量判断故障是否出现在这个系统，是把故障范围缩小的过程。比如通过听油泵运转声音判断故障是否是油路控制故障引起的，通过测量点火系统波形判断故障是否是由点火系统引起的。有时也可以通过让怀疑的系统退出工作状态进行判断，如通过拔掉节气门控制单元插头，看看故障现象是否消失，如果现象消失，则故障是由节气门控制系统引起的。

（2）部件隔离　通过系统隔离锁定故障范围后，下一步需要进行部件隔离找到故障点，可以通过ECU的执行元件测试进行部件隔离，当执行元件能正常工作时，就会排除部件和电路故障，故障范围就会缩小到输入信号范围，下一步通过具体的检测和测量就能够判断出具体的故障点。

（3）测量检测　测量检测是故障隔离的最后一步，通过万用表和示波器等设备进行具体的测量来判断故障点及故障类型。如果元件性能好坏无法判断时，当用确认正常的零件进行替换时，必须特别小心。在替换模块前，要确认模块的所有线束是否短路。短路的线束或者有问题的执行元件会损坏本来正常的零件。

4. 故障维修

确定故障点后，接下来就是遵循维修手册的指导，遵循电路维修或更换的特定要求，对故障进行维修。更换零件后进行适当的调整，必要时进行设码、编程和初始化。

5. 确认故障维修

确认故障维修是对故障维修的结果进行检查，需要删除故障码，路试车辆检查是否有再次出现的故障码，必要时清除调校值。再次检查零件的安装，确认没有漏装螺栓，进行终检并记录检查。

四、任务评价

实训任务单6-2

实训任务：发动机电控系统故障诊断		
姓名：	班级：	学号：
实训车型：		VIN：

根据故障车的实际情况填写以下任务单。

1. 故障现象的确认（15分）

记录该车的故障现象：

记录仪表指示灯及显示屏控制信息：

2. 故障分析

（1）读取故障码（10分）

故　障　码	含　　义

（2）读取相关数据流（10分）

数据流项目	数　值

（3）通过故障分析，确定故障诊断突破方向（5分）

3. 故障隔离

（1）系统隔离（15分）

隔离的系统	采用的方法

通过系统隔离，最终故障点锁定在哪个系统？

（2）部件隔离（10分）

隔离的部件	结　果

通过部件隔离，最终故障锁定在输入、输出、控制和电路哪个方向？

（续）

（3）测量检测（15分）

测 量 项 目	测 量 结 果	标 准 值

故障点确定及故障分析（10分）

操作过程5S要求（10分）：

问题留言：

实训成绩：　　　　　　　　　　　　　　　　　　　　指导老师签名：

巩固与提高

一、填空题

1. 故障自诊断系统主要由＿＿＿＿＿＿和＿＿＿＿＿＿等组成，不需要专门的传感器。若故障自诊断系统检测到故障时，仪表板上的＿＿＿＿＿＿点亮，以警告驾驶人。

2. 当冷却液温度传感器或其电路发生故障时，ECU可能会收到低于＿＿＿＿＿＿或高于＿＿＿＿＿＿的信号，此时故障自诊断系统就会判定为故障信号，并按冷却液温度＿＿＿＿＿＿的状态控制发动机。

3. 当节气门位置传感器或其电路出现故障时，ECU若始终收到节气门处于＿＿＿＿＿＿或＿＿＿＿＿＿状态信号，此时无法按实际的节气门位置对发动机进行控制，故障自诊断系统就会判定为故障信号，并按节气门开度为0°或25°的状态控制喷油。

4. 氧传感器或其电路发生故障时，ECU取消喷油器＿＿＿＿＿＿控制，并以＿＿＿＿＿＿控制喷油。

5. 永久监控是指起动后根据＿＿＿＿＿＿立即进行系统监控，当出现故障时故障指示灯立即亮起。永久监控包括＿＿＿＿＿＿，＿＿＿＿＿＿及所有与＿＿＿＿＿＿的电路、组件和控制系统。

6. 周期性监控是指＿＿＿＿＿＿监控一次系统，这样只有在完成相应运行条件后才存储一个故障。因此发动机短暂起动然后熄火时不可能进行检查。周期性监控包括＿＿＿＿＿＿、＿＿＿＿＿＿、燃油蒸气控制系统。

7. OBD-Ⅱ系统的一个"行驶循环"包括发动机＿＿＿＿＿＿、动态行驶、＿＿＿＿＿＿、＿＿＿＿＿＿和发动机熄火等。

二、选择题

1. 当冷却液温度传感器或其电路发生故障时，ECU会按冷却液温度（　　）的状态控制发动机。

A. 50℃　　　　　B. 60℃　　　　　C. 70℃　　　　　D. 80℃

2. 当进气温度传感器或其电路发生故障时，ECU按进气温度为（　　）的状态控制发动机。

A. 10℃   B. 20℃   C. 30℃   D. 40℃

3. 当故障自诊断系统判定点火系统有故障时，会立即发出控制指令停止（　　　）。

A. 点火线圈工作   B. 喷油器喷油   C. ECU 工作   D. 节气门工作

4. 起动发动机时闻排气管排出尾气是否有汽油味，作为维修人员可大致隔离（　　　）。

A. 点火系统   B. 正时系统   C. 控制系统   D. 供油系统

5. 对于起动机不运转的发动机无法起动故障，作为维修人员不应该先检查（　　　）。

A. 起动控制电路   B. 起动条件   C. 起动授权控制   D. 供油控制

6. OBD-Ⅱ系统装用统一的（　　　）端子诊断插座。

A. 12   B. 14   C. 16   D. 18

三、简答题

1. 简述发动机故障自诊断系统的功能。

2. 简述发动机故障自诊断系统的工作原理。

3. 简述 OBD-Ⅱ系统的具体要求。

4. 简述发动机电控系统的故障类型。

5. 简述发动机电控系统的维修注意事项。

6. 发动机电控系统的故障诊断原则是什么？

7. 简述发动机无法起动的故障诊断流程。

8. 简述发动机运行不稳的故障诊断流程。

参 考 文 献

[1] 张西振，黄艳玲. 汽车发动机电控技术 ［M］. 3 版. 北京：机械工业出版社，2015.

[2] 冯渊. 汽车电子控制技术 ［M］. 北京：机械工业出版社，2011.

[3] 邹长庚. 现代汽车电子控制系统构造原理与故障诊断 ［M］. 北京：北京理工大学出版社，2011.

[4] 明光星，李晗. 汽车发动机电控系统原理与检修一体化教程 ［M］. 北京：机械工业出版社，2013.